Passages obligés

Josélito Michaud

Passages obligés

Libre Expression
QUEBECOR MEDIA

Catalogage avant publication de Bibliothèque et Archives Canada

Michaud, Josélito

Passages obligés

ISBN 2-7648-0285-4

1. Deuil. 2. Personnalités – Entretiens. I. Titre.

BF575.G7M52 2006   155.9'37   C2006-940315-5

Direction littéraire
ANDRÉ BASTIEN

Coordination et Direction artistique
JOSÉLITO MICHAUD

Coordination des entrevues
VÉRONIQUE BÉLIVEAU

Retranscription des entrevues
NICOLE BOUCHARD
JOSÉE ROBERGE

Recherche
PATRICK DELISLE-CREVIER
DANIELLE LAVOIE

Révision
ANNICK LOUPIAS

Correction
FÉMININ PLURIEL

Photographies
MICHEL CLOUTIER

Assistance à la photographie
FRÉDÉRICK GUY-CAMPEAU

Conception graphique
IN16

Mise en pages
GAÉTAN LAPOINTE

Remerciements
Les Éditions Libre Expression reconnaissent l'aide financière du gouvernement du Canada par l'entremise du Programme d'aide
au développement de l'industrie de l'édition (PADIÉ) pour ses activités d'édition. Nous remercions le Conseil des Arts du Canada,
la Société de développement des entreprises culturelles du Québec (SODEC) du soutien accordé à notre programme de publication.
Gouvernement du Québec – Programme de crédit d'impôt pour l'édition de livres – gestion SODEC.

Les Éditions Libre Expression
7, chemin Bates
Outremont (Québec) H2V 4V7
Tél. : (514) 849-5259

Dépôt légal – Bibliothèque et Archives nationales du Canada, 2006

ISBN-10 : 2-7648-0285-4
ISBN-13 : 978-2-7648-0285-4

À Mario, pour cette vie que nous n'avons pu partager.

À Mémère Dubé, pour ta bonté, ton écoute et tes desserts qui ont fait les délices de mon enfance.

À Michèle Carignan-Archambault pour ta force, ton courage et ta dignité devant l'inévitable.

À Marcel Dulac, pour m'avoir accueilli parmi les tiens et m'avoir offert une place à ta table dès mon jeune âge. Je m'y suis vite senti chez moi.

À Denise Parizeau, pour ces beaux moments vécus à Star Académie. En espérant que les anges te joueront de la harpe.

À Michèle LeFrançois, pour n'avoir jamais cessé de croire en la vie.

À Gilbert Langlois, pour tes fous rires, pour tes non-dits et pour m'avoir donné l'impression que je valais quelque chose.

À Alice Poznanska Parizeau, pour m'avoir enseigné la droiture, le discernement et l'amour inconditionnel des gens. J'ai encore souvenance du jour où vous m'avez, avec dignité, annoncé votre dernier voyage.

À Claude Gagné pour tes repas gargantuesques avec Clémence et Véronique dans cette jolie petite maison au bord de la mer.

À Yannick, un jour ton cœur a cessé de se battre et tes poumons ont manqué d'air. Depuis, ma vie tente de trouver sa juste cadence.

À vous que j'ai tant aimés et qui avez quitté ce monde, je vous souhaite d'en avoir trouvé un autre. Je vous dédie ce recueil d'entrevues.

Et à vous, chères lectrices et chers lecteurs, avec cet ouvrage, je veux simplement et humblement vous offrir quelques morceaux d'éternité, en espérant que les anges veilleront bien sur vous.

À Pâquerette, où que tu sois : « Je t'aimais, je t'aime et je t'aimerai. »

Sommaire

Nous sommes vivants. On nous a donné la vie, c'est un cadeau précieux, mais affreusement éphémère, et c'est justement pour ça qu'il est important de continuer à vivre et de ne pas désespérer.

Ruth, de la série *Six Feet Under*

Avant-propos

J'avais presque cinq ans, je regardais à travers les barreaux de l'escalier quand j'aperçus au loin, dans le hall d'entrée, la silhouette de deux inconnus, un homme et une femme. Ils faisaient preuve de gentillesse et d'une grande courtoisie, et ils s'étaient même endimanchés pour l'occasion. Ils discutèrent de longues minutes avec la dame de la maison, la conversation paraissait sérieuse et importante. Je ne savais pas encore exactement ce qu'ils étaient venus faire à cette heure si matinale, mais j'avais un léger doute.

Dans cette maison où je vivais, depuis je ne sais trop combien de temps, demeuraient des enfants de tous âges qui avaient été abandonnés; nous avions cette particularité en commun. Certains d'entre nous restaient longtemps, tandis que d'autres partaient vite. Ça dépendait du sort que la vie voulait bien nous réserver. Autour de la table, ça parlait souvent fort. Le vacarme était tel que je préférais m'isoler dans mon monde et l'imaginer meilleur. J'ai toujours été un solitaire sociable. Nous étions ici à attendre que quelqu'un venu d'ailleurs veuille bien de nous.

Au fil du temps, je m'étais pris d'affection pour Suzanne, la grande sœur de la maison, avec l'illusion que jamais mon tour de partir ne viendrait; pourtant, je connaissais bien les règles du jeu.

Le couple parlait toujours avec la dame de la maison. De mon perchoir en haut de l'escalier, j'essayais de saisir les moindres bribes de cette discussion qui s'éternisait; certains passages étaient à peine audibles, les trois adultes murmuraient. Parfois, ils jetaient un regard dans ma direction. Je sentais qu'il se tramait quelque chose de capital.

À un moment précis, mon nom fut prononcé, et je l'ai reçu comme une onde de choc. Ces étrangers étaient venus de loin pour m'adopter, et je devais les suivre sans hésitation; j'étais mis devant le fait accompli. Quelqu'un parmi eux avait marchandé mon destin, là, sous mes yeux; pourtant, il s'agissait de ma vie, mais je n'en étais pas encore maître. Je n'avais aucune emprise sur ce qui allait m'arriver. J'étais beaucoup trop petit pour décider, mais assez grand pour comprendre.

La peur m'a assailli, et mon cœur s'est mis à battre plus fort, comme s'il voulait marteler le temps à jamais. J'avais peur de ce qui m'attendait. Ça me faisait si mal à l'intérieur. Pour la toute première fois, je prenais contact avec une telle émotion. Brusquement, tout s'est écroulé devant moi.

Je ne m'étais jamais arrêté à cette éventualité de partir loin de ma Suzanne. À ses côtés, le temps n'existait plus, elle était tout pour moi, sa présence m'apaisait.

Je soupçonne même que j'étais follement épris d'elle, mais je ne lui ai jamais avoué, je voulais attendre mes 18 ans pour le faire.

Ce matin-là, le temps des adieux était arrivé, et je devais me résigner à ce verdict. J'étais l'heureux élu, on m'avait choisi. Il me fallait tout de même faire preuve de respect et bonne impression, et aussi ne pas montrer mon mécontentement. Cette attitude aurait pu déplaire.

À mes côtés se tenait Mario, mon ami, mon autre moi-même, qui avait été témoin de toute cette scène. Comme moi, il était atterré. Nous avions le même âge et nous étions inséparables. Nous avions la souffrance en commun, nous connaissions déjà la gravité de la vie, et nous nous sommes reconnus sur le champ de bataille. Qu'allait-il lui arriver ? Nous devions partir ensemble, sinon la déchirure nous serait fatale. Une personne seulement était conviée à cette nouvelle vie, et c'était moi. Il voulait ma place, je voulais la sienne, je vivais un grand dilemme. Peu importe mes intentions, j'ai dû partir seul avec mes parents adoptifs vers un monde inconnu. Je devais me réjouir, puisque que j'avais maintenant une famille bien à moi.

Au moment fatidique, Suzanne n'était pas là pour me dire au revoir, ce que je n'ai jamais compris. Je l'ai attendue, elle n'est jamais venue. Je ne pouvais pas partir sans l'avoir vue. J'étais complètement effondré ; je me sentais abandonné et trahi à la fois par celle que j'aimais plus que tout. Ça sentait la conspiration. Avaient-ils profité de l'absence de Suzanne pour m'emmener avec eux ? Tous les scénarios me semblaient possible. Je voulais l'attendre, ils n'ont pas voulu, nous devions partir. Jusqu'à la dernière minute, j'ai espéré son retour pour qu'elle empêche ce qui devenait inévitable. J'étais tellement petit et bien seul en face de ces grandes personnes.

Pour faciliter mon départ, ils me promirent des bonbons et allèrent jusqu'à me dire que je reverrai Suzanne, un jour. De fait, ils n'auront tenu qu'une seule des deux promesses. Ils n'avaient pas le choix, c'était de cette façon que les événements devaient se dérouler, pas autrement. Il fallait que la coupure soit définitive pour faciliter mon intégration dans ma nouvelle famille.

J'ai encore souvenance du visage de Mario au moment où j'ai franchi la porte. Jamais je ne pourrai l'oublier. Quelque chose en lui s'était brisé, la blessure était apparente. Je ne voulais plus regarder en arrière. Il y avait trop d'images dans le rétroviseur, et je me devais de regarder droit devant moi pour éviter d'être submergé par mes émotions. Mes parents adoptifs m'ont vanté les mérites des occupants de ma nouvelle demeure ; frère et sœurs allaient m'accueillir à bras ouverts ; d'ailleurs, c'est ce qu'ils ont fait d'emblée.

J'ai passé la majeure partie de mon enfance à espérer le retour de Suzanne et de Mario. J'ai mis du temps à m'abandonner totalement dans les bras d'une autre personne, par peur de devoir la quitter. J'affrontais le premier deuil de ma vie, du moins à un âge où on peut en prendre conscience. Il y en avait sûrement eu d'autres avant, mais je ne m'en souvenais plus. C'était peut-être mieux ainsi. J'ai dû renoncer totalement à ce qui avait existé auparavant pour commencer une nouvelle vie. Pour apaiser ma tristesse, j'ai dû ranger mes souvenirs quelque part dans ma mémoire en essayant de les garder intacts, à l'abri de toute contamination. C'était pour moi la seule façon de survivre à ce qui venait de se produire. Ironie du sort ou simple coïncidence, au moment où j'écris ces lignes, mon fils adoptif s'apprête à célébrer son cinquième anniversaire de naissance.

⅓

À l'aube de la quarantaine, 35 ans plus tard, je reçois des nouvelles de Suzanne. Un mois après mon départ, Suzanne avait quitté pour les États-Unis. Un jour, sa fille, qui demeure au Québec, lui avait parlé d'un Josélito, un homme public qui avait été adopté à l'âge de cinq ans. Alors, Suzanne a entrepris des démarches pour renouer avec moi. Nous avons discuté de longues heures, et les souvenirs ont refait surface avec la même intensité. J'avais pris soin de bien les astiquer, au cas où je devrais les ressortir. J'ai tout revécu, mais, cette fois-ci, avec la lucidité d'un adulte. La douleur a été presque insoutenable. Suzanne m'a tout raconté, et nous avons pleuré ensemble, inconsolables. Elle m'a avoué que le matin de mon départ, elle n'avait pas trouvé le courage d'être présente. Comme elle ne pouvait rien y changer, elle a préféré ne pas assister à cette scène. Nous nous étions fait prendre à notre propre jeu. Nous nous étions aimés, mais il aurait été préférable de ne pas nous attacher l'un à l'autre, comme si la chose avait été possible.

Grâce à elle, j'ai pu retrouver les bouts manquants de mon histoire, et c'est avec stupéfaction que j'ai constaté tout ce qu'un enfant de cinq ans pouvait se rappeler et enregistrer. Au fil des ans, j'avais fini par croire que j'avais tout imaginé, et pourtant, c'était vrai.

Quant à Mario, sa vie a mal tourné. Il n'avait pas supporté notre séparation, il avait cessé de marcher pendant un certain temps, il ne voulait plus avancer et se battre en solitaire. De foyer nourricier en foyer nourricier, il avait essayé, tant bien que mal, de prendre racine quelque part et de trouver un sens à sa vie. Les premières pierres de sa fondation étaient chancelantes, ce qui avait rendu la construction un peu plus ardue. Selon certaines sources, les souffrances de Mario étaient devenues trop insupportables, et les séquelles de cette enfance ballottée lui ont été fatales. À l'âge de 17 ans, il aurait choisi de partir avant l'heure, sans même prévenir qui que ce soit de sa détresse.

Quand j'ai appris l'implacable nouvelle, des souvenirs se sont évanouis à jamais, comme s'ils n'avaient plus leur raison d'être sans lui, et j'ai ressenti un vide immense. Depuis, je n'ai pas réussi à le combler. J'éprouve encore beaucoup d'impuissance devant le destin. J'ai la profonde conviction que quelqu'un, quelque part, décide de tout. On n'a pas de droit de consultation ni de droit de regard. On nous trace un chemin, tantôt droit, tantôt rocailleux, avec des passages remplis d'embûches. Nous n'avons pas le choix, mais la décision de faire face ou non nous revient. Mario, lui, avait abdiqué, comme s'il n'avait pas la force de continuer. Dire que j'ai voulu lui céder ma place et prendre la sienne !

☙

Dans la voiture de mes parents adoptifs qui me menaient vers ma nouvelle destination, j'étais complètement figé et incapable de prononcer le moindre mot. J'écoutais ceux qui allaient être ma mère et mon père, des gens d'une grande compassion et capables de beaucoup d'amour, me préparer à ce que j'allais vivre avec eux, mais Suzanne et Mario hantaient encore mes pensées. Je me posais mille et une questions, et, aujourd'hui, j'ai encore tendance à le faire.

Finalement, nous nous sommes arrêtés chez mes nouveaux grands-parents. C'était une journée particulière, on sortait le corps de mon grand-père adoptif, décédé un peu plus tôt dans la saison, d'un charnier où il avait passé l'hiver. J'étais fasciné par toute cette cérémonie et les rituels qui s'y rattachaient et j'observais tout ce spectacle sans broncher. Soudain, j'ai croisé le regard affligé de ma grand-mère adoptive. Elle avait perdu son homme et, en même temps, je voyais naître quelque chose de fort entre nous, une complicité inopinée qui est vite devenue indéfectible. Nous allions devenir inséparables.

☙

À la suite de cet événement, j'ai toujours été ébranlé par la mort des grandes vedettes de ce monde, pensant qu'elles étaient immortelles. J'étais chez ma grand-mère, quand la radio annonça la mort du King. J'étais attristé comme si c'était un de mes proches. J'ai toujours été éprouvé par la mort et je l'ai toujours perçue comme une fin privée de logique. Un jour, quelqu'un m'a dit : « Quand j'ai donné naissance à mon fils, je savais que je lui avais aussi donné la mort. » J'ai vécu trop longtemps avec l'appréhension qu'à tout moment, sans crier gare, on pouvait m'enlever les gens que j'aimais. Toute ma vie, j'ai ressenti que je faisais les choses en attendant, de peur qu'elles n'existent plus. J'ai souvent perdu pied et j'ai eu de la difficulté à prendre racine quelque part.

☙

L'année où Félix Leclerc est mort, j'avais alors 22 ans. Ma grand-mère avait vu une grosseur apparaître sur son corps, mais elle ne semblait pas s'en inquiéter outre mesure. De toute façon, elle ne parlait jamais de ses malaises. Finalement, on a appris que c'était beaucoup plus grave qu'on l'imaginait, sa santé a périclité et puis ce qui devait arriver arriva. À l'annonce de sa mort, c'était plus fort que moi, j'en ai voulu à ce Dieu si parfait, celui qui m'enlevait les femmes que j'aimais.

Je ne me souviens plus exactement de ce qui s'est passé les jours qui suivirent, ma peine était insurmontable et mon désarroi, trop grand. J'en ai voulu à ma grand-mère pendant longtemps de m'avoir abandonné et laissé seul face à la vie. Je me disais qu'elle aurait pu attendre avant de partir et s'assurer que j'allais pouvoir vivre sans elle, mais ce n'est pas nous qui décidons.

En quelques mois seulement, j'ai pris 40 kilos. Je crois que nous avons parfois tendance à somatiser, les maux expriment des émotions refoulées. Il m'aura fallu des années pour traverser cette épreuve, reprendre confiance en la vie et tolérer l'absence de celle qui avait été pour moi un véritable phare dans certains de mes brouillards.

Dès que je retourne chez moi en Gaspésie, rien ne pourrait m'empêcher de m'arrêter au bord de la mer, de me diriger vers le cimetière de Sainte-Luce, de me recueillir sur la tombe de ma grand-mère, d'entendre le bruit des vagues et le sifflement du vent du large, et de prendre de grandes bouffées d'air frais. Autant j'ai grandement souffert de son absence, autant dans ces moments de félicité, je ressens sa présence réconfortante.

❦

Au printemps de mes 26 ans, j'avais pour mission d'aller porter un pot de fleurs énorme, fait en ciment, pour embellir la pierre tombale de ma grand-mère. Ma mère m'avait confié cette tâche délicate. J'ai mis les fleurs dans le coffre arrière de ma Fox, ma première voiture, et je me suis dirigé vers le cimetière. Cependant, en cours de route, je me suis arrêté un peu partout pour saluer des amis, et j'ai omis d'aller déposer le pot de fleurs. La nuit tombée, j'ai dû rebrousser chemin.

Soudain, les phares d'une voiture m'aveuglèrent tellement que je perdis la maîtrise de mon véhicule. Il virevolta brusquement et fut emporté en un tournoiement rapide pour ensuite aboutir dans un fossé rempli de boue. Toute l'action se déroula au ralenti. J'ai vu ma vie défiler comme un film. Étrangement, pendant quelques secondes, j'ai eu l'impression qu'on me donnait le choix de partir ou de rester. Ma croyance qu'on ne pouvait pas choisir le dénouement de sa vie vola en éclats. Au moment de l'impact, le temps a repris son cours normal.

J'ai éteint le moteur, comme mon père me l'avait enseigné, et j'ai réussi à m'extirper de la voiture avant qu'elle s'enlise complètement. Je suis sorti indemne de cet accident, la voiture a été déclarée perte totale, mais le pot de fleurs de ma grand-mère était intact. Étrange tout de même. Ce soir-là, une partie de moi s'est transformée, et je me suis affranchi de mes peurs.

ℰᴐ

À l'été 1998, Véronique et moi parcourions le sud-ouest de la France, lieu de prédilection de ma femme, quand elle me proposa d'aller visiter un cimetière dans un mignon petit village. Elle savait que j'adorais déambuler dans ces lieux inspirants et lire les épitaphes. Quand nous arrivâmes à destination, des champs immenses de tournesols entouraient l'endroit; une rangée de cyprès servait de haie d'honneur, et un portail monumental en fer forgé marquait la fin du trajet. Tout était bucolique, on aurait dit une carte postale. Le silence des lieux nous incitait à la réflexion. Toutes les pierres tombales étaient ornées de fleurs fraîches, les gens de l'endroit se faisant un point d'honneur de les en garnir.

Je sentais naître chez Véronique une certaine nostalgie. Cette journée allait marquer la fin d'une époque et le commencement d'une autre. Véronique m'avoua qu'elle avait apporté des photographies d'elle, la chanteuse, et qu'elle voulait symboliquement mettre fin à sa carrière en enterrant ces images. Je savais tout le chemin qu'elle avait parcouru pour en arriver à prendre une telle décision et je la soutenais dans sa démarche tout en étant conscient que j'étais privilégié et honoré de partager une expérience semblable. J'étais très ému de la voir renoncer à jamais à ce qui avait été sa raison d'être pendant un quart de siècle. Pour elle, il devenait de plus en plus évident que les choses n'étaient plus ce qu'elles avaient été, l'effervescence du succès ayant diminué les dernières années. Elle devait donc faire le grand saut. Auparavant, chaque fois que l'idée d'exercer un autre métier lui effleurait l'esprit, une peine énorme l'envahissait. Elle avait à faire un deuil de ce métier pour pouvoir aller de l'avant. Ça lui demandait une grande dose de courage pour y arriver, et, surtout, elle devait en assumer les conséquences.

Véronique a donc accompli son rituel avec beaucoup d'humilité, de simplicité et de dignité, sans la moindre trace de ressentiment. Elle regarda la première photo et évoqua le souvenir qui s'y rattachait, puis elle la déchira en petits morceaux qu'elle enterra au pied d'un arbre. L'époque vécue s'évanouissait en même temps qu'elle accomplissait tous ces gestes; c'était libérateur et salutaire à la fois. Elle en éprouvait une grande fierté. Elle venait de combattre sa hantise du vide, ce qui explique mon admiration pour elle, et je l'aime plus que tout.

ℰᴐ

Parfois, il faut faire le deuil de sa vie, parfois, il faut dire adieu à quelqu'un qu'on aime. La première fois que j'ai rencontré Michèle, j'ai ressenti un véritable coup de foudre amical. J'avais l'impression que nous nous connaissions depuis toujours. Nous sommes vite devenus des amis. Elle abordait les choses simples et graves de la vie avec une telle intégrité et une telle vérité qu'on ne pouvait que se rallier à ses convictions. Nous avons beaucoup échangé ensemble. Un jour, elle m'a appris la présence de la maladie dans sa vie. Depuis des années, elle menait un combat de tous les instants contre une affection rare du sang et elle avait réussi, grâce une médication, à stopper temporairement ses effets pervers.

Alors que nous étions en France, nous devions dîner ensemble, et j'avais dû annuler notre rencontre à cause d'un contretemps. Sans le savoir, c'est ce moment qu'elle avait choisi pour m'annoncer que sa maladie s'aggravait et que sa vie était de plus en plus précaire. J'y ai vu une ironie du destin. J'aurais dû déceler dans sa voix quelque chose de différent, mais c'était mal la connaître. Elle ne laissait jamais transparaître quoi que ce soit, elle ne voulait en aucun cas que l'on s'apitoie sur son sort. La leucémie qui l'envahissait l'obligeait à entreprendre des traitements à l'étranger afin d'augmenter ses chances de guérison. La dernière fois que je lui ai parlé, c'était au téléphone quelques heures avant son départ pour Houston où elle allait tenter l'ultime chance qui s'offrait à elle. À ce moment-là, elle me confia sa peur. Sa vulnérabilité était palpable. Je la sentais confiante et perplexe à la fois face aux chances de réussite. J'essayais tant bien que mal de la réconforter en cet instant et pour la suite de la bataille.

Ses traitements n'ont pas eu le dessus sur la maladie ; elle a dû revenir chez elle auprès des siens et attendre la fin. La médecine ne pouvait plus rien pour elle, sauf apaiser ses souffrances. C'est avec dignité, comme elle savait si bien le faire, qu'elle a affronté la dernière ligne droite.

Quand j'ai appris sa mort de la bouche d'un ami cher, j'étais en plein cœur de Saint-Germain-des-Prés à Paris, et, brusquement, tout s'est arrêté. Une vague d'émotions m'a frappé de plein fouet et m'a emporté avec elle. Tous mes sens étaient paralysés. Tout est devenu flou, le temps, l'espace et le lieu. Je n'arrivais plus à mettre un mot derrière l'autre pour former une phrase compréhensible susceptible de réconforter mon ami qui venait de m'apprendre la terrible nouvelle et qui avait aussi perdu sa femme, son âme sœur.

Étrangement, je devais être à Montréal la veille. Presque au moment même où je devais atterrir, elle est morte. Autre ironie du sort, autre rendez-vous raté. J'aurais aimé la voir avant son départ. Je n'ai pas eu le temps de tout lui dire, je n'ai jamais vraiment exprimé toute ma peine à mon ami, parce que j'étais préoccupé par la sienne. Il a tellement souffert de son absence. Jamais de ma vie, je n'avais vu quelqu'un autant souffrir. Je n'avais qu'un seul souhait : apaiser sa détresse. Jamais de toute mon existence, je n'avais autant parlé de la mort avec quelqu'un. Je l'ai fait avec lui et pour lui.

Michèle dévorait la vie et elle m'avait enseigné comment le faire. Elle avait de grandes aptitudes pour le bonheur et, partout où elle est passée, tous se souviendront d'elle comme d'un être exceptionnel, attachant et unique.

Longtemps, j'ai ressenti une certaine culpabilité. Je me disais que j'aurais dû être là à des rendez-vous précis, mais la vie en avait décidé autrement. J'ai appris qu'il ne faut jamais reporter des rendez-vous avec les gens qu'on aime. Après son départ, souvent, j'ai erré seul au cimetière où elle repose et je suis allé me recueillir sur sa tombe en la suppliant de ne pas m'abandonner. Je voulais qu'elle me donne la force de continuer sans elle. C'est fou, je la sens pas très loin, et elle veille à ce qu'il n'arrive rien aux siens. Aujourd'hui, quand je pense à elle, je souris.

※

Parfois, des liens d'amitié se desserrent, qu'on le veuille ou non. La vie est ainsi faite, on n'y peut absolument rien. On rencontre quelqu'un, on s'investit dans cette relation, on fait un bout de chemin ensemble et, un jour, la fin s'annonce. Cette personne est toujours vivante, mais l'amitié est morte. La douleur de perdre quelqu'un qu'on a aimé est parfois tellement grande qu'il faut prendre le temps d'apprivoiser cette nouvelle réalité, vivre avec cette absence et, un jour, accepter la fin de cette histoire. Il faut faire le deuil de ce qu'on a vécu et de tout avenir avec cette personne. Dans ma vie, j'ai aussi dû me faire à ça.

※

J'ai toujours eu une aversion totale pour les départs. Chaque fois que je prenais l'avion pour Paris ou ailleurs dans le monde, j'étais incapable de m'habituer à dire au revoir, j'avais la hantise que ce soit un adieu, comme ça l'avait été avec Suzanne. Dès que j'arrivais à destination, je m'empressais de mettre bien en vue mes repères, pour éviter le déchirement. La majeure partie de ma vie, la peur de ne plus revoir ceux que j'aime a été omniprésente. Je vivais avec cette terrible éventualité.

※

Tous les jours, on doit assumer que les choses ne se passent pas exactement comme on le souhaite. On idéalise une situation ou une personne, et les attentes que l'on a sont tellement élevées que l'on est déçu à la moindre contradiction. La conséquence immédiate est que l'on doit le plus souvent faire face à un petit ou à grand deuil. C'est le lot de la vie, et on doit l'accepter.

※

Un jour, j'ai constaté mes énormes difficultés à surmonter la mort. Après de nombreuses épreuves, j'en étais arrivé à craindre la vie. Alors, tel un archéologue, j'ai entrepris des fouilles importantes pour dénicher des écrits sur ce sujet. Au bout de quelques semaines d'intenses lectures, non seulement j'ai trouvé le thème du deuil fascinant, mais j'ai aussi découvert des pistes de solutions possibles à mon problème. Je me suis également rappelé que certaines personnalités que je connaissais avaient vécu des deuils importants et qu'elles s'en étaient sorties victorieuses. J'ai donc décidé d'aller à leur rencontre et de partager leurs histoires avec vous. Leurs témoignages authentiques, touchants et réconfortants ont jeté un éclairage nouveau sur ce que je croyais être un événement insurmontable: le deuil. Désormais, j'ai la conviction que les petits et les grands deuils qui jalonnent le parcours de nos vies sont des Passages obligés.

Josélito Michaud

Claude Léveillée
Vivre sans son piano

«Je voulais jouer du piano, voir si ça marchait encore. Ça ne marchait plus. Mes mains refusaient de jouer. Ça, c'est dur, c'est du sérieux. Je me disais: "Hé, calvaire, je ne mérite pas ça. Je n'en voulais à personne." J'étais en "tabarnac". Excuse-moi, mais il faut que ça sorte, parce qu'à un moment donné, tu n'acceptes plus la situation. Le piano a toujours été mon étalon sur lequel je m'enfuyais. J'ai passé mon temps à fuir un je ne sais trop quoi.»

Claude Léveillée
Vivre sans son piano

Le chemin fut long pour me rendre jusqu'à Claude. Il m'aura fallu attendre le moment opportun pour entreprendre une telle démarche. Je l'avoue, Claude est mon ami. Le jour où j'ai appris son accident vasculaire cérébral et qu'il risquait d'en mourir, j'ai été plongé dans une profonde affliction. À cet instant, je me suis demandé : « Jusqu'à ce jour, lui ai-je bien témoigné tout l'amour que j'ai pour lui ? » J'avais l'impression que non. Alors, j'ai prié...

Je l'ai vu à quelques reprises et je lui ai tout avoué. Devant les éloges, il résiste. Il se demande toujours s'il a vraiment mérité toute cette reconnaissance. Et pourtant...

Quelques mois plus tard, un autre accident cérébral l'a foudroyé, le laissant avec des séquelles graves. Au passage, il a perdu une partie de lui-même et se bat encore avec dignité pour la retrouver. Depuis ces événements, son émotivité est à fleur de peau. Il doit maîtriser ses diverses émotions, mais son infirmière personnelle veille sur lui.

De retour dans sa tanière, loin des regards, le loup solitaire a dû apprendre à vivre avec les autres, sa vie en dépend. Dure réalité pour l'indépendant qu'il a toujours été.

En me voyant, il arborait un de ses sourires, et je l'ai senti désormais prêt à s'ouvrir. Juste avant de commencer, je lui fis la promesse de lui préparer des frites maison après l'entrevue. Comment lui refuser ? C'est un des petits plaisirs que nous partageons ensemble, à l'occasion.

Il a une verve remarquable, un choix de mots bien ciselés et un sacré talent de conteur, même quand il doit raconter un drame. Je n'oublierai jamais le jour où ce géant est tombé à genoux sur la scène, lieu sacré qui l'a vu naître, grandir et qui aurait pu le voir mourir.

Je me souviens très bien de cette soirée où j'ai fait mon premier AVC (accident vasculaire cérébral). Il a été assez costaud. Je ne souhaite ça à personne. J'étais sur la scène de la maison de la culture Marie-Uguay. C'est une belle petite salle. Elle était pleine. Je chantais *Mon pays, entendez-vous les vents, les pluies, les neiges...* Puis, là, j'ai essayé d'aller chercher les notes en haut. Comme je te l'ai toujours dit, je ne suis pas un chanteur. Je me situe entre le comédien et quelqu'un qui a de la voix, un peu comme Reggiani, qui a une formation de comédien. Ce soir-là, il s'est passé quelque chose de très bizarre. Mon micro pendait devant moi comme une horloge. Comme si le micro, c'était le balancier. J'ai dit au public : « Écoutez, c'est très bizarre... Je m'entends parler comme très loin. Je vous vois, mais c'est un petit peu flou. Comme derrière un voile. » Les spectateurs ne comprenaient pas ce qui se passait. D'ailleurs, ils ne le pouvaient pas. Il n'y avait que moi qui pouvais comprendre. Seulement moi qui avais ces visions un peu fantasmagoriques. Je me suis pincé le bras gauche. Mon père me disait toujours : «Si jamais il t'arrive quelque chose, pince-toi le bras gauche et si tu peux le sentir encore, c'est bon signe. » J'avais beau me pincer, je ne sentais plus rien du tout.

As-tu eu peur? Réalisais-tu qu'il t'arrivait quelque chose de majeur?

Non, ce n'est pas là que j'ai eu peur. J'ai vraiment eu peur quand je me suis retrouvé sur le plancher, presque couché sur le côté, quasiment à genoux. Ça fait qu'il y avait des «minous». Ça rentrait par une narine et ça bloquait l'autre. J'étouffais avec les maudits «minous». J'étais toujours sur la scène. Soudain, quelqu'un a dit : «S'il y a un médecin dans la salle, on serait très reconnaissants qu'il vienne juste jeter un petit coup d'œil sur monsieur Léveillée, voir si c'est grave et s'il faut le transporter tout de suite à l'hôpital. » Un médecin est venu. À un moment, j'ai entendu : «Si vous voulez lui parler, c'est le temps parce que…» Quand je suis arrivé à l'hôpital, le docteur Olivier n'a pas voulu m'opérer. Les scanners suivants ont prouvé qu'il avait pris la bonne décision.

Après ton premier AVC, as-tu reçu beaucoup de preuves d'amour de la part du public?

Oui. Ça n'a pas de bon sens. Plus que je le pensais. C'était la première fois que le public me le déclarait ainsi. En plus, il faut vraiment la prendre, la plume, pour écrire une lettre, ce n'est pas comme un coup de téléphone. J'ai reçu des paquets de lettres. Les Québécois et les Québécoises m'ont tenu à bout de bras.

Y a-t-il eu des signes avant-coureurs de ce moment fatidique?

Jamais, non, rien du tout. Peut-être. Parfois, j'avais des surprises sur scène. Je m'accotais au piano, près du clavier, et là, je prenais une pause, parce que j'étais fatigué.

Mais tu n'aurais jamais arrêté de ton propre chef?

Moi? Non, jamais.

Parce que ta vie, c'est d'être sur scène?

Oui. C'est sur la scène que ça se passe. S'il y a un état de grâce à avoir, c'est bien sur la scène que ça va se produire. Ça n'arrive nulle part ailleurs.

Il y a de ces silences qui figent.

Maintenant, qu'est-ce qui est le plus difficile pour toi?

Avoir autant besoin d'aide, ne plus être seul chez moi, je suis un loup solitaire obligé de vivre en meute.

Son infirmière le surveille pour s'assurer que son émotion ne soit pas trop forte, ce qui pourrait être dangereux pour lui.

Qu'aimerais-tu que l'on fasse pour toi?

Rien, rien. La présence des gens, c'est très important. Comme mon infirmière ici présente, qui est là depuis un an et demi.

Depuis l'accident, as-tu tenté de rejouer du piano?

Oui. Je voulais jouer du piano. Je voulais voir si ça marchait encore. Ça ne marchait plus. Mes mains refusaient de jouer. Ça, c'est dur, c'est du sérieux. Je me disais : « Hé, calvaire, je ne mérite pas ça. » Je n'en voulais à personne. J'étais en « tabarnac ». Excuse-moi, mais il faut que ça sorte, parce qu'à un moment donné, tu n'acceptes plus la situation. Le piano a toujours été mon étalon sur lequel je m'enfuyais. J'ai passé mon temps à fuir un je ne sais trop quoi. Un jour, je faisais de l'équitation. Une dame m'a dit : « Vous êtes à l'aise. Vous savez à quoi on reconnaît un grand cavalier ? » J'ai dit non. « C'est quelqu'un qui peut monter tous les chevaux du monde. » Là, j'ai compris que j'allais pouvoir jouer sur tous les pianos du monde, ça veut dire les pianos droits comme les petits, les gros. Ceux qui n'ont pas de pédales. Je n'ai jamais osé m'offrir un piano de 12 pieds.

Y a-t-il un type de piano sur lequel tu aimerais jouer ?
Je ne voudrais blesser personne, mais il y a un piano qui m'a séduit, complètement, celui du Centre national des arts à Ottawa. Il mesurait 12 pieds. Je faisais juste ça, une note, et ça résonnait comme dans une cathédrale, c'était magnifique. Je n'avais jamais rien connu de tel dans ma vie. Ce soir-là, j'étais très fatigué. J'ai dit au piano : « Écoute, le piano, tu vas m'aider, parce que je ne suis pas certain de pouvoir finir le concert. » J'ai lâché les rênes et j'ai ajouté : « Bon, OK » J'ai joué dessus tout le concert. Une espèce de miracle s'est produit.

Laquelle de tes musiques a pris toute sa dimension grâce à ce piano ?
Il y a eu *Soir d'hiver* au piano seul. C'était beau. Et une pièce instrumentale : *Poissons*. J'attendais cette musique toute la soirée. J'avais hâte de la jouer.

Quelle sensation as-tu éprouvée quand tu as joué cette composition ?
C'était très beau, c'était super au CNA [Centre national des Arts] sur le 12 pieds.

T'arrive-t-il d'avoir envie de jouer du piano d'une seule main, en attendant que tu puisses te servir de l'autre ?
Non, je veux avoir les deux. C'est trop dur, d'une seule main. Ça ne me contente pas. Ça ne serait pas faire honneur à ce noble instrument. Un pianiste, tu remarqueras qu'il a deux mains sur le clavier. À un certain moment, il se chicane avec les deux. On ne sait pas trop ce qui va arriver. Puis, ça finit toujours bien.

Il rit. Ce qu'il vient de dire l'amuse.

Claude, tu n'as pas vécu que le deuil de jouer du piano avec tes deux mains. Il y a eu aussi celui de ton fils, Pascal, qui s'est suicidé à l'âge de 20 ans. Depuis le temps, as-tu réussi à faire le deuil de son départ ?
Je l'ai fait. Je l'ai fait en chanson. J'ai écrit *Pierrot lunaire*. Un soir, deux à trois mois après son départ, dans la Cinquième salle de la Place des Arts, j'ai commencé à dire le texte. Je n'ai pas été capable d'aller jusqu'au bout, j'ai dû m'arrêter. Un jour, la chanson a enfin trouvé sa place dans le concert. C'était la place pour Pascal, et, maintenant, elle lui appartient.

Soudain, il est envahi par une grande tristesse. Trop de souvenirs refont surface.

Quand tu appris la nouvelle du départ de ton fils, quelle a été ta réaction ?
« Câlisse » ! Au moment où l'on m'annonçait son décès, cela signifiait pour moi que la seule vision palpable que je pouvais avoir de mon fils n'était plus là.

J'entendais : « Il ne t'appellera pas. Tu ne l'appelleras pas. Tu n'as même pas son numéro de téléphone. » Là, j'ai compris que c'était fini. Ce qui est pire que le deuil, mon ami, c'est le silence. Bécaud le disait dans la chanson *C'était mon copain*. Tu ne peux pas rêver qu'il va arriver à Noël en disant : « Salut papa, joyeux Noël ! » Tu oublies ça. Tu as rêvé ça ou tu l'as vécu, mais tu ne le revivras pas, pas avec lui en tout cas. Moi, les enfants, j'ai raté ça dans ma vie. J'ai eu Pascal. Je n'étais pas collé sur mon fils. Je ne voulais pas mêler carrière et famille. Jamais, jamais. Mais je lui ai donné le meilleur de ce que j'avais. Quand je l'ai revu, il avait 14 ans. Il était en âge pour me parler et moi, j'étais en âge pour le recevoir. Pour comprendre ses affaires, et lui aussi. Il y avait des choses à comprendre. C'est douloureux. Mon fils s'est absenté, c'est tout.

Un silence vient ponctuer le temps.

Utilises-tu le mot « absenté » parce que tu aimes mieux croire qu'il n'est pas parti pour de bon ?
Il y a sûrement un peu de ça là-dedans. Je ne pourrais pas dire que c'est juste ça. J'ose le croire.

Selon toi, se guérit-on un jour d'un deuil ?
Pour moi, on ne se guérit jamais d'un deuil. Par exemple, mon père et ma mère sont morts respectivement à 90 ans et 93 ans. Je ne les ai jamais revus. Ils se sont absentés. Ils ne m'ont jamais appelé pour me dire que ça allait bien et me dire : « Ne t'inquiète pas. » Sachant que je suis un grand inquiet, ils auraient pu le faire. Parfois, je regarde dans une direction et je vois mon père qui est assis là. Je ne fabule pas. C'est vrai. Maman, c'est pareil.

Il regarde au loin. Il me montre du doigt l'endroit où il voit parfois son père décédé.

Penses-tu qu'on se remet d'un deuil ?
Mais oui, il faut s'en remettre, parce que, sinon, tu te fermes des portes...

Y a-t-il un deuil qui te serait insupportable ?
Par exemple, j'ai des amis en Suisse, extraordinaires et tout ça, s'il fallait que je les perde, ouf ! Ça, vraiment, ce serait un gros morceau de ma vie.

Il s'arrête brusquement, les yeux hagards. Il plonge dans ses souvenirs. Sa forte émotion est presque palpable.

Comment considères-tu ta vie ?
Ma vie, c'est une mosaïque. Tu la mettrais sur un plancher, tu verrais toutes sortes de vitraux. Chaque vitrail représenterait un moment de mon existence.

Claude, quand tu as quitté Édith Piaf, as-tu eu un deuil à faire ?
Non, pas vraiment. Je savais qu'avec Édith, ça allait être dur. Elle était très dure. Je partais travailler, pas m'amuser. On a travaillé en « tabarnouche ». Ça, je peux te le jurer. Elle m'avait dit une phrase qui m'est toujours restée : « Je ne sais pas ce que tu vas faire dans la vie, mais attends-toi à faire de grandes choses, ça, je le sais. Je ne peux pas dire quoi. Je n'arrive pas à mettre le doigt dessus, mais ça va t'arriver. Bang ! »

Mais as-tu été obligé d'apprendre à vivre sans elle? Parce qu'elle était tellement prenante et très possessive de ses hommes!

Oui, j'ai eu à vivre une séparation. Mais peut-être pas son absence à elle précisément. Quand j'ai quitté Piaf, je lui ai laissé une petite lettre d'une page où j'écrivais: «Madame, je rentre au pays, Claude.» J'étais fatigué. Il y avait des choses qui me réclamaient ici. J'ai passé un séjour extraordinaire. Je savais qu'on allait se revoir. Où, je ne le savais pas. Elle m'avait interdit de chanter de son vivant. Ça, j'ai respecté ça, mais il n'y avait personne qui allait arrêter mon clapet. Il allait être ouvert et il allait crier.

Édith Piaf ne voulait pas que tu existes autrement que par elle. Elle ne voulait que tes musiques et tes paroles, n'est-ce pas?

Oui, elle ne voulait que ça. Je n'ai pas insisté pour faire les choses autrement. Plus tu la poussais, moins elle réagissait. Sacrée Édith!

Quand tu as appris son décès, est-ce que ça a été un choc pour toi?

Pas vraiment. Pour moi, c'était comme si elle était morte depuis longtemps. Ils n'ont même pas eu à me dire qu'elle était morte, je le savais. Il y a des gens qui sont déjà morts dans la vie. Une fois, en revenant d'une petite ville tout près de Paris, où elle avait choisi de commencer à monter sur scène, elle s'était écroulée. Elle était revenue chez elle. Il y avait un seul bouquet de fleurs sur la cheminée; c'était Lou Barrier, son agent, qui le lui avait offert. Quand je l'ai vue me regarder et me dire: «Ce n'est rien, regarde ça. C'est tout ce qui reste à un moment donné.» J'ai répondu: «Oui, madame Piaf, mais écoutez, c'est formidable. Barrier, il a toujours été là. Il vous a toujours secondée. Il ne vous a jamais laissée tomber.» Elle a dit: «Ça, c'est vrai, mais il reste que...» Moi, j'étais habitué de vivre chez Piaf. Il y avait beaucoup de fleurs pour toutes les occasions. Ça prenait un bulldozer pour enlever ça. Dans le salon, il n'y avait même plus de place pour marcher. Ça n'avait pas de bon sens.

Donc, ce départ de Piaf, tu le sentais venir. Est-ce la raison pour laquelle tu n'as pas eu à faire de deuil?

Tu sais, pour faire le deuil de quelque chose, il faut que tu aies été en contact avec la personne longtemps et de façon très enracinée. Ça n'a pas existé du tout entre elle et moi, contrairement à cette espèce de chose flottante, qui existe encore d'ailleurs. Il y a des gens qui pensent que j'ai été son amant. Ça, ça ne regarde personne de toute façon. Même si ça avait eu lieu, je ne l'aurais pas dit.

Ce n'était pas le sens de ma question...

On me l'a posée chaque fois, cette question, sans me la poser. J'ai toujours senti cette maudite question, là, sous-jacente. Je te lance ça ainsi, mais ce n'est pas méchant!

Quelle chanson de ton répertoire voudrais-tu voir comme le symbole de ton œuvre ? En as-tu une seule à cueillir parmi cette grande floraison ?

C'est sûr que *Mon pays,* c'est tellement vaste et large. Ce n'est même plus une chanson, mais un prototype de pays. Qu'est-ce qui va arriver avec ça ? À mon avis, il n'arrivera rien.

Sur l'album qui te rend hommage, Richard Séguin l'a chantée. Qu'as-tu pensé de son interprétation ?

Il est allé beaucoup plus loin que moi. Moi, je ne voulais pas aller si loin. Je ne sais pas s'il savait à quoi il s'attaquait, mais c'est réussi.

Dans ton mot de remerciements sur l'album, tu parles de tes chansons comme si elles étaient tes enfants. Tu as écrit que les interprètes avaient amené tes enfants avec eux. Est-ce la première fois que tu constates que tes chansons, ce sont comme des enfants ?

Je n'avais jamais pensé à ça avant. Là, ils m'ont eu.

Te souviens-tu de la toute première fois où tu t'es installé pour écouter cet album hommage ? T'es-tu mis dans une condition particulière ?

Je voulais être seul. C'est la seule particularité que je voulais. Je me suis dit : « C'est un hommage qu'on a fait pour moi. Est-ce que je peux l'écouter seul au moins une fois ? » À la fin, j'avais l'impression qu'on m'avait mis une belle couverture de laine toute chaude sur les épaules. Ça m'a réchauffé, j'en avais besoin.

Il est très touché quand il parle de l'interprétation de Richard Séguin dans l'album « Hommage ».

Le silence s'est installé confortablement, il a fait son nid pour y rester.

Pierrot lunaire

Je m'en vais sur la lune
Prenez grand soin de mes oiseaux
Je m'en vais sur la lune
Prenez grand soin du souvenir

Du garçon tout petit
Seul au monde sur la terre
Ses cheveux pleins de blé
Ses souliers délacés
Ses cheveux pleins de sable
Et ses yeux pleins d'étoiles
Et son cœur plein de peine
Et son pas plein d'échos
De son âme qui s'enfuit

Je m'en vais sur la lune
Prenez grand soin de mes oiseaux
Je m'en vais sur la lune
Prenez grand soin de cette pierre

Qui s'effrite, qui nous quitte
De cet arbre invalide
De ce mot inaudible
De ce chien sans défense
De ce noir en hiver
De ce blanc en enfer
Du roman sans histoire
De ce rêve évanoui

Je m'en vais sur la lune
Prenez grand soin de mes oiseaux
Je m'en vais sur la lune
Prenez grand soin...
... de vous

Paroles, musique et interprétation : Claude Léveillée / Les Éditions de l'aube

Geneviève Cauden
Survivre

« *Il a toujours été question, dans toute cette histoire, de 14 victimes. En réalité, il y a eu un nombre incalculable de victimes. [...] J'en suis une aussi. [...] J'ai longtemps eu peur qu'un autre demeuré se sente concerné par "l'œuvre" de Marc Lépine et qu'il veuille l'achever. [...] Des fois, je voudrais crier sur tous les toits que j'ai été blessée, pas seulement physiquement, mais dans mon for intérieur. D'autres fois, je voudrais me rouler en boule comme un animal blessé et attendre que ça se passe. J'aimerais me terrer.* »

Geneviève Cauden
Survivre

Le 6 décembre 1989, à l'École polytechnique de Montréal, les femmes ont été les cibles désignées d'un homme : Marc Lépine. Un véritable carnage, trop de victimes. L'auteur a signé son œuvre en se tuant devant les étudiantes et les étudiants. Geneviève Cauden, l'une des survivantes de cette tragédie, est marquée de manière indélébile. Sa vie, qui ne sera plus jamais la même, a pris une autre direction, et ses aspirations vers le bonheur ont volé en éclats. Maintenant, elle doit vivre avec les conséquences d'un geste commis par un autre.

Cette entrevue inoubliable s'est faite en quatre étapes. Geneviève est réservée et un tantinet méfiante ; nous le serions à moins. Nous ne nous connaissions pas, mais, par la force des choses, nous sommes vite devenus intimes. Sujet oblige. Elle s'efforça de répondre à mes questions le plus clairement possible, mais, parfois, l'exercice s'avérait difficile pour elle. Pour survivre, Geneviève Cauden avait pris soin de bien ranger ses souvenirs. Quand elle les évoquait, elle prenait une distance suffisamment grande pour éviter le vertige. Malgré tout, les impressions du moment revenaient, l'entrevue devenait éprouvante pour elle. À quelques reprises, je lui ai proposé de s'arrêter, mais elle tenait à poursuivre et à aller jusqu'au bout.

À un certain moment, j'ai perdu toute objectivité et j'ai voulu faire mien son malaise pour éviter qu'elle souffre davantage. Jamais je n'avais vu cet événement sous cet angle. Le nouvel éclairage qu'elle apportait donnait une autre perspective.

Une dizaine de jours plus tard, j'ai reçu une lettre dans laquelle Geneviève me confiait qu'elle avait, elle aussi, été ébranlée par notre rencontre, qu'elle voulait clarifier certaines de ses réponses et qu'elle avait décidé de tout raconter à son mari. Cette lettre m'a chaviré le cœur.

Avez-vous cru à une mauvaise plaisanterie ?
Effectivement. Au départ, nous n'avons pas cru que c'était sérieux. Nous étions dans une école. Ce genre d'événement ne pouvait pas arriver là. J'ai associé les bruits que j'entendais au loin à une chaise qui tombait ou à une barre de métal qui cognait les casiers. Bien après, j'ai compris qu'il s'agissait de coups de feu. Marc Lépine est entré brusquement dans la classe et il a dit : « Bon, sortez, les gars. » Personne n'a réagi. Il a tiré sur une étudiante qui faisait un exposé oral avec deux garçons. Je n'ai pas compris sur le coup qu'il venait de la blesser. Je le regardais, lui. Pourtant, j'ai entendu le coup de feu et je me suis demandé : « C'est quoi son problème, à lui ? » Soudain, quelqu'un dans la classe a crié : « Tout le monde en dessous des bureaux ! » C'est à ce moment précis que j'ai vraiment réagi. Nous nous sommes exécutés, autant les gars que les filles. Personne ne s'est rendu compte que seules les filles étaient visées. Marc Lépine marchait sur les tables alignées et quand il voyait une fille, il tirait à travers la table. C'était infernal. Ça ressemblait au bruit d'un ballon qui crève. Pendant longtemps, j'ai sursauté chaque fois qu'un ballon éclatait.

As-tu eu peur de mourir ?

Pas vraiment, car je ne comprenais pas ce qui se passait. Chaque fois qu'il tirait un coup de feu, je dégageais mes oreilles pour entendre. J'essayais de saisir où il était et ce qu'il faisait. Je sentais qu'il se rapprochait de moi. Je pense que je n'étais pas complètement sous la table, parce que j'étais accotée contre un pied. C'est à ce moment qu'il m'a tiré dessus. Il était rendu au-dessus de moi. La balle a frôlé ma tête.

As-tu pensé que tu étais morte ?

Non, mais j'ai fait comme si je l'étais. Je ne bougeais plus. Lui, il a pensé que j'étais morte. C'était ça, le plus important. Il a poursuivi son carnage. À partir de ce moment-là, j'ai bouché mes oreilles. Je n'ai plus rien écouté. Je suis restée là jusqu'à la fin. Je crois que le fait de ne pas avoir bougé m'a sauvé la vie.

Pourquoi les garçons n'ont-ils pas tenté de maîtriser Lépine ?

Parce que nous ne savions pas que les garçons n'étaient pas visés. Ils rampaient sous la table, comme nous, les filles, pour essayer de se sauver de lui et de se rapprocher de la porte de sortie. Certains gars ont réussi à s'échapper, mais les deux filles qui ont tenté de le faire ont reçu une balle derrière la tête. Elles sont mortes sur le coup. Si les gars avaient su...

Dans cette histoire, beaucoup de gens ont cru que les hommes auraient pu intervenir davantage... Et toi, quelle est ta perception ?

Au début, j'ai été outrée de voir que tous les gens voulaient mettre le blâme sur leurs épaules. Il fallait un coupable. Ils n'étaient pas au courant plus que nous de la situation. Non seulement ils se sont sentis traqués comme nous, mais, en plus, ils ont dû vivre avec les « si j'avais fait ceci ou cela » et les reproches véhiculés par les médias et la société en général. Les gens ont juste oublié qui était le coupable.

De toutes les étapes de ce drame, laquelle s'est avérée la plus difficile pour toi ?

D'entendre les gémissements de ma copine qui n'était pas très loin de moi. Elle se plaignait. Elle avait reçu une balle dans le cou et elle se vidait de son sang. Je n'ai rien vu, parce que je regardais le plancher et que je faisais la morte, mais je l'entendais. J'aurais tant voulu avoir la force, l'énergie ou le courage de seulement tendre le bras pour la consoler. J'aurais voulu l'épauler. Être là, à ses côtés, en sachant ce qui était en train de survenir. J'aurais voulu être capable de la rassurer. J'aurais aimé lui dire : « Quelqu'un est avec toi, tu n'es pas seule. » Ça me revient tout le temps. Encore aujourd'hui, quand j'y pense... C'est vraiment insupportable de me remémorer ces gémissements.

Pour la première fois de l'entretien, l'émotion la gagne. Elle décrit une scène importante du film dont elle fait partie.

Comment tes confrères et consœurs ont réagi à la scène d'horreur qui se déroulait sous leurs yeux ?

Ils étaient sous les bureaux. Après, j'ai su que les bruissements que j'entendais, c'étaient mes confrères et mes consœurs qui rampaient sur le plancher pour s'échapper. Je pensais que Marc Lépine fouillait dans nos sacs d'école. Je ne comprenais pas pourquoi il nous volait. J'avais 19 ans et j'associais ce que je voyais ou entendais à ce que je connaissais de la vie ici. Nous n'avions pas ce genre d'histoire au Québec. Maintenant, nous en avons une. À un moment, une copine est venue jusqu'à moi et m'a dit: «Faut que nous sortions d'ici. Il faut se sauver.» J'ai relevé la tête, parce que j'étais accroupie, je l'ai regardée droit dans les yeux et je lui ai répondu: «Non, moi, je ne bouge pas.» Je me suis penchée de nouveau. Tout ça a duré environ 10 minutes.

Elle replonge la tête la première dans ses souvenirs, et certains sont très douloureux.

Marc Lépine avait commencé son massacre dans une autre classe...
Oui. Dans la première classe, il a vraiment été beaucoup plus structuré. Il a dit: «Les gars d'un bord et les filles de l'autre. Les gars, sortez.» Il a fusillé les filles. C'est vraiment de cette façon très froide qu'il a procédé. Ensuite, il a tiré un peu partout sur des gens. Il est descendu à la cafétéria et il a encore tiré à bout portant.

Comment s'est-il retrouvé dans ta classe?
D'après ce que j'ai su, une fille avait été blessée, et un garçon l'avait aidée à se sauver jusqu'au troisième étage, où notre classe était située. Nous n'étions pas supposés être dans cette classe. Nous devions être au sixième étage, mais le rétroprojecteur était défectueux, et nous ne pouvions faire notre présentation orale, donc quelqu'un a trouvé un local de libre au troisième étage. Marc Lépine courait après eux pour essayer d'attraper la fille. Ils se sont cachés dans un local juste avant le nôtre. C'est comme ça qu'il s'est retrouvé dans notre local.

Vous a-t-il parlé?
Non, il ne disait rien. Il a seulement parlé quand il est entré dans la classe: «Sortez, les gars.» Et quelques secondes avant de se tirer, il a dit: «Oh, *shit*!»

Elle est très émue et moi, je ne peux plus entendre. Ce n'est pas un film, c'est vraiment ce qu'elle a vécu.

«Oh, *shit*!» Parce qu'il venait de constater tout ce qu'il avait fait?
Il venait de tuer la première fille qu'il avait blessée en entrant dans notre classe. Je pense que c'est à partir de ce moment-là qu'il a commencé à se rendre compte de ce qu'il venait de faire.

À partir de quand as-tu pensé: «Je peux lever la tête sans danger»?
Au moment où Lépine a retourné l'arme contre lui, un de mes professeurs est allé en avant, il a mis le pied sur le fusil et il a dit: «C'est correct, vous pouvez vous lever, vous pouvez sortir.» Quand je me suis levée, j'avais le visage ensanglanté. Je me souviens encore de la façon dont mon professeur m'a regardée. Nous étions face à face. Il est resté bouche bée. Il était vraiment étonné de me voir blessée. Il a dit: «Ceux qui sont corrects, aidez les blessés.»

Marc Lépine était mort. Il n'y avait plus de danger. Qu'as-tu fait?
Deux amis m'ont escortée jusqu'à la sortie. Nous sommes partis en regardant s'il n'y avait pas d'autres hommes qui auraient été avec lui dans l'école. Nous

ne savions pas si Marc Lépine avait agi seul. Un de mes confrères faisait l'éclaireur. Il ouvrait une porte et il regardait. Il nous disait: «OK, c'est correct, venez.» Nous essayions de nous sauver de l'école, mais nous ne savions pas dans quoi nous nous étions embarqués. Nous n'avions aucune idée de ce qui nous attendait.

Y avait-il des policiers sur les lieux?

Non. Quand nous sommes sortis de l'école, il y avait des pompiers à l'extérieur. Le système d'alarme-incendie avait été déclenché. Les gens étaient très étonnés de me voir, j'étais la première blessée à sortir de l'école. Ils semblaient se dire: «Comment se fait-il qu'il y ait des blessés là-dedans?» Personne ne savait ce qui se passait.

Quand as-tu pris conscience de l'ampleur du drame qui venait de se dérouler?

Je pense seulement le lendemain. Ce soir-là, à l'hôpital, à un moment, j'ai eu vraiment peur. J'étais dans une petite pièce. Les portes et les fenêtres étaient fermées. Les infirmières étaient parties. J'étais seule. J'ai vraiment paniqué. Je me suis dit: «Venez me sauver. Ne me laissez pas toute seule.» Par la suite, tout s'est replacé. Un peu plus tard, des journalistes ont demandé à me rencontrer. Ils sont venus m'interviewer. Après, quand je suis sortie de l'hôpital, il y avait encore énormément de médias qui attendaient. Tout le monde était après nous. Quand je suis revenue à la maison, le téléphone n'arrêtait pas de sonner. Cette nuit-là, j'ai couché avec ma mère dans le lit de mes parents.

Le lendemain, as-tu pris conscience que le geste commis par Marc Lépine était dirigé contre vous, les femmes?

Oui, je l'ai appris en même temps que tout le monde dans les journaux. Il est certain que je me suis dit à propos de lui: «Si tu es si mal que ça, si tu es si malheureux que ça dans la vie et que tu veux te suicider, fais-le, mais laisse les autres tranquilles.» Pour moi, c'est aussi incompréhensible que certains drames familiaux cités dans les journaux: le père veut s'enlever la vie, mais il tue femme et enfants avant de partir.

Devant un acte aussi sexiste, t'es-tu demandé si c'était le prix à payer pour être une femme?

Non. Je ne me suis jamais sentie concernée par le féminisme. Par contre, je sais que c'est probablement grâce au féminisme que je suis ingénieure et que je travaille sur des chantiers. J'en suis très consciente.

Y a-t-il un moment où tu en as voulu aux hommes?

Jamais, il n'y a qu'un seul coupable, et c'est Marc Lépine.

As-tu pensé: «Pourquoi pas moi?»

Des gens m'ont dit que quelqu'un veillait sur moi quelque part. Je me suis dit que j'avais eu le bon réflexe, celui de faire la morte.

Ta copine a eu moins de chance que toi?

Dans notre classe, nous étions huit filles. Quatre sont décédées. Je voyais ma copine décéder à 20 ans. Et je pensais à ce que nous nous étions dit quelques jours auparavant: «Combien de temps nous reste-t-il à payer nos dettes d'étudiantes?» Nous embarquions dans la vie, c'était le début.

Crois-tu qu'un jour, tu réussiras à apprivoiser sa mort?

Je ne le sais pas. Je continue de ne pas comprendre et j'éprouve de la tristesse pour elle. J'ai encore énormément de difficultés à admettre qu'elle n'est plus là. Je me dis: «Pourquoi elle? Pourquoi a-t-elle disparu?» Ce n'est pas seulement elle que j'ai perdue, mais moi aussi, je me suis perdue dans tout ce drame.

Sa mort a-t-elle changé ton regard sur la vie?

Après cet événement, je me suis dit: «Il faut que je travaille, il faut que j'aie un conjoint et des enfants, il faut que je me dépêche de tout vivre avant de mourir.» Elle n'avait que 20 ans. Pour moi, son départ, ça a été l'urgence de tout vivre avant de mourir, avant que moi, je meure. C'est ce que j'ai fait.

De quelle façon perçois-tu ta propre mort?

Depuis que j'ai eu mon premier enfant, j'ai peur de mourir. Je trouve que les enfants sont démunis dans la vie. Mais aussi, je ne voudrais jamais survivre à mes enfants. Je ne voudrais pas avoir à enterrer un des miens. Ce serait l'enfer. J'ai une fille trisomique. À un certain moment, j'aurais voulu qu'on vienne la chercher, pas parce qu'elle est trisomique, mais parce qu'elle souffrait. C'était avant qu'elle se fasse opérer du cœur. Les cinq premiers mois de sa vie ont été pénibles, de la voir se battre pour survivre.

C'est une épreuve d'avoir un enfant pas comme les autres, n'est-ce pas?

Elle marque une pause. Elle réfléchit. Elle veut préciser le fond de sa pensée.

J'ai eu plus d'une épreuve dans ma vie. Mais certains connaissent d'autres genres d'épreuves. Les gens m'ont dit que j'étais forte, de surmonter le problème de la trisomie de ma fille et de m'occuper d'elle. Ils m'ont aussi dit que ma fille avait choisi sa famille et que je devais surmonter cette épreuve. Elle est adorable, et je l'aime. Mais ce n'est pas facile tous les jours. Je suis forte, je vais passer au travers. Des fois, j'en ai assez d'être forte. Une fois que j'ai dit ça, que puis-je faire? Je dois continuer malgré tout. Je ne peux pas tomber. Mes enfants et mon mari ont besoin de moi.

L'École polytechnique avait-elle organisé une thérapie pour les survivants?

Oui, deux jours après. C'était aussi l'occasion de nous revoir. Un des garçons fut heureux de retrouver une de nos copines, parce qu'il était convaincu qu'elle était décédée. Durant les événements, une balle avait troué ses pantalons. Comme lui n'avait pas été touché, il s'était dit: «Elle est morte», car elle avait la tête entre ses deux jambes [à lui]. Quant à notre copine, elle était traumatisée parce qu'elle n'avait pas été visée. Toutes les filles l'avaient été, mais pas elle. Elle se remettait en question: «Pourquoi pas moi?» Quand elle a su qu'il l'avait visée mais manquée, je pense qu'elle s'est sentie femme et concernée. C'est bizarre, comment les gens réagissent différemment à un même événement. Polytechnique a organisé d'autres rencontres entre ceux qui avaient été blessés. J'y suis allée une ou deux fois, mais je ne m'y sentais pas à l'aise.

En as-tu voulu à Marc Lépine pour ce qu'il vous avait fait?

Je l'ai rayé de mon existence. Il y a huit ans, il a fallu que je le nomme, mais son nom ne me revenait pas du tout. Le *black-out* total. J'ai été soulagée qu'il se suicide. Il n'a pas eu de procès et, par conséquent, je n'ai pas eu à comparaître. Par contre, lui, en se tuant, il s'est libéré de toute cette histoire. Moi, je suis restée prise avec. J'ai longtemps eu peur qu'un autre demeuré se sente concerné par « l'œuvre » de Marc Lépine et qu'il veuille l'achever. Jusqu'à tout récemment, j'ai craint non seulement que quelqu'un veuille m'exterminer, puisque ça n'avait pas fonctionné la première fois, mais aussi qu'en plus, il décide de s'attaquer à mes enfants pour que je n'aie pas de descendants.

Je vois la peur dans ses yeux.

Toi qui as eu peur que quelqu'un d'autre vienne achever « l'œuvre » de Lépine, quand tu as appris la nouvelle qu'effectivement, quelqu'un y avait songé, quelle a été ta réaction?

J'ai pensé me cacher, ne plus faire, entre autres, ce projet de livre. Finalement, j'ai décidé d'aller tout de même assister à une cérémonie commémorative avec mon mari et mes enfants, et d'en assumer les conséquences, s'il y en a.

Un long silence fait place au flot de ses paroles.

Avec le recul, penses-tu qu'il y a eu plus de 14 victimes dans cette tuerie?

À l'époque, j'ai reçu les rapports des ambulanciers, des pompiers et des policiers. Je les ai lus et je me suis cherchée. Un seul rapport faisait mention de mon existence. Il a toujours été question, dans toute cette histoire, de 14 victimes. En réalité, il y a eu un nombre incalculable de victimes : les blessés, les proches, les autres personnes présentes lors de cette journée. J'ai eu beaucoup de difficulté à vivre avec le fait que l'on ne parle que de 14 victimes. J'en suis une aussi.

As-tu ressenti le besoin de consulter un psychologue?

Au début du mois de janvier suivant, un mois après les événements, mon père m'a amenée voir une psychologue, qui m'a dit que j'avais défié Marc Lépine de me tirer dessus. Selon elle, j'aurais nargué mon agresseur. Quand je suis sortie de là, j'étais perdue. Mon père était en colère. Après quelques recherches, j'ai trouvé un psychologue, que j'ai consulté pendant environ deux ans.

Qu'as-tu ressenti, au moment de retourner en classe?

Ça dépendait des cours. Il fallait que je retourne à l'école, sinon je n'aurais plus remis les pieds dans une classe. J'y suis revenue. Mais mon but n'était pas de suivre mes cours, c'était de savoir si j'étais capable d'être en classe. Pendant un mois et demi à deux mois, j'ai erré dans l'école. Je me cherchais toujours un coin, n'importe où, pour pleurer, j'avais les nerfs bien trop à vif. En classe, la tension était palpable. Nous vivions tous et toutes le contrecoup. Nous étions « sur le gros nerf». Dès que quelqu'un arrivait en retard et entrait, nous regardions ce que cette personne allait faire ; dès qu'elle s'asseyait, nous nous disions : « C'est correct. » Et nous recommencions à écouter le professeur.

Comment se sentaient les garçons de la classe ?

Je sais qu'après l'événement, il y a eu un énorme inconfort dans la classe. C'était vraiment flagrant. J'avais l'impression qu'avec moi, les garçons étaient différents. Ils voulaient me protéger. C'était la sensation que j'avais. Je pense qu'ils se sont sentis un peu coupables. D'ailleurs, j'ai changé d'orientation afin de m'éloigner de ce groupe et j'ai pris près de quatre ans avant de retourner à l'École polytechnique aux études à temps plein.

Parce que ce groupe te rappelait sans cesse ce que tu avais vécu, n'est-ce pas ?

Oui. En raison de la tension qui régnait. Certains jeunes de ma classe m'ont reproché d'en avoir trop parlé aux médias. Je pense qu'ils auraient voulu garder cet événement pour eux.

Malgré cette nouvelle réalité, as-tu poursuivi tout de même tes études ?

Je suis allée à l'école jusqu'en mars. Après, j'ai arrêté mes études. Entre mars et juillet, j'ai erré. La mère de mon copain de l'époque était devenue une excellente amie. Je la suivais partout. Je faisais du ménage, je restais avec elle. Au printemps, le directeur de l'école m'a proposé de choisir une école n'importe où dans le monde. Je suis allée étudier en ingénierie à Toulouse. Sauf que mes problèmes ont traversé l'océan avec moi. Je les ai emportés dans mes bagages. J'ai trouvé ça difficile. Les gens n'étaient pas concernés de la même façon par la fusillade de Polytechnique. Ils étaient au courant de l'événement, mais il y avait des alertes à la bombe tous les jours, chez eux. En France, ce genre de violence était plus banalisé au quotidien.

Pour toi, quelles ont été les premières séquelles de cette tragédie ?

J'ai fait beaucoup de cauchemars. Pendant plusieurs années, je voyais toujours la même scène. Il me fallait trouver une porte de sortie. C'était vraiment hallucinant. J'imaginais plein de situations impossibles. Quand je me trouvais dans un centre commercial, je me préoccupais toujours des gens qui passaient et qui arrivaient. Je me demandais comment faire pour me sortir de ma cachette pour protéger une autre personne et l'empêcher, lui, le tueur, de commettre son acte. Je me disais que je le pouvais. Longtemps, j'ai été incapable de conduire, j'étais trop déconcentrée. C'était trop me demander. Encore aujourd'hui, dans mon quotidien, lorsque je me bute à un obstacle infranchissable, aussi banal soit-il, je suis extrêmement affectée émotivement. Mais, heureusement, avec mon caractère, je me retrouve rarement dans cette situation.

Elle est encore troublée par ces événements. Elle découvre qu'elle est beaucoup plus affectée qu'elle ne le croyait.

Comment as-tu appris à vivre avec ce qui t'est arrivé ?

En érigeant une barricade pour me distancer de mes émotions et en continuant à aller de l'avant parce que la Terre n'arrête pas de tourner pendant qu'on a mal.

J'ai tellement souvent répété mon histoire qu'elle est devenue celle d'une autre personne, que je récite froidement. Une façon de ne pas être affectée chaque fois que j'en parle.

Malgré la gravité de ce que tu as vécu, penses-tu que cette expérience a un aspect positif?

Oui, étrangement. Ça a changé mes valeurs. Maintenant, j'essaie de vivre la vie comme elle vient et d'accepter les autres comme ils sont. J'ai décidé de ne plus m'obstiner avec les gens au point d'en faire une chicane. À cette époque, j'avais 19 ans et j'étais en conflit perpétuel avec ma sœur, mon aînée de 3 ans. Je me suis dit: «Elle peut partir demain. Ça ne sert à rien de s'obstiner et de se disputer.» Cet événement m'a fait prendre conscience de l'importance des êtres autour de moi. Désormais, j'accorde beaucoup plus d'importance au temps et aux gens, mais très peu aux biens. Je veux profiter de la vie. Je ne veux surtout pas en manquer un seul instant. Qui sait ce qui peut arriver demain? Je ne veux pas quitter les miens en étant en froid. Je répète régulièrement à mon mari et à mes enfants que je les aime. Mais j'ai toujours peur que quelque chose m'arrive, qu'une brique me tombe sur la tête. Dès que tout va bien, le travail, la santé, les enfants, l'école, notre vie conjugale, les finances, je semble toujours prête à recevoir une brique qui tombe du ciel. J'ai tendance à toujours minimiser ce qui m'arrive; de cette façon, je m'oublie.

Dans toute cette histoire, elle tente de rester positive. Elle ne veut pas que les gens s'apitoient sur son sort. Elle veut vivre tout simplement.

Si on te laissait toute la place pour exprimer ton deuil et la souffrance qui s'y rattache, tu ferais quoi?

Entre autres, j'aimerais prendre le temps de rencontrer les parents de ma copine. Je sais que je ne peux strictement pas la remplacer, mais j'aimerais pouvoir mettre un peu de baume sur leur cœur et leur faire connaître mes enfants. J'aimerais aller me recueillir dans le local et me replonger dans mes émotions. Je n'ai jamais eu la possibilité ni pris le temps de le faire. Pleurer comme une Madeleine ou crier à tue-tête si j'en ai envie. En fait, je ne sais pas vraiment. J'aimerais pouvoir vivre toutes mes émotions pleinement pour finir par enfin en être vidée et débarrassée, mais je ne pense pas qu'il y ait vraiment une fin à tout ça. D'un autre côté, je ne pense pas que je veuille vraiment tout oublier.

Il s'en est fallu de peu qu'elle éclate en sanglots.

Seize ans après, as-tu fait ton deuil de toute cette histoire?

Je me rends compte que je n'ai jamais vraiment fait le tour du problème ou fait mon deuil, pas seulement celui de ma copine, mais aussi celui de l'événement même qui est fortement incarné par elle. Au début, j'étais reconnue du public, les gens venaient vers moi, et ils étaient très émotifs. Étrangement, c'était moi qui les encourageais. On me disait que j'étais forte et que j'étais capable de surmonter cet événement. On me l'a tellement répété que j'y ai cru. Je me suis donc oubliée et je me suis refermée sur moi-même. C'est probablement la raison pour laquelle je ne m'arrête jamais. Peut-être qu'à force de courir après ma vie, je vais m'essouffler et passer trop vite. Mais si je m'arrête, qui pourra comprendre mon désarroi devant toutes ces choses inexplicables de la vie? Je suis capable d'avoir des idées très noires, même si j'ai l'air bouffon et si je raconte un tas de bêtises pour faire rire. Je crains de tomber dans le vide. Des fois, je voudrais crier sur tous les toits que j'ai été blessée, pas seulement physiquement, mais dans mon for intérieur. D'autres fois, je voudrais me rouler en boule comme un animal blessé et attendre que ça passe. J'aimerais me terrer.

Selon toi, les endeuillés ont-ils le droit de vivre pleinement leur peine ?
Chacun vit son deuil à sa façon. Nous avons chacun notre bagage d'expériences et de vécu, et il n'y a pas, selon moi, de bonne ou de meilleure façon. Il est vrai que souvent les gens autour des endeuillés ne veulent pas les laisser seuls avec leur peine, mais je pense qu'il doit y avoir un temps pour la peine, un temps où on peut avoir mal en paix et un temps pour s'en remettre. Encore là, ça dépend de chacun.

Est-ce que tu penses qu'un jour, tu vas pouvoir voir ces événements sans la moindre émotivité ?
Non, je ne pense pas.

Comment vois-tu ton avenir ?
J'aimerais savoir ce que sont devenues toutes ces victimes. Je m'intéresse surtout aux personnes qui se sont trouvées sur le trajet de Marc Lépine. Ont-elles achevé leurs études ? Travaillent-elles dans leur domaine ? Ont-elles encore des séquelles ? Suis-je la seule à ruminer ? J'ai longtemps désiré donner à mes quatre enfants le prénom des quatre filles décédées de ma classe. Ça aurait pu être un deuxième prénom, légèrement modifié dans le cas de mes fils. Toutefois, je pense que ce choix aurait été malsain non seulement pour mes enfants, mais aussi pour moi. J'aimerais apprendre à ralentir mon rythme sans craindre de sombrer dans le passé et pouvoir profiter pleinement de la vie avec mon mari, mes enfants, ma famille et mes amis. La vie est belle et mérite d'être vécue.

Ce soir-là, j'ai erré pendant de longues heures, essayant d'absorber son récit et de relativiser ma vie. Soudain, mes petits problèmes existentiels m'ont semblé bien anodins.

Luc Plamondon
Vivre sans son complice

« *La veille de sa mort, il m'a téléphoné au lac [Memphrémagog] à huit heures du soir. Il était en pleine forme. Il arrivait du tennis. Il m'a dit : "Luc, si tu n'arrives pas pour travailler la semaine prochaine, j'entreprends un projet avec quelqu'un d'autre. Il faut qu'on fasse comme pour Starmania, s'embarquer pour deux ans." [...] Devant son insistance, j'ai pris rendez-vous avec lui pour le 6 août. Comme promis, j'étais là, le 6 août, mais c'était le jour de ses funérailles. [...] J'ai toujours regretté tout ce qu'on aurait pu faire tous les deux, puisqu'on avait fait le pacte de ne plus travailler qu'ensemble.* »

Luc Plamondon
Vivre sans son complice

Nous nous sommes donné rendez-vous au Fouquet's à Paris, sur les légendaires Champs-Élysées. Luc a un emploi du temps de président d'une grande nation. Lui fixer un rendez-vous, c'est de l'ordre des grandes batailles de ce monde. Il faut s'armer de patience et avoir un horaire flexible. Le jour venu, tout peut survenir. L'heure et le lieu sont presque virtuels. C'est ce qui m'est arrivé. Finalement, nous y voilà.

Il est ponctuel, comme jamais. Une fois à destination, il ne voit plus le moment de partir, ce qui explique son retard au prochain rendez-vous.

Je connais Luc depuis plus de dix ans. Quand il donne sa confiance à quelqu'un, il ne la lui retire pas de sitôt. Durant notre entretien, il quitte temporairement notre monde pour aller dans le sien. Parfois, il s'y réfugie, mais d'autres fois, il en sélectionne, pour nous, quelques instants intimes.

Habituellement, Luc donne au compte-gouttes, il ne fait pas souvent de confessions. De nature timide, c'est un solitaire qui s'assume mieux qu'avant. Il n'est pas aussi bavard qu'il le laisse croire. Ce jour-là, il m'a confié des bribes de sa vie marquée par de grandes absences. Pour une rare fois, il lève le voile sur sa peine, celle d'avoir perdu son frère de cœur et son grand complice, Michel Berger, mort trop tôt d'une crise cardiaque, à l'âge de 44 ans, le 2 août 1992.

Tu étais en parfaite osmose avec Michel Berger. Tu as perdu un ami. Tu as perdu aussi un compositeur inspirant et inspiré. Treize ans après son départ, t'arrive-t-il parfois d'avoir l'inspiration de Berger, d'entendre les notes qu'il aurait composées et sur lesquelles tu déposerais tes mots? Pourrais-tu dire : «Ça, c'est Berger qui me l'inspire»?
Non. Après son départ, pendant presque deux ans, j'ai eu beaucoup de mal à travailler avec quelqu'un d'autre. J'ai vraiment pensé que je ne pourrais plus jamais créer une autre œuvre importante. D'ailleurs, j'ai toujours regretté tout ce qu'on aurait pu faire tous les deux, puisqu'on avait fait le pacte de ne plus travailler qu'ensemble.

Dans quel contexte aviez-vous pris cette décision?
Il ne voulait plus composer de chansons pour d'autres. Moi non plus. J'étais «tanné» d'être juste un parolier de chanteurs. C'est dans un avion, au retour de Londres, où nous étions allés pour monter *Starmania* en Angleterre, que nous avons pris notre décision. Après ce voyage, je repartais passer l'été au lac Memphrémagog. Lui, il partait un mois à Saint-Tropez. Ce jour-là, quand je l'ai vu s'en aller, j'avais l'impression que Michel était devenu un vieillard. Il avait tout à coup les cheveux gris. Il marchait complètement courbé. Quand il était de face, ça ne se voyait pas. Il avait toujours son sourire juvénile et le regard illuminé. Mais de dos, j'ai vu un homme âgé portant

sa petite valise. Un mois après, il était mort d'une partie de tennis de trop. Le dernier soir de ses vacances.

Qu'avez-vous fait pendant ce mois de juillet, séparés l'un de l'autre ?

On s'est parlé tous les jours. Il voulait que je vienne à Saint-Tropez, mais je lui disais : « Repose-toi. Tu es fatigué. On peut prendre un mois de *break*. On retravaillera mieux après. » Il me répondait : « Mais non, je m'emmerde ici. Viens, on va travailler. » Mais moi aussi, j'étais fatigué, au bout du rouleau. J'étais bien au lac [Memphrémagog], j'avais besoin de respirer. La veille de sa mort, il m'a téléphoné à huit heures du soir. Il était en pleine forme, il arrivait du tennis. Il m'a dit : « Luc, si tu n'arrives pas pour travailler la semaine prochaine, j'entreprends un projet avec quelqu'un d'autre. Il faut que nous fassions comme pour *Starmania*, s'embarquer pour deux ans. Luc, le projet dont tu m'as parlé dans l'avion, l'autre jour, ça m'intéresse ; je voudrais m'y mettre tout de suite. J'ai arrêté tout le reste. Je ne chanterai plus. » Devant son insistance, j'ai pris rendez-vous avec lui pour le 6 août. Comme promis, j'étais là, le 6 août, mais c'était le jour de ses funérailles.

Comment as-tu appris sa mort ?

Je revenais d'une promenade en kayak au coucher du soleil. Je m'étais arrêté dans ma cabane au bord de l'eau. Des fois, j'y écrivais quelques lignes avant de remonter souper. On m'a appelé de la maison. Claude-Michel Schoenberg me demandait au téléphone. J'ai demandé : « C'est quoi l'urgence ? » On m'a répondu : « Monte, c'est urgent. » J'ai pris l'appareil. Schoenberg m'a dit : « Luc, Michel est mort. » Après ça, il m'a passé France, avec qui j'ai eu du mal à parler. Elle se demandait quelle sorte de funérailles elle allait lui faire.

Aurais-tu préféré l'entendre autrement ?

Je pense qu'il n'y a pas d'autre façon de le dire. C'est très brutal, c'est sûr. Quand quelqu'un de célèbre meurt, la nouvelle peut être dans le journal, à la radio ou à la télévision dans les cinq minutes qui suivent. Cette fois, ils ont mis un embargo, parce que ses deux enfants étaient partis dans des camps de vacances. Ils ont voulu que ça ne se sache pas avant le lendemain midi. Le temps de l'annoncer aux enfants.

Comment as-tu réagi à cette nouvelle pour le moins brutale ?

J'avais le souffle coupé. Je n'arrivais plus à parler. J'étais figé, complètement, trop étouffé pour pouvoir réagir. C'est seulement une heure plus tard que je me suis mis les bras autour d'un arbre et que j'ai hurlé, hurlé, hurlé, pendant une heure. J'avais comme le ventre déchiré, tellement ça faisait mal. C'était un déchirement total. Mes amis, Clémence, Marie-Hélène et d'autres, sont venus. Des gens des alentours. C'est à ce moment que je me suis rendu compte que je venais de perdre mon frère de cœur. Ils m'ont ramené en ville. Les appels commençaient. Le soir venu, j'ai pris un calmant. J'ai dormi. Le lendemain matin, j'ai refusé de répondre à toute interview.

Tu as donc dû partir pour Paris afin d'assister à ses obsèques.

J'ai attendu deux jours, tant je m'en sentais incapable. Je suis arrivé à Paris pour les funérailles. On est allés chercher le corps à l'aéroport et puis France m'a demandé de monter dans le corbillard avec lui. Devant mon étonnement, elle m'a expliqué qu'en France, il faut que quelqu'un s'assoie à côté du conducteur du corbillard. «C'est certainement avec toi que Michel aurait voulu faire son dernier voyage.» On est passés devant le studio où on avait enregistré *Starmania* 15 ans plus tôt, puis devant l'Opéra Bastille, où nous devions faire notre prochain projet. En arrivant au cimetière de Montmartre, il y avait une haie d'honneur. Tous les chanteurs de Paris, de Johnny Hallyday à Souchon, en passant par Bruel ou Véronique Sanson, étaient là.

Michel Berger a toujours ressenti cette urgence de vivre, comme James Dean, à qui vous avez dédié une comédie musicale...

Je me souviens, quand nous avons remonté *La légende de Jimmy*, à Montréal, juste après la mort de Michel, c'était très douloureux. J'avais l'impression d'avoir écrit un *show* sur lui, un *show* qui parlait beaucoup de l'urgence de vivre et du refus de vieillir. C'était la vie de James Dean. Le soir de la première à la Place des Arts, je suis venu saluer, puis je me suis retourné vers un immense portrait de Michel. Tous les chanteurs ont applaudi. Ça a été un très, très grand vide pendant des mois. Je voudrais remonter *La légende de Jimmy*, car je trouve injuste que cette œuvre n'ait pas survécu alors que Michel la considérait comme la plus belle création de sa vie. Pour lui, *La légende de Jimmy,* c'était un opéra. Il faudrait le remonter avec un orchestre symphonique. À l'époque, la musique était jouée par des synthétiseurs. Il faut revenir à l'idée originale de l'œuvre, qui était de mélanger le rock et le symphonique. Les mélodies sont très belles. Cette année, j'ai relu mon texte d'un bout à l'autre et j'ai trouvé aussi que c'était parmi les meilleures choses que j'ai écrites. On dirait qu'on a fait ça d'un seul jet, poussés par une urgence, justement...

Quelques mois auparavant, Michel avait perdu son père. Comment avait-il vécu ce départ?

Le père de Michel est mort comme lui à la suite d'une crise cardiaque, mais à 82 ans au lieu de 44. C'était un grand savant, un inventeur, un homme de science qui écrivait des livres d'humaniste. Il était entré à l'Académie française. C'était un homme extrêmement en forme qui venait de publier son dernier ouvrage. Un samedi, Michel m'appelle vers midi et me demande ce que je fais dans l'après-midi. Je lui réponds que je vais aller me balader. Alors, il me dit: «Que dirais-tu si on travaillait?» «On peut travailler un peu plus tard», lui ai-je répondu. Il insiste: «Mais non, j'aimerais mieux maintenant.» Je lui demande pourquoi maintenant. Il me répond: «Mon papa vient de mourir.» C'est curieux, il disait toujours ma maman et mon papa, comme un enfant. J'étais étonné: «Ça te donne envie de travailler?» «Oui, ça prouve qu'il est urgent de faire les choses qu'on a envie de faire, il n'y a pas de temps à perdre.» Je ne pouvais dire non à quelqu'un qui venait de perdre son père.

Comment as-tu appris à vivre avec l'absence de Michel?

Un an après, ce qui m'a sorti du deuil, c'est de décider avec le producteur Gilbert Coullier – qui vivait le même deuil – de remonter *Starmania* au théâtre Mogador, à Paris, dans une mise en scène de Lewis Furey. C'était la période de l'énorme succès de Céline avec la chanson *Ziggy* et de l'album *Tycoon* (*Starmania* en anglais). Tout ça était une façon de prolonger notre œuvre, notre complicité et notre amitié.

Que t'a appris le deuil?

Au début, on souffre de l'absence. Après, on s'aperçoit que ça devient une présence. Il faut faire le deuil de l'absence. Dans mon cas, c'était aussi le deuil de notre collaboration. Heureusement, les chansons que nous avons faites ensemble ont survécu au temps. Cette année, à l'ouverture du Festival d'été de Québec, devant 50 000 personnes, on a fait un concert symphonique des grands airs de *Starmania* avec des voix lyriques. La soirée était magique. Quand Marie-Josée Lord a chanté *Le monde est stone,* à la fin du *show,* c'était un de ces moments qu'on voudrait immortaliser. Je suis certain que Michel entendait. Nous étions en totale osmose avec lui.

Qu'as-tu appris du départ de Michel? Avais-tu à cette époque-là le même sentiment d'urgence que Michel?

Non, j'avais plutôt l'impression d'avoir toute la vie devant moi. À 18 ans, James Dean avait dit: «Je veux être acteur avant de mourir.» Michel, c'était quasiment ça aussi. Il a eu le succès très jeune. Il avait une très grande ambition et allait partir s'installer à Los Angeles. Il voulait la réussite mondiale tout de suite. C'était un compositeur extraordinaire, il était en droit de vouloir ça. Il se savait un des meilleurs de son temps. Il ne comprenait pas pourquoi sa réussite était limitée à la francophonie. Moi, c'était normal que ma réussite soit limitée à la francophonie, puisque j'écrivais en français. La langue française était ma limite. Je n'ai jamais eu l'ambition d'écrire dans d'autres langues, et je ne rêvais même pas d'être traduit. Pourtant, *Starmania* et *Notre-Dame de Paris* ont été traduits en plusieurs langues. La veille de son départ, la dernière chose qu'il m'a dite au téléphone, c'est: «J'ai un ami à New York qui a entendu *Le monde est stone* par Cyndi Lauper dans une discothèque, hier soir.» L'album venait de sortir là-bas. Pour lui, c'était parti! L'Amérique l'attendait.

Quand on regarde *Starmania*, 28 ans après, on se rend compte que tu as su créer un univers imaginaire très futuriste. Tu es un grand visionnaire. Tu avais imaginé un monde qui ressemble étrangement à celui d'aujourd'hui.

Cette vision était déjà en partie dans mon mini opéra-rock que j'avais écrit pour Diane Dufresne, *L'opéra cirque,* qui a été un bide total, mais c'est grâce à ça que Michel a voulu que je travaille avec lui. Mais les thèmes de *Starmania* étaient les thèmes d'une époque, celle des années 1970, mon époque à moi. Tout ce que j'avais à dire sur le monde, je l'ai exprimé dans *Starmania*. Ensuite, je devais passer à autre chose. Je n'allais pas rabâcher la même chose toute ma vie.

Tu n'aimes pas revenir dans le passé, n'est-ce pas ?

Je n'aime pas trop ça. Ce qui est fait est fait. Je pense que les créateurs sont comme ça en général. Moi, j'ai toujours vécu au présent. Je ne pense pas beaucoup au lendemain et pas beaucoup au passé. Ce qui ne m'a pas empêché de revenir plusieurs fois sur *Starmania*. J'y reviendrai encore, que ce soit au cinéma ou dans une grande production internationale d'ici deux ans. *Starmania*, c'est l'œuvre de ma vie. Pour trouver un autre succès comme ça, il a fallu, au contraire, que je plonge complètement dans le passé... Avec *Notre-Dame de Paris*, j'ai trouvé un sujet universel et intemporel, que j'ai traité d'une façon actuelle tout en retournant à mes racines littéraires.

Tu m'as déjà dit qu'au fil du temps, tu avais perdu certaines amitiés. Une perte d'amitié est-elle plus difficile à vivre qu'une mort ?

Oui, parce que c'est comme faire le deuil d'une personne vivante. J'ai eu une grande peine d'amitié récemment avec Clémence... Je n'aime pas en parler. Quand quelqu'un s'éloigne, je ne fais pas d'efforts pour le ramener. Je ne sais pas si c'est de l'orgueil, mais c'est comme ça. Avec Diane, j'appellerais ça plutôt une peine d'amour qu'une peine d'amitié. C'était comme une histoire passionnelle entre nous. Je ne sais pas comment ça s'appelle, une telle aventure, cette relation possessive et très exclusive entre un cinéaste et son actrice, un chorégraphe et sa danseuse, un parolier et sa chanteuse. Ça me fait penser à la brouille de Piaf avec son compositeur Marguerite Monod, celle qui lui a écrit la musique de *L'hymne à l'amour* et de tant d'autres classiques. Piaf a dit dans une interview, peu de temps avant de mourir à son tour : « Le plus grand chagrin de ma vie, c'est que Marguerite Monod soit morte sans que je me sois réconciliée avec elle. »

Finalement, quand je pense à Diane, je n'ai que de l'amour, de l'affection et de l'admiration pour elle. Je ne me souviens que des beaux moments. Après avoir été si proches pendant 20 ans, je me demande comment on a pu faire pour s'ignorer ensuite pendant 20 ans. On s'est revus, on s'est embrassés et serrés très fort, mais on n'arrive toujours pas à se parler. Maintenant qu'elle rechante mes chansons, comment renvoyer l'ascenseur ?

Considères-tu que parmi les plus belles chansons de ton répertoire, il y a celles écrites pour Diane Dufresne ?

Il n'y a aucun chanteur ou chanteuse pour qui j'ai écrit autant de chansons fortes. Diane pourrait revenir sur scène, elle prendrait les 25 chansons les plus marquantes que je lui ai faites, ce serait le tour de chant idéal que j'avais rêvé pour elle. En fait, elle a été ma première comédie musicale à elle toute seule !

As-tu l'impression que plus tu avances, plus tu recherches la solitude ?

Je choisis de plus en plus la solitude. Hier, j'avais une journée à Paris, j'étais seul et j'étais tellement heureux. J'ai toujours été un solitaire. J'ai beaucoup voyagé seul. Maintenant, je me rapproche beaucoup de la nature. J'essaie de fuir le show-business le plus possible, mais il me rattrape tout le temps. Je veux échapper au stress de tout le monde autour. Mais pour ce qui est de la création, de monter des spectacles, ça m'excite toujours autant !

Quelle est la chanson qui témoigne le plus de l'état de deuil que tu as vécu à la suite du départ de Michel Berger ?

Je dirais *Seul*. Je l'ai écrite deux ans après la mort de Michel. Ce texte était destiné à Johnny Hallyday. Il ne l'a pas chanté. Je l'ai gardé six ans avant de le donner à Garou. C'est l'histoire éternelle d'une chanson écrite pour quelqu'un, mais qui, chantée par quelqu'un d'autre, devient un méga-*hit*.

Après la mort de Michel, tu n'as pas vraiment écrit pendant deux ans. Quel élément déclencheur a inspiré ton retour ?

Pour pouvoir repartir, je me suis dit que je devais trouver un grand sujet littéraire. Je n'avais jamais écrit à partir d'une œuvre d'un autre auteur. J'ai cherché dans le dictionnaire des personnages et je suis tombé sur Quasimodo. Mais il fallait que je trouve le compositeur idéal, que j'aie un nouveau coup de foudre. Je me suis rappelé que Cocciante m'avait laissé des musiques sur une cassette, qu'il disait plus proches de l'opéra que de la chanson. J'ai relu le roman de Victor Hugo en l'annotant. À la fin, j'avais les titres de mes 20 chansons.

Crois-tu à la vie après la mort ?

Je crois à la vie après la vie... La formulation est plus belle ! Je ne suis pas religieux, mais j'ai toujours envie de m'élever vers quelque chose de plus grand que nous ! On fait partie d'un cosmos que l'on ne comprend pas. L'âme humaine est inexplicable. Il y a sûrement des ondes de Mozart ou de Chopin qui sont arrivées chez Michel Berger. Moi, je suis né d'un père qui ne savait ni lire ni écrire. Il a dû m'arriver quelque chose, quelque part...

Avais-tu déjà affronté la mort avant celle de Michel ?

Ma grand-mère est morte quand j'avais 12 ans. C'est la seule autre fois de ma vie où j'ai pleuré autant qu'à la mort de Michel. Elle vivait chez nous, à la maison. C'est elle qui m'a montré à lire avant d'aller à l'école. C'est elle qui m'a fait apprendre le nom de tous les saints et à les reconnaître sur les photos. J'étais extrêmement attaché à elle. La dernière fois que je l'ai vue, c'est quand je suis entré au Séminaire de Québec. Quand les grilles se sont fermées, je lui ai fait un signe de la main. Elle aussi. Un mois après, quand le supérieur du Séminaire m'a appelé dans son bureau pour m'annoncer la mort de ma grand-mère, j'ai éclaté en sanglots. Il m'a dit : « Maintenant, vous êtes au Séminaire de Québec, vous êtes un homme. Il n'est pas question que vous sortiez. Vous êtes ici depuis un mois, nous ne pouvons vous laisser aller aux funérailles. » J'ai tellement hurlé que le matin, ils ont été obligés de me laisser partir. J'ai dormi à la maison avec le cercueil de ma grand-mère juste en dessous de ma chambre. Quand je pense à elle, je pense à elle vivante.

Je le sens heureux et plus épanoui par cette nouvelle vie loin des projecteurs.

Rires.

Quand tu penses à Michel, que te vient-il à l'esprit?

Une villa au cap d'Antibes où on a écrit les premières chansons de *Starmania*, en 1977. La maison de Saint-Tropez, où on s'isolait seuls tous les deux pour créer *La légende de Jimmy*, en 1989 et 1990. Il avait fait provision de boîtes de conserve. Il ne voulait pas arrêter une heure pour manger. On travaillait 12 heures par jour. Des fois, je le forçais à marcher sur la plage. Je pense souvent aux moments où nous étions seuls. De vrais amis, des gens qui ne s'ennuient jamais ensemble. Michel était très cultivé, il avait les mêmes intérêts que moi, et nous parlions de tout. On pouvait passer des heures à discuter. C'était une vraie amitié. Elle a été immédiate. Au début de notre relation, on n'a pas été capables d'écrire une seule chanson ensemble pendant six mois. C'est lui qui m'avait fait venir à Paris. C'est l'amitié qui a soudé notre relation et qui a fait que nous avons pu ensuite collaborer. Notre amitié allait bien au-delà de la création. Nous passions nos vacances ensemble. Il venait passer ses vacances au lac [Memphrémagog] avec France et les enfants. Ou moi, j'allais chez eux, à Saint-Tropez. Quand j'arrivais à Paris, il était le premier à qui je téléphonais. Tous les dimanches soir, je mangeais chez Michel et France avec tout un cercle d'amis. Entre *Starmania* et *La légende de Jimmy* se sont écoulées 10 années pendant lesquelles on est restés les meilleurs amis du monde sans jamais travailler ensemble. On ne s'est jamais chicanés parce qu'on était très francs l'un envers l'autre. Il n'aimait pas nécessairement tout ce que je faisais en dehors de lui et vice-versa. Mais on se serait battus corps et âme pour tout ce qu'on a fait ensemble.

Nous avons quitté le restaurant et, sur le trottoir, nous avons mis à jour nos vies; il y avait longtemps que nous l'avions fait.

Seul

Tant de fois j'ai tenté
D'aller toucher les étoiles
Que souvent en tombant
Je m'y suis fait mal

Tant de fois j'ai pensé
Avoir franchi les limites
Mais toujours une femme
M'a remis en orbite

Tant de fois j'ai grimpé
Jusqu'au plus haut des cimes
Que je m'suis retrouvé
Seul au fond de l'abîme
Seul au fond de l'abîme

Celui qui n'a jamais été seul
Au moins une fois dans sa vie
Seul au fond de son lit
Seul au bout de la nuit

Celui qui n'a jamais été seul
Au moins une fois dans sa vie
Peut-il seulement aimer
Peut-il aimer jamais

Tant d'amis sont partis
Du jour au lendemain
Que je sais aujourd'hui
Qu'on peut mourir demain

On a beau tout avoir
L'argent, l'amour, la gloire
Il y a toujours un soir
Où l'on se retrouve seul
Seul au point de départ

Paroles : Luc Plamondon / Musique : Romano Musumarra / Interprétation : Garou / Pub. Éditions Georges Mary/Luc Plamondon

Celui qui n'a jamais été seul
Au moins une fois dans sa vie
Seul au fond de son lit
Seul au bout de la nuit

Celui qui n'a jamais été seul
Au moins une fois dans sa vie
Peut-il seulement aimer
Peut-il aimer jamais

Tant de fois j'ai été
Jusqu'au bout de mes rêves
Que je continuerai
Jusqu'à ce que j'en crève
Que je continuerai
Que je continuerai

Celui qui n'a jamais été seul
Au moins une fois dans sa vie
Seul au fond de son lit
Seul au bout de la nuit

Garou
Vivre sans elle

« Je me souviens d'être allé au poste de police quand les agresseurs d'Isabelle sortaient de l'interrogatoire et d'avoir vu un policier à côté de moi avec son gun "clippé". Je regardais le "clip" sur sa ceinture. Ma main a tellement voulu y aller et prendre le gun. C'est la seule fois de ma vie où j'ai eu envie de tuer. J'ai réussi à retenir ma main, parce que ma haine était trop profonde. Aujourd'hui, je sais pertinemment que j'aurais pu commettre ce geste-là. Pourtant, ce n'est pas dans ma nature. Sa mort, je l'ai acceptée, mais ces événements, jamais. »

Garou
Vivre sans elle

Pour Garou, parler de son amie Isabelle Bolduc, sauvagement agressée et assassinée par trois récidivistes dans la nuit du 29 juin 1996 à Sherbrooke, n'était pas une mince affaire, ça relevait de l'exploit. Il reportait sans cesse cet instant. Il devait transcender sa peine, composer avec les vestiges du passé et mettre de l'ordre dans ses émotions. Finalement, le rendez-vous s'est précisé, et cela m'a permis d'entendre un homme de sa génération se prononcer sur sa vision du deuil et ses conséquences immédiates sur ses croyances.

Exceptionnellement, les photos ont été prises avant l'entretien. Pendant les quelques minutes qu'avait duré la scéance, Garou était passé de l'inquiétude à la béatitude. La magie avait opéré, nous pouvions entamer notre conversation.

En présence de Garou, peu importe les circonstances, on se sent la personne la plus importante du monde, il ne regarde que ses interlocuteurs. Ce qui rend le moment mémorable. J'ai déjà rencontré quelqu'un qui a ce don inhabituel: Céline Dion. C'est le propre des grands. Tout au long de notre entretien, son regard était franc, soutenu et profond. Rien ne pouvait nous perturber ou nous distraire, ni le va-et-vient des serveurs ni le murmure des clients du restaurant Le Cube de l'hôtel Saint-Paul à Montréal, où nous étions attablés devant un bon verre de vin.

Sous ses airs d'éternel adolescent, Garou est un homme d'une grande intériorité, capable de réflexion et d'analyse. Cet échange prendra vite les allures d'une confession.

Comment vous êtes-vous rencontrés, Isabelle Bolduc et toi?
Je l'ai connue quand je suis entré à l'armée. Elle jouait de la clarinette, moi de la trompette. Le jour où elle est arrivée, tous les autres gars m'ont dit: «Attends de voir la nouvelle.» J'ai entrouvert la porte et je l'ai aperçue, c'était un soleil. Ça a «cliqué» tout de suite. Nous sommes devenus de grands amis très rapidement.

Tu as déjà dit qu'elle avait joué un rôle important dans ta vie professionnelle. En quoi a-t-elle été aussi déterminante?
Je la connaissais depuis un an. Un soir, elle m'a dit: «Viens, nous allons voir un ami qui est chansonnier.» Ça ne me tentait pas. Elle a réussi à m'y emmener de force. Rendus sur place, elle a demandé au chansonnier de me faire monter sur la scène. J'ai pris sa guitare. Je jouais déjà de la guitare dans les *partys* d'amis autour des feux de camp. J'étais terrorisé à l'idée d'être seul devant un public. J'avais tellement honte. J'ai regardé Isabelle. Elle m'a fait un sourire. Un peu comme celui que Luc Plamondon m'a adressé quand il m'a auditionné avec Richard Cocciante pour *Notre-Dame de Paris*. Elle était heureuse. Je la voyais du coin de l'œil. Elle m'a dit: «Vas-y.» J'ai commencé à chanter *Leila*, de Clapton, en m'accompagnant à la guitare. C'était vraiment comme dans les films. La barmaid a appelé le *boss*. Elle a mis le téléphone sur les enceintes où je chantais. Elle a dit: «Viens, viens, viens, il faut

que tu l'écoutes. » J'ai fini de chanter et je pensais : « Quelle gaffe j'ai faite. On va me jeter. » Au contraire, les gens se sont mis à crier : « Encore, encore ! » Mais je n'avais pas beaucoup de chansons dans mon répertoire. J'en ai alors chanté six. Le *boss* m'a demandé de revenir dans son bar. Isabelle m'a aidé à trouver des chansons. J'ai eu deux jours pour en apprendre 30, trouver un *kit* de son, apprendre comment ça se branche, comment produire mon son. Ça a été assez rock and roll. Plus tard, je suis retourné souvent chanter dans ce bar. Isabelle m'encourageait. Elle venait me voir tout le temps. C'était aussi une fille qui traversait plein de phases différentes. Notre relation était très intense. Pendant un certain temps, nous nous perdions de vue et, après, nous nous retrouvions. Nous ne sommes pas toujours restés des amis soudés. Quand elle est décédée, nous étions dans une bonne période.

Il parle avec beaucoup de franchise. Il me raconte tout sans la moindre pudeur.

Dans la nuit du 29 juin 1996, Isabelle sort d'un bar vers 2 heures du matin. Elle célèbre la fin de son année scolaire. Elle décide de se rendre à pied chez elle. En chemin, elle se fait enlever par trois agresseurs, et elle meurt à la suite de violences... L'avais-tu vue dans la soirée ?
Ce soir-là, je n'étais pas avec elle. Le lendemain, j'ai été appelé par ceux qui la cherchaient. Personne n'avait de nouvelles. Nous nous inquiétions beaucoup. Ils ont fait une battue toute la nuit. J'ai fait un bout avec eux et j'ai arrêté. J'étais incapable de croire qu'on allait la retrouver comme ça. Je me disais : « Isabelle est si intense, elle est partie quelque part et va revenir. » Soudain, quelqu'un a lancé : « On arrête tout. On a retrouvé Isabelle. » Ce fut un tel choc que je ne me souviens même pas quand on me l'a annoncé. Les gens étaient très délicats quand ils nous ont appris la nouvelle. Je n'ai pas été capable de comprendre ce qui était arrivé. Ces événements sont dans un flou total. Je ne sais même pas combien de temps a duré la battue. Je ne sais même pas quand ça a eu lieu. C'était un choc. Une espèce de commotion cérébrale. Ça a complètement « zappé » dans ma tête. Quand j'ai lu une partie du livre *Tout le monde dehors*, d'Yves Thériault, je n'ai pas pu lire le chapitre sur les circonstances du départ d'Isabelle. J'en étais incapable.

Pourquoi est-ce encore aussi marquant quand tu en parles ?
Je ne sais pas. Dans la suite des événements, je faisais un deuil en effaçant tout ce qui se passait au fur et à mesure.

Son père a créé une fondation portant son nom. T'es-tu impliqué ?
Je comprends son père d'avoir fait ça. Moi, non, j'avais trop mal pour m'impliquer. J'avais l'impression de la souiller et de me servir d'elle.

Crois-tu que c'est la gravité des gestes commis contre Isabelle et les circonstances atroces entourant sa mort qui rendent ton deuil difficile ?
Forcément. Il y avait une mort à accepter. Il y avait une injustice totale à accepter. On est toujours en colère quand quelqu'un meurt. En colère face aux forces que l'on ne comprend pas et à la réponse que l'on cherche tous, et qui est celle de Dieu. Que se passe-t-il après la mort ? Pourquoi la vie est-elle ainsi ? Mais

quand c'est vraiment l'homme lui-même qui a commis l'acte, c'est inacceptable. Je n'ai pas fait le deuil. Je n'ai pas été capable d'en parler ni d'exorciser ces événements. Je suis resté coincé. Je le suis encore. Je me rends compte que pour bien vivre un deuil, il faut que tu apprennes, que tu fasses d'autres deuils et que tu les comprennes.

Je sens un grand trouble en lui.

Vous, ses amis, vous vous êtes réunis à l'occasion et vous avez beaucoup parlé d'elle. Cela t'a-t-il fait du bien ?
Personnellement, j'avais du mal à participer aux discussions. Tous les détails entourant les événements que nous connaissons aujourd'hui, nous les ignorions à l'époque. Ça a pris énormément de temps avant d'obtenir la réponse des agresseurs. Je me souviens d'être allé au poste de police, quand les agresseurs d'Isabelle sortaient de l'interrogatoire, et d'avoir vu un policier à côté de moi avec son *gun* « clippé ». Je regardais le « clip » sur sa ceinture. Ma main a tellement voulu y aller et prendre le *gun*. J'avais tellement de misère à affronter tout ce qui se passait. C'est la seule fois de ma vie où j'ai eu envie de tuer. J'ai réussi à retenir ma main, parce que ma haine était trop profonde. Aujourd'hui, je sais pertinemment que j'aurais pu commettre ce geste-là. Pourtant, ce n'est pas dans ma nature. Sa mort, je l'ai acceptée, mais ces événements, jamais.

Le malheur d'Isabelle a été d'être au mauvais moment, au mauvais endroit.
Oui, effectivement. Elle avait une belle naïveté. Celle de quelqu'un qui fait confiance à tout le monde. Elle se laissait embarquer dans toutes les histoires parce qu'elle avait confiance en la vie. Finalement, cette vie-là lui a peut-être été enlevée à cause de cette naïveté. Est-ce arrivé parce qu'elle était trop gentille ?...
Les jours suivants, j'entendais plusieurs personnes parler des événements entourant sa mort. Il y avait les interrogatoires, pendant lesquels les agresseurs répondaient. Quand quelqu'un meurt dans des circonstances pareilles, il est normal de vouloir tout savoir. Sincèrement, la seule personne en qui je pouvais avoir confiance, c'était Isabelle. C'est sa version de l'histoire que je voulais entendre. Je voulais tant lui parler.

As-tu accepté sa mort ?
J'en ai accepté une grande partie. Mais une part de moi refuse. Je devrais peut-être accepter. Je devrais peut-être relire les rapports sur sa mort et me rappeler ainsi tout ce qui s'est passé. J'aurais des chocs. Non, je ne veux pas me rappeler d'Isabelle comme de « l'affaire Isabelle Bolduc ». Je ne veux pas que ces événements soient mes seuls souvenirs d'elle. C'est pour cette raison que j'ai tout effacé de ma mémoire. Je n'oublie pas Isabelle pour autant. Maintenant, sa présence est autre. C'est une transformation. Elle est vraiment encore présente dans ma vie. Je veux garder un beau souvenir d'elle. C'est très important, car son souvenir continue à générer quelque chose en moi. Pour moi, l'immortalité, c'est ça.

Crois-tu à l'immortalité ?
Oui. À partir du moment où je me souviens d'elle, je la vois vivre en moi, donc elle est encore vivante. Elle est immortelle. Elle est la vie éternelle pour moi.

Même dans l'éternité au moment de ma mort, elle sera encore présente, puisque dans l'éternité de la mort, il y a plein de monde.

Es-tu croyant ?

Oui, je suis croyant. Tout le monde croit en quelque chose. Ma famille était pieuse. Pour ma mère, c'est très important d'aller à l'église le dimanche. Avec le temps, j'ai beaucoup changé mes convictions. J'ai brassé bien des affaires dans la famille. Chacun a son cheminement spirituel à faire. Isabelle a répondu à beaucoup de choses pour moi.

La mort d'Isabelle a été la première qui ait compté pour toi ?

Non, il y a eu ma grand-mère. La mère de ma mère. J'avais 14 ans. J'ai eu un choc au salon funéraire en la voyant morte. J'ai été obligé d'accepter qu'elle ne reviendrait pas. Tout ce cheminement-là, je l'ai fait à la mort de ma grand-mère. Je l'imagine au ciel. Je pense qu'à la mort, une énergie émane du corps. Je sens que ma grand-mère et Isabelle sont présentes. Je crois qu'elles me font faire de la musique et elles contribuent à ma facilité à faire ce métier.

Quelques années après, ta tante est décédée. Qui était-elle pour toi ?

Ma tante avait toujours une réponse spirituelle à toute chose. Ce qu'elle disait avait toujours du sens. Elle était toujours certaine de ce qu'elle avançait. À la fin de sa vie, elle vivait dans une maison de transition, à Sherbrooke. Un jour, au retour de Paris, je suis allé la voir, une visite éclair. Elle était très faible. Elle m'a pris la main et m'a fait signe de m'approcher d'elle. Elle était sur son lit de mort. Je l'ai regardée dans les yeux. Elle m'a dit : «Tout ce qu'ils ont fait pour moi, c'est extraordinaire. Ils m'ont ouvert la porte pour aller au ciel. Promets-moi que tu vas essayer de faire quelque chose pour eux.» Je lui ai répondu : «Je te le promets.» J'ai tenu ma promesse. Je suis allé à quelques reprises à La Maison Aube-Lumière, à Sherbrooke, dont je suis le porte-parole. J'ai rencontré des personnes de ma connaissance qui vivaient le deuil sur place, dans cette maison où tout le monde a accepté la mort. C'est particulier de vivre le deuil avant la mort.

T'est-il déjà arrivé de faire appel à Isabelle quand tu en avais besoin ?

Oui. Souvent. Par exemple, tout à l'heure, j'avais une séance de photos, et j'ai demandé à Isabelle de m'aider. Je lui ai dit : «Je ne serai pas capable. Que ferais-tu à ma place ? Que me dirais-tu de faire ?» Ça s'est fait en toute simplicité. Je n'ai pas besoin d'être au fond du gouffre pour y penser.

Selon toi, que t'aurait-elle dit de faire ?

Elle m'aurait dit : «Sois naturel.» Elle m'aurait fait un grand sourire. Elle m'aurait fait une *joke* complètement imbécile et elle m'aurait fait rire.

Son regard s'illumine.

Penses-tu qu'Isabelle t'a aidé à apprendre comment vivre sans elle ?

À un moment donné, on se calque sur la personne. On veut réagir comme elle. Dans cette épreuve, je veux être comme elle. Elle était tellement positive et souriante. J'ai tourné cette situation positivement. Je voulais la faire vivre le plus possible dans ce que je faisais. Je sais qu'Isabelle est probablement la personne en qui j'avais le plus confiance. Je croyais vraiment en son jugement. Si elle était encore là, elle travaillerait avec moi ou elle viendrait me voir constamment. Mon travail, ce serait son bébé, et elle pourrait s'en attribuer le crédit. Elle serait heureuse et elle serait très, très fière. Quand je fais des *shows*, je lui dédie *Demande au soleil*... C'est comme si je la voyais quelque part dans la salle. Quand Luc Plamondon vient me voir en *show*, je pense à lui et je me dis: «Que va-t-il penser de moi?» Ça serait la même chose si Isabelle était encore en vie.

As-tu conservé des choses qui lui appartenaient afin de te souvenir d'elle?

J'ai des photographies d'elle et de nous, mais je ne les regarde jamais. Elle est très présente dans ma tête et dans mon cœur, ça me suffit.

Le départ d'Isabelle a-t-il modifié tes croyances dans l'au-delà?

À partir du moment où tu côtoies la mort d'un proche, tu commences à te rendre compte qu'elle est beaucoup plus accessible que tu le croyais. La mort est plus près que l'on pense. Elle peut arriver n'importe quand. Le départ d'Isabelle a personnalisé le concept de l'au-delà, et l'a rendu plus simple. Je ne veux pas envisager une fausse hypothèse sur l'au-delà sachant qu'Isabelle est quelque part dedans. C'est comme si je n'avais plus besoin de me poser autant de questions et de m'expliquer les choses comme à l'époque de mon adolescence. Je voulais tellement qu'Isabelle reste avec moi jusqu'à la fin de mes jours. Quand elle est partie, je me suis fait injecter une grande dose de la joie de vivre d'Isabelle. Elle s'amusait. Elle savourait la vie.

As-tu peur de ta propre mort?

Je n'ai pas peur de ma mort. Dans ma vie, ce qui a changé beaucoup de choses, c'est quand j'ai eu Emelie. Depuis, j'ai moins envie de partir. Je me sens responsable beaucoup plus qu'avant et je me sentirais mal de mourir.

Tu as dit: «J'ai moins envie de partir.» L'idée de la mort ne t'effraie pas?

J'avais confiance. Je suis excité par le voyage que la mort représente. Je le suis moins aujourd'hui. Le jour de mon accident, je partais en voiture. Mon ex-copine, qui était enceinte de ma fille, m'a dit: «Fais attention sur la route, parce que ta fille, elle veut connaître son père.» C'était la première fois qu'elle me disait quelque chose de semblable. Je lui ai répondu: «*Don't be afraid, she will know her father.*» Puis là, elle m'a fait un gros sourire. C'était *cute* de la voir.

Tu prends la route et presque à la fin de ton trajet, à quelques minutes de chez toi, tu t'endors au volant, et ta voiture percute un mur. Raconte-moi.

J'ai pris l'autoroute 10 pour rentrer chez moi. Rendu à Eastman, je me suis endormi, tellement je trouvais le lever du soleil beau. Il y avait les montagnes à l'horizon. Pour moi, quand j'arrive à cet endroit, c'est comme si j'ouvrais la porte de la maison. C'est chez nous. Avant l'impact, c'est fou comme le temps était complètement irréel. Il était extrêmement relatif, car il y a eu une seconde qui m'a paru très, très longue. Je rentrais dans le mur, mais j'étais certain que je

Je sens une volonté et un empressement à me raconter sa version des faits.

passerais au travers. En une seconde, j'ai imaginé de quelle façon j'allais tomber, puis que j'allais sûrement être mort rendu en bas. Je ne voyais pas comment ça pouvait se passer autrement. Je me disais : « Ça va se passer de même, il va y avoir ça… » À un moment, j'ai eu l'impression que j'appuyais sur « pause » pour pouvoir réfléchir à tout ça. Pendant cette seconde, je me suis dit : « Je vais mourir. » J'ai eu le temps de penser à la manière dont la voiture allait dégringoler. Pendant que ma voiture « spinait », je me suis réveillé.

Tu as repensé à ce que la mère de ta fille t'avait dit avant de prendre la route ?
Oui, je pensais tellement à ma fille. Ça m'a responsabilisé. Je me suis dit : « Ma fille n'est pas au monde, et je vais mourir. J'ai tellement de travail à faire et tellement de responsabilités à assumer. Il faut que je m'occupe de ma fille et de sa mère. » Après, j'y ai beaucoup repensé. Je dois être attentif à ce que je fais dans la vie.

Crois-tu que tu as eu le choix de rester ou de partir ? Ça te faisait peur ?
Non. Je n'ai pas eu peur de partir. J'étais prêt. J'avais l'impression de savoir quoi faire. Pendant que la voiture tombait, il fallait que je pense au plus de gens possible, au plus d'affaires possible concernant ma vie. La naissance d'Emelie s'en venait, c'est pour ça que je n'ai pas voulu partir et que je ne suis pas mort dans cet accident.

Qu'as-tu pensé en sortant indemne de cet accident ?
J'ai sauté de la voiture pendant qu'elle roulait encore. Elle brûlait avant que je sorte. J'ai regardé ma vie. Malheureusement, la première affaire à laquelle j'ai pensé, c'était aux journaux. Ça m'a tellement fait chier de ne pas être pas capable de savourer ce moment-là intensément. Si je n'avais pas eu à penser à cette réalité, j'aurais laissé brûler l'auto et je me serais promené un petit peu dans les montagnes. Ensuite, je suis allé arrêter une voiture.

Penses-tu avoir heurté un vrai mur qui t'a forcé à réfléchir autrement ?
Oui. J'ai vraiment heurté un mur. J'ai pensé que c'était une porte, et que je passerais à travers. Mais j'ai heurté un vrai mur. Ça m'a fait vraiment réfléchir. Je ne voulais pas partir sans voir ma fille grandir. Comme les personnes âgées qui veulent voir leur progéniture vieillir. Elles n'ont pas envie de mourir. Plus ça va, plus elles ont envie de rester. Moi, je n'ai pas vécu tout ça pour m'en aller.

As-tu l'impression que tu narguais parfois la vie ?
Oui, je l'ai souvent narguée.

Narguer la vie, c'est narguer la mort. Tu sais qu'il y a un risque, mais ça devient un jeu.
Peut-être.

Tu as eu la chance de réaliser beaucoup de tes rêves. T'en reste-t-il encore à réaliser ?
J'ai beaucoup de rêves, cependant moins que lorsque j'étais jeune. Je me suis rendu compte que de partager un rêve, c'est souvent beaucoup plus beau que de le réaliser soi-même. Par exemple, l'avion, c'est un rêve que je me garde pour plus tard.

La célébrité a-t-elle changé ta personnalité?

Avec le temps, je deviens beaucoup plus secret. Maintenant que je suis devenu une personnalité publique, on me décortique plus. J'ai appris à vivre avec ça. Ça ne me fait pas «tripper». Dans ma vie personnelle, je suis discret. En plus, j'ai l'impression que même si je me livrais aux autres, leur perception serait faussée, car ils ont déjà une idée préconçue de moi.

Tu es paradoxal. Je m'explique: tu es un grand solitaire... sociable.

J'ai tout le temps besoin de gens autour de moi. Mais quand je reviens tout seul à la maison, j'ai envie de ne rien faire. J'apprécie ces moments de solitude, mais ils se font rares. Me retrouver devant le lac, chez nous, c'est un vrai bonheur. Quand je suis devant l'immensité du lac, je me sens minuscule. Il y a le soleil d'automne, les couleurs. J'ai aperçu quatre volées d'outardes en ligne, elles avaient décidé de s'installer pas loin de chez nous. C'était magique. Un hydravion a survolé le lac, puis il s'y est posé. Il s'est promené un peu sur l'eau et a décollé. Il y a un temps où j'ai décidé de faire le point, puis la vie me l'a mis en cinémascope. C'est fou... Quand je me retrouve au bord du lac, j'ai toutes les réponses. J'apprécie d'autant plus ces moments qu'ils sont rares. Pour ma solitude, c'est la même chose.

Luc Plamondon est un ami. Quand tu regardes sa solitude, tu la crains ou tu l'envies?

Petits rires taquins.

Je l'admire. Cette solitude est en lui. Elle le rend serein. Quand je suis avec Luc, de beaux silences s'installent entre nous. Nous aimons la musique. Nous aimons parler ensemble. Nous avons des discussions très intéressantes, et, soudain, Luc s'arrête, il fait: «Mmm...» On dirait que ce silence me fait mieux comprendre ce qu'il m'expliquait. Ce silence signifie beaucoup de choses, mais il faut seulement l'entendre.

As-tu connu des deuils d'amitié?

J'ai eu beaucoup de deuils d'amitié, mais je ne suis pas malheureux pour autant. J'ai beaucoup changé depuis mon adolescence. J'ai eu d'excellents amis. Toute ma vie, j'ai toujours eu besoin qu'une personne soit proche de moi. Lorsque j'avais un très bon ami, ça durait un an, et après je disparaissais complètement de sa vie. Dans ce temps-là, je recherchais très intensément.

Que recherchais-tu?

Mon identité, évidemment. C'est la base de la crise de l'adolescence. Je cherchais une manière plus positive de voir le temps. Je voulais une meilleure compréhension d'autrui, tout simplement. Quand je quittais ces personnes-là, forcément, j'avais un deuil à faire. Quelque chose de difficile. J'avais l'impression d'être en train de refuser quelqu'un. Dans le deuil de la mort, c'est aussi refuser que l'autre s'en aille.

Il me regarde droit dans les yeux.
Il devient un tantinet songeur.
Il semble se demander s'il a trop parlé.
Il est un peu perplexe.

Demande au soleil

Dans mes nuits je vois des murs de feu
Je traverse des océans de sang
Je croise le fer avec les anges de l'enfer
Et mes jours sont un long tunnel
Au bout duquel
Tu m'appelles

Attends-moi
Où que tu sois
J'irai te chercher
Et te retrouver

Demande au soleil

Demande au soleil et aux étoiles
Oh ! si je t'ai aimée
Demande à la lune de témoigner
Oh ! si tu m'as manqué

Demande aux montagnes où j'ai erré
Combien de nuits, combien de jours
Demande aux rivières que j'ai pleurées
Demande au soleil

Le chemin qu'on avait fait ensemble
Je le refais à l'endroit à l'envers
T'avais pas l'droit de t'en aller loin de moi
De me laisser seul dans cet Univers

Qu'est-ce que j'ai fait pour qu'on m'enlève
Ma vie, mon amour et mes rêves ?

Je te rejoindrai
Mais dans quelles contrées ?

Demande au soleil

Paroles : Luc Plamondon / Musique : Romano Musumarra / Interprétation : Garou / Pub. Éditions Georges Mary/Luc Plamondon

Demande au soleil et aux étoiles
Oh ! si je t'ai aimée
Demande à la lune de témoigner
Oh ! si tu m'as manqué

Demande à la mer de me noyer
Si je trahissais notre amour
Demande à la terre de m'enterrer

Dans mes nuits je vois des murs de feu
Et mes jours sont un long tunnel
Au bout duquel
Tu m'appelles

Demande au soleil
Demande au soleil
Oh ! si tu m'as manqué

Demande aux montagnes où j'ai erré
Combien de nuits combien de jours
Demande aux rivières que j'ai pleurées
Demande au soleil

Demande à la mer de me noyer
Si je trahissais notre amour
Demande à la terre de m'enterrer
Demande au soleil

Demande au soleil
Demande au soleil
Demande au soleil

Sophie Prégent
Vivre avec un enfant pas comme les autres

« *Un médecin m'a dit : "Votre fils, Mathis, a un trouble envahissant du développement dans la lignée de l'autisme." Je pense que j'ai noté cette phrase, car, pour moi, elle avait trop de mots. [...] Je n'entendais plus rien. [...] À ce moment-là, je pense que j'étais au-delà de la douleur, j'étais en mode survie. [...] Soudain, j'ai eu envie de frapper celle qui m'avait annoncé cette nouvelle, car elle incarnait l'écroulement de ma vie. Dans ma tête, la seule solution était de l'éliminer. C'était un réflexe. Si je l'éliminais, je n'aurais plus de problème.* »

Sophie Prégent
Vivre avec un enfant pas comme les autres

Elle est entrée chez moi, tout sourire. Elle affichait une mine radieuse. Sophie a un emploi du temps chargé, mais elle avait ménagé cette plage dans son horaire pour livrer son témoignage. Je la connais suffisamment pour avoir perçu qu'elle ressentait une certaine appréhension quand elle revenait sur ces événements qui ont fait basculer sa vie.

Sophie est l'une des personnes les plus positives que je connais ; elle voit le beau même dans le laid. Elle est humble. Elle ne voudrait jamais qu'on s'apitoie sur son sort, car, pour elle, la vie, c'est la vie, et elle est heureuse avec Mathis.

Nous nous sommes raconté des histoires à dormir debout, nous avons fait le tour de nos vies, nous avons eu des fous rires indescriptibles, mais je crois que tout ça, c'était pour ne pas entrer dans le vif du sujet. Aujourd'hui, j'en suis éminemment convaincu. Une heure plus tard, il a bien fallu amorcer la discussion sur le vrai motif de cette rencontre : la maladie de son fils.

Ce fut un face-à-face troublant. Sophie est entière, et dès qu'elle commença le récit de cette journée où elle a appris l'inéluctable, elle devint très émotive. Quelques pleurs sont venus ponctuer l'interview. Elle a répondu à mes questions avec beaucoup de sincérité, elle ne sait pas faire autrement.

Avais-tu déjà remarqué que Mathis n'était pas un enfant comme les autres ?
D'instinct, probablement oui, mais comme c'était mon seul enfant, je n'avais pas le sentiment qu'il était différent. Si j'avais eu un autre enfant, j'aurais pu comparer.

Qu'est-ce qui n'allait pas chez Mathis, pour que toi et Charles en arriviez à consulter des médecins ?
Charles avait compris plus vite que moi à ce sujet. Il était allé consulter un site Internet pour en connaître davantage sur l'autisme. Il avait rempli un questionnaire en 10 points. Si l'enfant présentait 5 des 10 critères, il y avait alors de fortes chances qu'il soit autiste. Selon ce questionnaire, mon fils avait le profil. À ce moment-là, je chantais au Gala Excellence La Presse, à Radio-Canada. Durant une pause, j'ai appelé mon *chum* pour savoir comment ça allait. Comme il pleurait, je lui ai demandé ce qu'il avait. Il m'a répondu : « Je suis allé voir sur le site de l'autisme, et Mathis répond à 5 critères sur 10. » J'ai « pogné » les nerfs. Je lui ai lancé : « Je suis en direct à la télé et je ne suis pas en mesure de te répondre. Calme-toi, j'arrive. » À ce moment-là, dans ma tête, c'était impossible que mon fils soit autiste.

Comment s'est effectué ton retour à la maison ?
Charles s'était un peu ressaisi. On n'en a pas du tout parlé pendant un certain temps. Je pense qu'il y a un moment pour comprendre les choses. J'étais mère depuis un

an et neuf mois, et ce n'était probablement pas assez pour admettre que mon fils avait quelque chose d'anormal. Ça me coulait dessus comme sur le dos d'un canard et ça ne me rendait même pas malheureuse.

Ne t'es-tu pas une seule fois demandé : « Et si Charles avait raison ? »
Non. Mais après une semaine à la garderie, l'éducatrice m'a dit : « Il y a une chose qui ne va pas chez Mathis. Je trouve qu'il a un retard. Généralement, à cet âge-là, les enfants disent des phrases de deux mots. Mathis ne parle pas encore. Je trouve ça un petit peu inquiétant. » Ça m'a frappée. À cet instant, quelque chose s'est allumé en moi. Son analyse était très importante, car ça faisait 15 ans qu'elle avait une garderie. Pour moi, la situation devenait alarmante. Pour m'aider à comprendre ce qui se passait chez Mathis, elle comparait mon fils à un enfant qui fréquentait la garderie et que je n'avais jamais rencontré. Je n'ai pas aimé ça, je me disais : « Mon enfant est unique. »

Avais-tu remarqué quelque chose qui n'allait pas chez ton fils, avant qu'elle en parle ?
Quand j'allais le chercher à la garderie, il me regardait droit dans les yeux, mais il ne souriait pas. Je voyais bien qu'il se passait des choses, mais je me disais : « Je vais rester à le fixer dans les yeux, et il va voir que c'est moi, que je suis amoureuse de lui, et il va comprendre. » Il y a un deuil à faire : celui d'accepter qu'il y a des choses qu'on ne peut changer.

À cet instant, t'es-tu souvenue de ce que ton *chum* t'avait dit quelques mois auparavant ?
Ça n'avait pas besoin de me revenir en mémoire, ce n'était jamais parti ! C'est juste que ça ne m'avait pas touchée.

As-tu entrepris des démarches pour en savoir davantage ?
Oui, nous avons fait plein de démarches ; entre autres, auprès d'une orthophoniste, mais ce n'était pas suffisant, elle nous a référé à l'hôpital Sainte-Justine. Je me souviens que Charles et moi, nous attendions dans une salle où il y avait des jeux. Mathis jouait. Les médecins ne lui ont pas fait passer de tests, ce jour-là, mais elles nous ont posé des questions. Pendant tout ce temps, elles ont à peine regardé mon fils, elles ne disaient rien à son sujet, et ça a duré au moins cinq heures.

Quand on vous posait des questions, as-tu eu envie de mentir et de dire que ton fils faisait tout correctement ?
Jamais ! Je répondais, j'étais honnête et je disais tout. Il y avait beaucoup de choses que Mathis faisait très bien. Une des deux spécialistes m'a demandé : « Votre fils se retourne-t-il quand vous prononcez son nom ? » J'ai répondu oui, mais Charles a dit non. Je l'ai regardée et lui ai affirmé : « Oui, avec moi, il se retourne quand je dis son nom. » Si la spécialiste avait poursuivi et m'avait

demandé s'il se retournait quand les autres l'appelaient, j'aurais aussi répondu non. Moi, ce n'est pas pareil, je suis sa mère. Tous les matins, je m'assois à côté de mon gars et je lui montre le plus de choses possible. Je suis vraiment une femme d'instinct. C'est pour ça que son défaut de communication verbale ne me dérangeait pas, parce que je n'avais pas besoin de lui parler. Je n'ai pas de difficulté à communiquer avec mon fils. S'il était avec tout le monde comme il est avec moi, il ne serait vraiment pas loin de la normalité.

De quelle façon vous a-t-on annoncé la maladie de Mathis?

Le questionnaire terminé, elles ont quitté le petit local où nous étions et elles sont revenues 45 minutes plus tard. Moi, j'étais certaine qu'elles allaient me dire: «OK, vous avez à faire ceci ou cela avec votre enfant.» Dans le pire des cas, elles me diraient: «Voici une méthode pour régler le problème.» C'était très difficile pour moi, parce que cet enfant, c'est mon bras, c'est ma jambe. Au moment où elles voulaient m'annoncer leur conclusion, Mathis mangeait un yogourt assis sur mes genoux. Elles ont attendu qu'il ait fini de manger et qu'il aille jouer. Mais ce jour-là, j'avais un réflexe normal: je les haïssais. Je haïssais ces visages qui exprimaient de la compassion. Toute ma vie, je me rappellerai leurs visages. Elles nous préparaient à l'annonce du verdict. Je suis une fille naïve et je le reste, même quand je sens venir une énorme vague. Finalement, une des deux spécialistes, un médecin, nous a dit: «Mathis a un trouble envahissant du développement dans la lignée de l'autisme.» Je pense que j'ai noté cette phrase, car, pour moi, elle avait trop de mots. J'ai reçu le tsunami en pleine figure. Je te jure, ma chaise a reculé. J'ai «pogné toute une débarque». J'ai eu l'impression que les vitres éclataient. Ça a eu l'effet d'un coup de fusil tellement proche que je suis devenue sourde. Je n'entendais plus rien. Elle ajouta: «C'est comme une photographie de Mathis. Elle est exacte aujourd'hui, mais dans six mois, elle ne vaudra plus rien. On va prendre des photos à mesure qu'il va grandir.» Comme Mathis n'avait pas deux ans, il était trop petit pour qu'on me dise que c'était de l'autisme. On appelle ça un «trouble envahissant du développement» quand, chez un enfant, trois sphères de son évolution sont atteintes: le jeu, la communication et la relation avec les autres. À ce moment-là, je pense que j'étais au-delà de la douleur, j'étais en mode survie. Alors, je me suis dit: «Sors de là, et tout va revenir à la normale, c'est juste ici que ça va mal.»

Quelle a été la réaction de Charles?

La même que moi. Nous ne nous regardions pas. Je posais les yeux sur tout, sauf sur un visage humain. Soudain, j'ai eu envie de frapper celle qui m'avait annoncé cette nouvelle, car elle incarnait l'écroulement de ma vie. Dans ma tête, la seule solution était de l'éliminer. C'était un réflexe. Si je l'éliminais, je n'aurais plus de problème. Il fallait mettre cette nouvelle quelque part dans nos vies, mais nous en étions incapables, ça ne rentrait pas. Voyant bien que c'était impossible, elles nous ont proposé: «On est vendredi après-midi, on va vous revoir lundi.» Je me

Elle se lève, me fixe et appuie chacun de ses mots; elle veut que je saisisse bien l'ampleur de cette nouvelle.

Elle reproduit tous les gestes. J'ai l'impression d'assister à ce moment fatidique.

suis dit que c'était une très bonne idée. Elles nous ont remis des papiers qui expliquaient ce qu'est la lignée de l'autisme.

Lors du retour à la maison, Charles et toi avez-vous parlé de ce que vous veniez de vivre ?

Non, on ne s'est rien dit du trajet, pas que je me souvienne. De la voiture, on a appelé mon comptable et on a dit : « Claude, on a des papiers à te faire signer, des prestations pour handicapés. Est-ce que l'on peut passer tout de suite ? » Mon seul réflexe était d'agir. Pendant trois jours, on a appelé tout le monde comme si un de nos parents venait de mourir, pourtant Mathis n'était pas mort. Il fallait dire aux gens que mon fils était autiste, ce qui m'a permis de l'assumer.

Votre vie venait-elle de basculer à jamais ?

Effectivement. Je voulais seulement retomber sur mes pieds et j'essayais de m'accrocher à quelque chose, mais rien ne marchait. J'avais l'impression qu'une trappe s'était ouverte et que je tombais dans le vide depuis une semaine. Je pense que j'ai perdu quatre kilos durant cette semaine. De ma vie, je n'ai jamais pris une pilule pour dormir, mais j'ai dû téléphoner à mon médecin pour lui demander de m'en prescrire. Finalement, je ne les ai jamais prises. Trois jours après la nouvelle, j'arrivais à la maison après avoir fait des achats. Comme j'avais des paquets à rentrer, je suis retournée à la voiture. Pendant ce temps, Mathis est passé derrière moi et il a verrouillé la porte. Il était seul dans la maison. Il avait deux ans et cinq mois. J'ai téléphoné à la police. Pour la première fois, je devais dire publiquement que mon fils était autiste et qu'il était prisonnier dans la maison. J'étais seule sur la galerie et je le voyais jouer avec mes clés. Je me disais : « Tant que je le vois, je ne défoncerai pas la porte. » Les policiers sont arrivés, mais ils n'avaient rien pour forcer la serrure. Mathis est venu tout près de la porte où il y avait une ouverture pour les lettres. Il me passait des choses, mais pas les clés. Je devais me calmer, mais j'avais de la difficulté à y arriver. Il y avait eu trop de choses en trois jours. Finalement, on est passés par l'arrière de la maison et on a trouvé Mathis sain et sauf. À cet instant, je me suis dit : « Dorénavant, c'est ça, ma vie. »

Elle me raconte ces événements avec la même intensité qu'elle les a vécus.

Les jours suivants, comment as-tu géré cette nouvelle réalité ?

Je ne suis pas du tout d'une nature angoissée. Mais quand j'ai appris la nouvelle, je suis restée une semaine sans manger et sans dormir. Un soir, je me suis dit : « Si je rencontrais Mathis aujourd'hui et qu'il n'était pas mon enfant, je n'aurais aucun problème avec lui. Le problème existe, parce que moi, j'en ai un. » Je me suis aussi demandé si j'avais tout ce qu'il fallait pour m'en occuper. Et je me suis répondu : « Oui. »

As-tu eu peur que votre couple subisse les contrecoups d'une telle nouvelle ?

Oui. Il y a eu une conséquence directe sur le couple, mais nous, nous nous aimons. Les couples qui ne s'aiment pas ne passent pas à travers ce genre d'épreuves. C'est un grand test pour un couple. Cette expérience nous a rendus plus forts.

Je suis assez solitaire, et, pour la première fois de ma vie, je souhaitais vivre cette épreuve avec quelqu'un. Avant, mon réflexe aurait été de dire que je voulais la vivre seule. C'est ma première relation à laquelle je crois.

Charles a-t-il vécu cette épreuve de la même manière que toi ?
Je ne sais pas quelle a été la blessure de Charles, parce que je pense que nous avons toujours une petite gêne à ce sujet. On ne discute pas de ça. Même si nous en parlons, je pense que nous gardons une zone secrète que nous aborderons peut-être plus tard. À certains moments, on en parlait beaucoup trop et on n'en sortait pas. Nous avons arrêté, car pour moi, l'atmosphère à la maison est importante. On a sorti la tête hors de l'eau, et, maintenant, la maladie de Mathis est assumée, complètement. Tu vois, je l'emmène avec moi à des *partys*, et quand il a de la difficulté à dire bonjour, je lui demande : « As-tu dit bonjour ? » Je ne calcule plus le nombre de fois que je lui ai dit le mot *bonjour*. Tous les mots qu'il sait, c'est moi qui les lui ai appris. La mère est la moins bien placée pour avoir du recul, mais la mieux placée pour agir.

As-tu eu à faire un deuil du fils que tu idéalisais ?
Oui, une partie de Mathis à laquelle je m'attendais n'existera jamais. La différence avec le deuil de quelqu'un qui meurt, c'est que le mien se fait un peu chaque jour. Mathis n'est pas mort. L'image du fils que je m'étais faite n'a rien à voir avec lui. Je n'ai pas le droit de le regarder comme si c'était de sa faute. Ma belle-mère me dit toujours : « Mathis n'a pas changé, il est comme avant. » Pour moi, la différence, c'est qu'avant je ne savais pas qu'il souffrait d'autisme. Maintenant, ça fait partie de ma vie.

Les autistes sont-ils des enfants qui s'isolent du reste du monde ?
Non, ce sont des enfants qui n'arrivent pas à communiquer. Il y en a beaucoup qui ne parlent pas du tout. C'est difficile de communiquer quand tu ne parles pas. Ils n'interprètent pas le monde de la même façon que nous. Chaque autiste est différent.

Y a-t-il une activité dans laquelle ton fils excelle et dépasse même des enfants qui n'ont pas sa maladie ?
L'ordinateur. À deux ans, il appuyait sur la souris et la déplaçait, il mettait une forme sur une autre. Il faisait plus vite avec l'ordinateur que dans la vraie vie. À deux ans, il nageait sous l'eau et retenait son souffle. Il sautait dans l'eau, il se retournait, puis il nageait jusqu'au bord. Il est vraiment plus avancé que la moyenne. J'en éprouve beaucoup de joie. La plus belle leçon de vie, c'est d'apprendre à saisir ce qu'il m'offre. Si je suis toujours déçue des choses qu'il ne m'offrira pas, je n'avancerai plus dans la vie.

Elle a un grand sentiment de fierté quand elle relate les prouesses de son fils.

As-tu fait totalement ton deuil de la situation ?
Oui, mon deuil, je l'ai fait. Je sais comment refaire mes racines : mon arbre se réenracine tout de suite. J'ai parlé à des parents qui vivent avec des enfants

autistes depuis 22 ans. Ils ont encore de petits deuils à faire tous les jours. Je suis très résiliente. Quand j'étais plus jeune, les émotions s'imprimaient en moi, et j'avais du mal à me relever. Plus maintenant. Lorsque j'ai une petite peine, je continue. Le mal ne s'imprime plus en moi. Il reste bien douloureux, mais je me relève. C'est ma façon de m'en sortir et de survivre.

Es-tu encore bouleversée par la maladie de ton fils ?

Oui, ce qui me bouleverse, c'est l'inquiétude, car je ne sais pas s'il va être autonome et jusqu'où il le sera. Je ne sais pas ce qu'il fera de sa vie. Certains autistes ont des doctorats. Je ne peux pas me projeter aussi loin dans l'avenir, parce que c'est beaucoup trop éloigné et que c'est vraiment de l'inconnu. Cette incertitude représente une pression supplémentaire pour nous, les parents. Moi, ma crise, je l'ai eue quand mon fils avait deux ans et cinq mois. Charles et moi étions de jeunes parents, mais la vie est longue, et nous allons parvenir à surmonter tout cela.

Comment se fait l'apprentissage de Mathis ?

Son apprentissage est important, mais il n'est pas nécessaire que ce soit moi qui le fasse ou pas. À un moment donné, je me suis dit : « J'ai besoin d'aide pour lui faire comprendre certaines choses. » Mathis va dans une école spécialisée, les Giant Steps. Maryse, qui était sa professeure la première année, m'a donné tous les livres, parce qu'elle trouvait que Mathis faisait des progrès hallucinants. À la fin de l'année, elle m'a avoué : « Je ne pensais pas que Mathis parlerait. » Tous les matins, je m'assois 12 minutes avec mon fils, puis je lui dis des mots. Il a commencé à coller deux mots, un verbe. Entre deux ans et sept ans, le cerveau d'un enfant est une éponge. Pour un enfant autiste, ce sont des années cruciales. Il faut faire le maximum. S'il n'apprend pas durant cette période, il ne le fera jamais. Environ 50 % des autistes ne verbalisent pas. Dans notre malchance, nous avons été chanceux, parce que Mathis progresse. C'est un enfant curieux, et il n'a pas peur que les choses ne soient pas toujours les mêmes. En effet, le problème est que certains autistes font des crises lorsque les habitudes changent. Pour eux, ce qui est toujours pareil est rassurant, mais pas chez Mathis. Le cerveau d'un autiste détecte des visages, puis des objets, mais pas dans le même hémisphère. Un visage, c'est émotif, un poteau de téléphone, c'est fonctionnel. Toutes les informations que les petits autistes reçoivent sont traitées au même endroit dans le cerveau. Par exemple, lorsqu'il me regarde, ce n'est pas une émotion, mais quand il me touche, quand il m'embrasse, cela devient une émotion. Donc, me voir, voir mon visage, c'est une information, pas une émotion.

As-tu songé à avoir un autre enfant ?

Oui, mais les risques d'avoir un autre enfant autiste sont multipliés par 45. J'ai 41 ans, et ce serait une grossesse à risque. S'il fallait que ce nouvel enfant soit autiste, je ne m'en sortirais pas. Il est certain que je prendrais toute la culpabilité pour moi. Je me dirais : « C'est moi, c'est de ma faute. »

Qu'est-ce que la maladie de Mathis t'a appris sur la vie ?

Des choses que je savais mais que je comprenais différemment. Maintenant, je sais profondément que ce n'est pas nous qui décidons de quelle façon les choses vont se passer. Quand on a 27 ou 28 ans, on se sent fort et on est capable de renverser monts et montagnes. Mais, à un moment, la vie nous oblige à faire des concessions pour survivre.

As-tu quand même pris soin de toi dans toute cette épreuve ?

Tu n'es pas le premier qui me pose la question. Pour l'instant, prendre soin de moi, c'est prendre soin de lui. Durant une longue période, quand la thérapie de Mathis allait bien, ma journée allait bien. Quand il aura 10 ou 12 ans, peut-être prendrai-je alors soin de moi.

Elle était encore ébranlée
par la teneur de ses propos.
Petites retouches de maquillage, photos.
Vite, elle reprend le train-train quotidien.
Elle n'a plus une seconde à perdre.
Elle part en coup de vent.

Jean-Marc Parent
Vivre orphelin

« J'ai des souvenirs d'école. Quand les parents allaient chercher le bulletin, il y avait des rencontres dans le gymnase, et moi, j'étais là, tout seul. Tout le monde me disait: "C'est ton père qui devrait être là." Et moi, je répondais: "Tu vas attendre longtemps; mon père et ma mère ne sont pas là parce qu'ils sont morts. Alors, si tu as quelque chose à dire, il va falloir que tu me le dises à moi." C'est effrayant, quand j'y pense. [...] Moi, je me suis toujours dit: "Tu ne peux pas avoir confiance en la vie, il n'y a aucune logique. [...] Tu peux l'aimer, tu peux en profiter, mais elle n'a rien à t'offrir de stable. La vie ne te doit rien. La vie avale du temps, et ce, depuis des milliards d'années." »

Jean-Marc Parent
Vivre orphelin

Au moment où je suis arrivé chez lui, il était au téléphone avec son médecin, et ils discutèrent de longues minutes. Jean-Marc faisait les cent pas, car il s'était découvert certains symptômes et il était anxieux. Il posait mille et une questions, éprouvant le besoin de se faire rassurer. Ce n'était pas la première, ni la dernière fois que Jean-Marc serait préoccupé par sa santé: il est hypocondriaque, il l'a déjà avoué publiquement. Alors, il doit vivre avec cette réalité.

À la fin de la conversation téléphonique, il m'a décrit ce qu'il ressentait. Il était tellement convaincant que j'ai fini par croire qu'il avait peut-être quelque chose de grave. Mais, cette fois encore, il n'était pas malade, son médecin venait de le lui confirmer.

Sa maison est d'une propreté immaculée, on se demande presque si quelqu'un y vit. Il préconise l'ordre au point d'en devenir obsédé.

Il aime sincèrement les gens, qui le lui rendent bien. Il fait courir les foules, car il possède un don précieux: rassembler. Sa façon particulière de raconter la vie nous tient suspendus à ses lèvres jusqu'au dénouement. C'est un art, il le possède et il le maîtrise admirablement bien.

Il a connu des années difficiles qui lui ont laissé des séquelles, mais elles sont loin derrière, avec la consécration des Olivier. Elles ont ébranlé sa confiance et l'ont incité à la méfiance, aussi n'accorde-t-il des entrevues intimistes qu'avec parcimonie.

Nous avons enfin entamé la discussion. Pour lui, ce fut parfois ardu de se remémorer les événements entourant la mort de ses parents et le deuil qui l'accompagnait. Lors de ces drames, ses convictions se sont précisées et sont devenues inébranlables.

Tout cela nous a permis un bel échange d'opinions sur la vie. Lui ne confère aucun pouvoir à la vie, moi, c'est tout à fait le contraire. Mais après ce qu'il avait vécu, je pouvais comprendre pourquoi il avait perdu ses illusions.

J'ai toujours voulu faire partie d'une gang, comme tout le monde. Quand mes parents sont partis, au moins une chose était réglée: je faisais désormais partie de la gang des orphelins.

Tu étais très jeune, quand ta mère est décédée. As-tu encore des images précises d'elle?
Oui, j'ai le souvenir d'une mère très près de ses enfants et qui les adorait. Elle nous répétait toujours qu'elle nous aimait. Elle était très douce et enveloppante, elle était pleine d'attentions. Je me souviens, j'avais cinq ans, j'étais à la maternelle et je pas-

sais souvent des après-midi avec ma mère et ses amies de femmes qui venaient à la maison manger des biscuits et boire du café autour de la table de la cuisine. Je demandais tout le temps à ma mère : « Maman, tu m'aimes-tu ? Maman, tu m'aimes-tu ? », et elle me répondait sans jamais se lasser : « Oui, Marco, je t'aime, ben oui. » Je la revois à Noël, avec son tablier et sa grosse face ronde pleine de bonne humeur, elle était à genoux, devant le sapin, essoufflée d'aller chercher les cadeaux en dessous des branches. Tu sais, Josélito, le plus dur pour moi et ce qui me fait de la peine, ce sont les gens autour de moi qui me racontent, comme dans un film, comment ma mère était et comment elle m'aimait. Ça me fait mal parce que je ne l'ai pas vu. On m'en parle et ça me chavire. Tous ces témoignages me font prendre conscience de ce qui m'a manqué toute ma vie.

Cela t'arrive-t-il souvent que des gens évoquent des souvenirs de ta mère ?

Oui, l'autre jour, par hasard, j'ai rencontré madame Jacques, que je n'avais pas vue depuis au moins 15 ans, et elle m'a dit : « Moi, je me rappelle quand ta mère a appris qu'elle avait un cancer du sein. On était chez Dominion, ta mère était rentrée faire son épicerie, et puis elle m'a dit : "Ça va pas bien, je viens d'apprendre que j'ai un cancer du sein. Il est assez avancé. Qu'est-ce que mes enfants vont faire, et le petit Marco qui vient juste d'arriver ?" Ma mère avait 48 ans, moi, 6. Quand la dame m'a raconté cette histoire, ça m'a arraché le cœur. L'autre jour, une voisine qui restait en face de chez nous m'a dit : « Ta mère aimait tellement ton père. Tous les jours, il revenait de travailler à cinq heures, ta mère le savait, et à cinq heures moins dix, elle sortait, elle s'assoyait dans les escaliers avec son tablier, et puis elle l'attendait. » Je trouve l'image tellement belle. Elle l'attendait chaque jour comme s'il revenait d'un long voyage.

Te souvenais-tu clairement de ces événements ?

Non, mais quand on me les raconte, je les vois. D'ailleurs, mes deux sœurs étant plus âgées que moi, elles me font revivre des souvenirs perdus. Quand elles me les racontent, j'ai l'impression de les avoir vraiment vécus.

Avec le temps, oublies-tu des détails la concernant ?

Oui, un peu, ça se mélange. Quand je pense à elle, je revois toujours les mêmes choses dans ma tête. J'entends beaucoup sa voix quand elle jasait avec ses amies dans la cuisine. Jusqu'à ce jour, ces souvenirs sont imperturbables.

As-tu des souvenirs précis de cette journée où elle est décédée ?

Oui, je me rappelle de tout. Je ne comprenais pas pourquoi elle était morte. Je devais dormir chez une voisine, amie de la famille, le temps des funérailles. Tout le monde me donnait des explications sur la mort de ma mère. Plus tard, quand je suis revenu chez moi, le plus difficile a été de voir mon père pleurer, lui qui ne pleurait jamais, ça me chavirait le cœur. J'étais tout seul, j'avais peur, j'allais dormir par terre comme un chat au pied de son lit, et là, je me rendais compte qu'il ne respirait pas fort, mais qu'il pleurait. Je levais la tête au-dessus du lit, je voyais mon père qui pleurait toute la nuit, et le matin, rien n'y paraissait.

Il devient très fébrile, il fait une pause et se perd dans ses pensées.

Il avait d'énormes responsabilités: il venait de perdre sa femme, la mère de ses enfants, et devait jouer à la fois le rôle de mère et de père. Qu'en penses-tu?

Évidemment, ça a été difficile pour lui. À cette époque, les rôles étaient très définis: père et mère. Il était désemparé. Il devait se demander: «Je fais quoi avec eux, maintenant?» On était trois enfants; moi, j'avais 6 ans, et mes deux sœurs avaient 9 et 14 ans. Mon père devait se demander: «Comment on leur parle? On leur achète quoi, à leur fête? On fait quoi? Comment faire pour qu'ils manquent de rien?» Il nous inscrivait à n'importe quels cours, il nous équipait pour faire du camping, du ski, du hockey, de la danse, il ne savait plus quoi faire pour nous rendre la vie plus agréable, du moins supportable. Trois ans plus tard, mon père a rencontré une femme, elle s'appelait Léonie.

Les premières années après sa mort, ressentais-tu son absence?

Oui, énormément, parce que ma vie venait juste de commencer. Tous mes amis avaient une mère, sauf moi. La mienne était partie. J'ai dû faire face tout de suite à cette réalité.

À quel âge as-tu constaté que tu avais perdu ta mère?

Je ne me rappelle pas précisément, mais je devais avoir huit ans. Je m'en rendais compte à six ans, mais à huit ans, j'ai vraiment compris que c'était irréversible.

As-tu cherché à la remplacer?

Non, je ne pense pas, mais c'est arrivé plus tard quand mon père s'est remarié.

Comment as-tu vécu la présence de Léonie, la nouvelle femme de ton père?

Je l'ai aimée à l'instant où elle a passé le pas de la porte. Elle était tellement douce et aimante avec nous. Je trouvais qu'elle illuminait le visage de mon père et j'avais l'impression de le retrouver. J'étais heureux de revoir mon père amoureux.

Tes sœurs ont-elles joué le rôle de mère?

Non, pas vraiment celui de mère, mais vraiment de partenaires. Elles m'ont toujours accompagné de très près dans tout ce que je vivais au fil des ans, mes angoisses, mes besoins, mes peurs. Leur amour pour moi a fait en sorte que jamais je ne me suis senti seul.

À 14 ans, la mort frappe de nouveau, c'est au tour de ton père...

J'étais beaucoup plus conscient, trop conscient. Donc là, vraiment, la terre a glissé sous mes pieds.

Trouvais-tu que la vie t'avait trop éprouvé en t'enlevant ton deuxième parent?

Oui, je trouvais ça effrayant. Je me suis dit: «Ça ne se peut pas, là, arrêtez!» Mon père était agronome, c'est lui qui a inventé les pommiers nains à la station de recherche de Frelishburg. Il faisait des conférences sur son invention partout dans le monde. Au moment de sa mort, je commençais à peine à sortir avec ma première blonde, et mon père me taquinait. J'avais tellement le goût de lui en parler. Il m'avait dit: «J'ai bien hâte de la rencontrer, ça doit être une belle fille fine, parce que tu es fin. » Avant d'aller donner une conférence à Québec, il m'avait dit : «Je sais que tu aimerais avoir un système de son et écouter de la musique rock. À mon retour, tu me présenteras ta blonde. » Il est mort d'un infarctus là-bas et il n'est jamais revenu à la maison. Je m'en rappelle, ça m'avait révolté et tout ça, c'était impossible dans ma tête. C'est comme un cri intérieur qui aurait pu résonner dans l'univers tout entier! Jamais je ne lui ai reparlé, je ne lui ai jamais présenté ma blonde, je ne lui ai plus jamais parlé de mes rêves, de ma musique, etc., et surtout... il n'aura jamais su de ma propre bouche à quel point je l'aimais. J'étais tellement certain d'avoir encore plusieurs années pour lui dire et lui manifester mon amour sous toutes ses formes.

Comment as-tu réagi à son départ ?

J'étais révolté. Je n'ai jamais été capable de pleurer, j'étais bien trop enragé. J'en voulais à la planète entière. J'en voulais à tous ces mensonges humains qu'on nous enseignait, tout ce paquet de menteries à propos des raisons de notre existence. Je n'étais plus capable d'entendre que le bon Dieu m'aimait et que c'était pour ça qu'il m'éprouvait. Je me disais : «Allez donc en aimer un autre ! Je préfère ne pas être aimé par le bon Dieu et garder les gens que j'aime. » J'ai pris conscience que ça n'avait pas de sens, j'avais rien que deux parents et, soudainement, je n'en avais plus à 14 ans seulement.

Parfois, t'arrive-t-il de rêver à ton père ?

Je rêve souvent à mon père. Je rêve qu'on vient tout juste de découvrir qu'il vit encore. Ça fait 30 ans qu'on ne le voit plus, mais on vient de se rendre compte qu'il vivait ailleurs. Et là, je m'en rends compte aujourd'hui, à mon âge actuel. Et j'ai juste une envie, c'est de lui dire combien je l'aime, de lui raconter tout ce que j'ai fait dans ma vie : «Viens rencontrer mes amis, viens voir mes spectacles», de lui dire : «Je m'ennuie tellement de toi, papa... Comment ça se fait que tu es parti et que tu es là encore ? » Aussitôt que je le rencontre dans ce rêve, il est encore sur le point de partir, car il a une maladie. Et aussitôt que j'ai réussi à lui parler un peu, il me dit : «Oui, mais là, je dois m'en retourner. Je dois partir, je suis malade. » Et je le revois encore mourir. Dans mon rêve, je pleure tellement que je perds complètement le contrôle... Je me répète sans cesse : «Ça se peut pas, je viens juste de le retrouver. » Et je revis pour la ixième fois les étapes de la perte d'un être cher. Et ce rêve, je le fais continuellement.

Qu'est-ce qui te manque le plus de tes parents ?

Le fait de ne rien pouvoir partager avec eux. Je n'ai pas le bonheur d'échanger avec eux. J'aurais tant aimé qu'ils soient fiers de moi. J'aurais tant aimé les voir vivre avec nous trois. J'aimerais voir ma sœur Denise parler avec ma mère, ma sœur Céline avec mon père. Nous retrouver comme dans un bon film français, tous autour d'une table, à rire et à échanger notre quotidien.

Imagines-tu parfois ta vie avec eux ?

Malheureusement, non. Je crois que je suis trop conscient. C'est trop clair dans ma tête que la vie a avalé mes parents.

Je sens qu'il a besoin de tout dire,
comme si son père était là pour l'entendre.
Il est troublé par ce qu'il vient de dire.
Émotion oblige, il fait silence.

Ses propos sont incisifs.

Toi et tes sœurs, parlez-vous de vos parents?

Oui, très souvent, on complète nos souvenirs. Ça me fait du bien. C'est comme si je revivais des bouts manqués de ma vie. Et c'est là que je me comprends mieux, mon caractère, mes forces, mes faiblesses. Pourquoi je n'ai jamais pris ni drogue, ni alcool, ni cigarettes, pourquoi j'ai fait des études, pourquoi j'étais compétitif en sports, tout cela pour rendre mon père fier de moi, même après coup. Comme si c'était moi qui voulais lui laisser un héritage, le rendre fier de ce qu'il m'avait inculqué en si peu de temps. Et aujourd'hui, à 43 ans, je continue à vouloir le rendre fier de moi, même si c'est perdu dans l'espace.

Quelles sont les séquelles du départ de tes deux parents?

Il prend un temps de réflexion avant de me répondre.

Le manque de balises. Il faut que je forge mes valeurs par rapport aux gens que j'aime, que je rencontre sur mon chemin. À moi de faire le tri de ce que je juge bon ou mauvais. Je reviens toujours à ce que j'aimais chez mes parents. Mon père aimait l'ordre, la persévérance, le sport, les études, le travail, l'amour, et il avait le respect des autres. Pour moi aussi, c'est important.

Le départ de tes parents a-t-il un lien direct avec le fait que tu sois hypocondriaque?

Oui, probablement. Mes parents sont partis tellement vite que j'ai appris à n'avoir aucune confiance. Peu importe ta philosophie de vie, tes croyances, etc., la maladie ou la fatalité s'en foutent complètement.

Crois-tu que les événements difficiles que tu as connus t'ont aidé à mieux surmonter les obstacles survenus par la suite?

Oui et non. Je n'ai pas moins mal, j'ai aussi mal qu'avant, mais je suis plus conscient de mon impuissance face aux événements. Il vaut mieux garder son énergie pour combattre son mal plutôt qu'essayer de l'expliquer. Ce qui te reste d'énergie, c'est pour rester debout.

Au fil du temps, as-tu perdu confiance en la vie?

Moi, j'ai commencé ma vie en lui disant: «OK c'est correct! Tu m'apprends en partant qu'il ne faut pas que je te fasse confiance.» Ça ne veut pas dire que je ne l'aime pas, mais on ne devrait pas avoir confiance en la vie. C'est notre logique humaine qui donne du rationnel à la vie. Elle ne te veut pas de mal, elle ne te veut pas de bien, elle est là. Souvent, je dis ça à des gens, qui me répondent: «Alors, tu n'aimes pas la vie», et je leur réponds: «Mais, au contraire, regarde-moi aller, j'adore la vie.»

À qui fais-tu confiance?

J'ai encore confiance en l'être humain, c'est quand même le seul qui est palpable en ce moment. Par contre, tout ce qui n'a ni queue ni tête, on y croit et on aime ça parce qu'on l'arrange à notre goût pour calmer nos angoisses. Je comprends très bien le mécanisme, sauf que ça m'énerve d'embarquer là-dedans.

Parfois, es-tu déçu par l'espèce humaine?

Notre race humaine n'est pas toujours à la hauteur de nos attentes idéales. Dans le monde, il y a des guerres. Comment en être surpris, puisque tant de gens se haïssent ? Y a-t-il une différence entre *un contre un* et *un million contre un million* ? Moi, je ne pense pas, et pourtant, on l'oublie souvent. Quand un lion attaque un cerf, on ne le juge pas comme étant méchant ; on dit plutôt que c'est dans sa nature d'attaquer. Je pense un peu la même chose de l'être humain. C'est aussi dans sa nature d'attaquer. Certains utilisent des mots et, avec leurs mots, ils font aussi mal qu'avec des gestes. Ils ne se rendent même pas compte que leurs paroles sont leurs armes premières pour détruire des gens. C'est épeurant.

Parle-moi de tes convictions sur la vie après la vie ? As-tu confiance en un Dieu ?

Non, mais je comprends très bien les gens qui ont des croyances fortes et une foi, mais moi, je ne suis pas croyant du tout, je suis athée. Mon père était très catholique, pratiquant, mais je trouvais tellement que ça n'avait ni queue ni tête. Il y a des milliers de religions sur la planète, et elles sont toutes bonnes – elles sont toutes inventées par nous. Quand les catholiques meurent, ils vont au ciel, les bouddhistes, où vont-ils ? Dans un autre ciel ? Et les musulmans, où vont-ils ? C'est quoi, le ciel ? Ça n'existe pas. Regarde la terre de loin, il n'y en a pas, de ciel. On veut juste continuer la vie après parce qu'on se projette tout le temps. C'est comme créer de l'illusion inutilement, et, en même temps, en ne me créant rien, tout ce qui me reste de solide, c'est ici. Parce qu'on a peur, on passe souvent notre vie à expliquer pourquoi on est ici, au lieu de vivre. Avant qu'on arrive ici, on était dans le néant depuis des milliards d'années, alors pourquoi on est si inquiets ? Y a-t-il des chances qu'on retourne à la même place ?

Tu n'as pas encore d'enfants ; est-ce directement lié à la perte de tes parents ?

C'est une fausse raison, mais qui doit avoir un peu de vrai. C'est peut-être quelque part dans mon subconscient. Je me dis que ce serait bien effrayant que j'aie un enfant et qu'il vive ce que j'ai vécu.

Souhaites-tu encore en avoir ?

J'en ai voulu jusqu'à tout récemment. Je m'étais donné comme objectif la barre psychologique de 40 ans. Après, je me suis dit : « Je vivrai une autre vie. » Mis à part la pression sociale, rien ne m'oblige à vivre le modèle unique nord-américain inventé par des règles non écrites de société. Bref, j'aurais beaucoup aimé en avoir, mais la planète Mars ne devait pas être dans le bon décan.

En 1993, tu as de nouveau rencontré la mort en perdant un ami d'enfance...

Oui, j'avais 31 ans. Il s'appelait Daniel Marcil, c'était comme mon frère. À la naissance, nous étions dans la même pouponnière, la même semaine. On a tous un ami tellement intelligent que l'on pense qu'il vient d'une autre planète. Pour moi, c'était lui. J'étais au Théâtre du Vieux-Terrebonne. L'argent commençait à rentrer, je venais de m'acheter un Yukon bourgogne, et j'étais tout fier de mon gros camion. Je revenais à Saint-Jean-sur-Richelieu, j'avais hâte d'appeler mon ami. La radio a annoncé qu'un avion avait « crashé » à la hauteur de Saint-Sulpice avec, à bord, un pilote et un élève, Daniel Marcil, 31 ans. Je me suis dit : « Voyons, c'est un hasard. Le nom : OK, c'est possible, mais du même âge ? » J'ai appris dans

Son débit s'accélère, il me raconte l'histoire à une vitesse folle, impossible de l'interrompre.

mon auto que Daniel était mort. J'ai tout de suite téléphoné à Line, sa blonde. Elle s'est mise à crier : « Comment le sais-tu ? » Je lui ai répondu que je l'avais entendu dire à la radio. Je ne savais plus quoi faire, je criais, je criais. Soudainement, tout le succès que je commençais à vivre ne valait plus que de la « marde ». Je me disais : « Tu oses être content d'avoir un camion neuf ! » J'ai appelé tous les autres amis en hurlant. Daniel et moi, on s'était promis d'être ensemble au prochain Noël avec nos « blondes ». Pour tenir ma promesse, Stéphanie et moi sommes allés dans sa maison ; il y avait une photo de lui sur la cheminée, c'était effrayant. Quand mon père est mort, les parents de Daniel ont énormément pris soin de moi. Ils m'amenaient en camping tout l'été avec eux parce que j'étais tout seul. Après la mort de Daniel, je suis allé voir sa mère, je suis resté devant elle sans rien dire, elle s'est mise à pleurer et elle m'a dit : « Comprends-tu, Jean-Marc, Daniel est parti avant moi. » Je lui ai répondu : « Oui, madame Marcil, je le sais, c'est à l'envers. »

Tu as eu le malheur de perdre un autre ami.

Il constate toute l'invraisemblance de la situation.

Oui, Daniel Dumont, quelle horreur ! On était dans une marina. Je venais juste de lui vendre ma voiture, elle était flambant neuve. Un mois après que je la lui ai vendue, nous avions un gros *party* sur un bateau de croisière pour la dernière émission de *L'heure JMP*. On était environ 150 personnes sur le bateau, et Daniel était bien fier de moi. Il m'avait dit : « "Câline", c'est écœurant, ce que tu as fait. Je veux faire quelque chose pour ta gang ; ce n'est pas grand-chose, mais je paye la bouffe pour tout le monde. » Puis, il m'avait serré dans ses bras. J'ai toujours eu des amis émotifs. C'était beau, c'était comme dans un film. Puis là, j'ai dit au monde : « C'est mon gros toutou, c'est Daniel qui paye la bouffe à tout le monde, parce qu'il est fier de son Jean-Marc. » On est revenus le soir, à 10 h ; il a pris son auto, il était un peu euphorique. Il est parti avec plein de *chums* qui ont des voitures sport. En le regardant, j'ai dit : « Daniel, va-t'en tranquille. Tu es trop "*hyper*", calme-toi. » Mon amie et gérante Chantal est allée le voir, elle a été la dernière à lui parler. Elle l'a pris dans ses bras et lui a dit : « Mon gros nounou, calme-toi, tu es "*hyper*" et tu vas faire une connerie. » Il a répondu : « Mais non, mon poupou, ne t'inquiète pas, il n'y a pas de danger. »

Que s'est-il passé au juste ?

Ils sont partis. On ne saura jamais s'il faisait la course, mais il allait vite, c'est sûr. En arrivant chez moi, quelqu'un m'a appelé pour me dire : « Je pense que j'ai vu ta voiture à l'envers, juste devant chez vous. » Quand j'apprends ce genre de nouvelles, j'ai zéro confiance, je sais que quelque chose de grave se passe. J'étais en *boxer* et en t-shirt, je suis sorti de la maison, j'avais déjà le « motton », j'ai couru, je suis passé par-dessus la clôture, j'ai traversé l'autoroute et là, à côté du viaduc, j'ai vu mon ancienne voiture à l'envers avec de la fumée. Deux policiers ont couru vers moi, ils m'ont agrippé en me disant : « On n'a pas le droit de dire ça, mais regarde, Jean-Marc, ton *chum* est mort. » Je voulais y aller quand même, parce je voyais l'auto à l'envers. Un des deux policiers m'a dit : « Ne va pas là, tu te rappelles que ton auto n'avait pas de toit ? » Par la suite, je suis allé réveiller mon amie Chantal et elle m'a demandé ce qui était arrivé : « Chantal,

Daniel est mort. Il est mort. Il a viré à l'envers avec son auto. » Elle m'a demandé de me calmer. Vers cinq heures du matin, j'ai appelé Marcel, le père de Daniel, après que les policiers l'aient prévenu de la mort de son fils. Il criait : « Viens-t'en, viens-t'en. » Je suis allé le rejoindre. Il m'a dit : « C'est pas vrai, n'est-ce pas ? » Je lui ai répondu : « Marcel, il n'y a rien à faire, il n'y a rien à dire. » Encore aujourd'hui, quand j'y pense, ça me fait beaucoup de peine, parce que Marcel est mon ami. Il a 70 ans, tout a dégringolé pour lui. Aujourd'hui, mon père aurait son âge. Cette année, je l'ai invité, on est allés à La Malbaie avec des amis. Il était content, il dansait. Soudainement, il s'est levé de table, je l'ai retrouvé dans une chambre, où il pleurait. Il m'a dit : « Je m'ennuie de Daniel. Une chance que tu es là. Vas-tu encore m'appeler "mon petit papa" ? » Je lui ai répondu : « Ben oui, Marcel, je vais toujours t'appeler "mon petit papa", Marcel. »

Ces deux morts violentes ont-elles changé ta façon de vivre le deuil ?

Non, le deuil ne change pas. Le choc de l'annonce est plus brusque, mais le deuil reste le même. Malheureusement, ça renforce ma pensée, née lorsque ma mère est partie, que la vie n'a aucune règle. Finalement, nous n'avons jamais le contrôle sur rien, sauf sur la minute qui passe.

Comment as-tu surmonté ces deux départs ?

En souffrant au fur et à mesure que les souvenirs revenaient à la surface. Mais quand Daniel Dumont est mort, je trouvais que c'était encore de l'injustice. Tout ça renforce sans cesse la philosophie que j'ai depuis l'âge de sept ans : finalement, « truste » pas la vie. Tu peux l'aimer, tu peux en profiter, mais elle n'a rien à t'offrir de stable. La vie ne te doit rien. La vie avale du temps, et ce, depuis des milliards d'années. La vie n'en a rien à foutre qu'on soit là, on n'est là que pendant un laps de temps. Ça ne veut pas dire de ne pas apprécier ce moment-là, au contraire, on l'apprécie à plein, mais ne la « truste » pas.

Quelques secondes de réflexion, et la raison l'emporte sur l'émotion.

Certains disent que les deuils font évoluer. Qu'en penses-tu ?

Il me semble que ça ne peut rien m'apporter. C'est encore une de ces phrases toutes faites, de celles qu'on se dit parce qu'on n'a pas d'autre choix que de vivre avec cette réalité. Comme « T'en fais pas, vieillir, ce n'est pas grave, c'est dans le cœur qu'on est jeune. » On est obligés de se réfugier dans ces phrases innocentes. Tu auras beau être jeune dans ton cœur tant que tu le voudras, ton foie pourrit quand même, tes cheveux vont tomber et devenir gris.

Que produisent les deuils chez toi ?

Une énorme prise de conscience. Je me suis rendu compte que ce n'est pas parce qu'il y en a un de parti qu'il n'en partira pas d'autres. Il n'y a pas de logique.

Tu aurais pu aussi décider que la majeure partie des gens les plus importants de ta vie sont partis, et ça devrait te rassurer ?

Non, c'est ce que notre logique humaine veut croire, mais je sais que cette logique n'a aucune espèce d'incidence sur la vie. Et c'est pour ça que je ne veux pas embarquer là-dedans, me faire croire des affaires pour rien.

À force de faire des entrevues sur le deuil, je me rends compte que tout le monde dit : «Je ne prends plus la vie de la même façon.» Qu'en penses-tu ?

On est plus conscients de la vie, on l'apprécie peut-être plus. On ne le dira jamais assez... «Vivez l'instant présent comme si c'était le dernier.» Tout le reste n'est que du vent.

Le fait d'être hypocondriaque t'empêche-t-il de vivre pleinement ta vie ?

Oui, je la ralentis, comme si je mettais un voile sur les beaux moments, parce que, au lieu de les vivre à plein, je me dis que ça va s'arrêter. Je suis comme ça dans tout. Si quelque chose fonctionne bien, je me dis : «Ça va péter.» Quand ma carrière a commencé à ralentir, ce n'était pas une grosse surprise pour moi, j'étais bien plus surpris qu'elle se soit déroulée à 120 milles à l'heure pendant sept ans.

N'est-ce pas une sorte de fatalité ?

Non, c'est une sorte de réalisme.

Il répond sans hésitation.

Es-tu un homme heureux ?

En général, je te dirais oui, sauf quand j'oublie que c'est la minute qui passe qui compte. Pourtant, c'est ce que je prêche dans mon spectacle *Urgence de vivre*. C'est bien rare que le malheur soit lié au moment qui passe, il est plutôt lié au passé ou au futur. Quand je l'oublie, je me retrouve devant mes angoisses, je redeviens malheureux... Pourtant, c'est tellement simple !

Le titre de mon livre est *Passages obligés*. Que penses-tu de ces passages dans nos vies ?

Passages obligés, je trouve ça beau. Effectivement, tu passes, mais pourquoi cette manie de toujours vouloir être ailleurs après ? Encore une fois, c'est notre logique humaine qui veut ça. L'univers, lui, n'a pas cette logique. C'est nous qui voulons absolument que ça continue. Plein de gens autour de moi, comme ma deuxième mère, ont une foi inébranlable ; je trouve ça beau et je le respecte à 100 %. C'est une formidable force que ces gens-là possèdent et que moi, je n'ai pas. Je me vois donc dans l'obligation de vivre cette vie à froid. Mais ce que j'avance n'engage que moi.

Je suis revenu en voiture à la maison, j'entendais encore sa voix me raconter les faits saillants et j'en étais encore bouleversé.

Marc Gagnon
Vivre sans l'adrénaline

«Chaque fois que je regarde une compétition à la télévision et que je vois sur le visage d'une personne le bonheur de la victoire, j'ai toujours de la misère, à ce moment-là. Je comprends ce que la personne peut éprouver intérieurement, et ces images me rappellent ce que j'ai vécu. Soudain, je m'ennuie de ces sensations-là. C'est difficile, j'ai à faire un deuil de ma vie d'avant.»

Marc Gagnon
Vivre sans l'adrénaline

Au moment où nous nous sommes rencontrés, ses réflexions s'intensifiaient depuis plusieurs semaines sur le sort qui l'attendait après une carrière aussi fulgurante dans le sport professionnel. Il est un des plus grands médaillés de l'histoire olympique canadienne. Pourtant, il a réussi à tirer son épingle du jeu en faisant carrière dans le domaine des médias et comme propriétaire de deux commerces.

Il est arrivé à l'heure, 14 heures pile. Il était très calme, mais son regard montrait qu'il était préoccupé, et ses idées étaient parfois un peu confuses. Il affirmait, il commentait et il reformulait ses phrases. Je sentais qu'il avait besoin de se confier pour mieux comprendre les tenants et les aboutissants de cette décision ultime : la retraite. Il ne regrettait rien, mais il s'interrogeait sur la tournure des événements.

Pendant 24 ans, sa vie a été réglée au quart de tour. Rien n'était laissé au hasard. Autant il voulait passer à autre chose et assouplir son horaire, autant la rigueur et la discipline exigées par l'entraînement lui manquaient. Il était vraiment tiraillé entre deux modes de vie. Deux heures plus tard, nous nous sommes quittés en nous promettant de nous revoir.

Quelques mois plus tard, j'ai cru bon de poursuivre notre discussion, là ou nous l'avions laissée, parce que j'imaginais qu'avec la naissance de son fils, ses interrogations avaient peut-être trouvé des réponses. Ce fut le cas. Ses intentions étaient plus claires, le deuil de son sport était presque résolu. Son rôle de père posait de nouvelles balises, et tous les rêves lui semblaient désormais accessibles.

Il était minuit, nous étions au téléphone depuis deux bonnes heures quand nous avons mis le point final à cette entrevue en deux actes.

En faisant de la compétition internationale, crois-tu avoir voulu réaliser le rêve de tes parents plus que le tien ?
Non, absolument pas. Mon frère a commencé à patiner, ensuite mes parents sont devenus entraîneurs. Ils m'ont emmené à l'école de patinage de vitesse à l'âge de trois ans et demi pour y apprendre à patiner. Au lieu de me faire garder, ils m'emmenaient avec eux. Un jour, je devais avoir quatre ans et demi, ils m'ont fait essayer des patins de vitesse pour savoir si j'aimais ça. Ma réaction a été spontanée, j'ai aimé ça tout de suite. Quand on est jeune, qu'on commence à pratiquer un sport qui nous plaît et qu'on devient bon, on accroche vite. Ce fut mon cas. Ils n'ont jamais voulu me forcer à faire ce sport, jamais. Ils ont été des parents parfaits. J'ai toujours été libre de faire ce que je voulais. À 10 ans, j'ai eu des problèmes importants aux genoux et j'ai régressé énormément. J'ai trouvé la situation

très difficile à vivre. Dans ma carrière, à quelques occasions, j'ai eu envie de tout arrêter. J'en ai parlé à mes parents, et ils m'ont dit : « Si tu n'as plus envie de continuer, on te supportera dans ta décision, et si tu as envie de faire autre chose, on te supportera aussi, mais assure-toi de le souhaiter vraiment. » Ils m'ont enseigné à ne jamais prendre une décision sur le coup de l'émotion. Plus j'avançais, plus mon amour pour ce sport augmentait, donc ma réflexion n'a jamais été longue ; je voulais être le meilleur au monde, et j'ai poursuivi mon entraînement.

Quand on fait de la compétition à un haut niveau comme toi, la première motivation est celle de gagner à tout prix. Dans ton cas, cela a-t-il été une obsession ?

Je suis quelqu'un qui veut toujours gagner. Quand je finissais en troisième position, je trouvais difficile de l'accepter, et ça m'énervait. Honnêtement, je crois être le plus mauvais perdant qui existe. Je suis conscient qu'il s'agit d'un gros défaut, mais, en même temps, je pense que pour être un grand champion dans la vie, il faut être un mauvais perdant. Si on accepte de perdre, on ne cherchera jamais à s'améliorer et à faire en sorte que ça n'arrive plus. J'ai appris à gagner et à foncer. Quand je veux quelque chose, je fais tout pour l'avoir. Même si, parfois, c'est difficile, je continue quand même. Dans la vie, j'ai appris qu'il faut travailler fort pour obtenir ce que l'on veut. Pour moi, gagner, ça s'apprend et on peut se programmer.

Au moment où tu as annoncé ton retrait de la compétition internationale et que tu as confirmé que tu te dirigeais vers d'autres horizons, on a senti une certaine délivrance, une nécessité de passer à autre chose. Est-ce une fausse impression ?

Non, pas du tout. Avant la conférence de presse, on m'avait offert certaines choses qui m'intéressaient beaucoup, et des portes s'ouvraient devant moi. Je sentais que c'était le temps de prendre cette décision, car j'avais l'opportunité de planifier ma vie pour le reste de mes jours. C'était particulièrement difficile, parce que, pendant 24 ans, je n'avais fait qu'une seule chose : patineur de vitesse. C'était une grande passion pour moi. Comme je n'ai pas gagné des millions, je devais songer à l'après. Je savais que si je n'arrêtais pas à ce moment précis, j'aurais peut-être de la difficulté à le faire quatre ans plus tard. J'ai donc dû abandonner ma passion et penser à ma survie.

Il est troublé.
Pour lui, ça reste un des moments
les plus importants de sa carrière.

Tu as été le plus grand médaillé de l'histoire olympique canadienne. Tu es parti en pleine gloire. Tout athlète rêve de clore sa carrière de cette façon, le réalises-tu ?

Oui, dans 10 ans, je vais encore me rappeler ces victoires et ces honneurs, et ce jour restera pour moi le plus beau de ma vie. Je me suis arrêté au meilleur

Il est fier de ce moment
et en même temps, nostalgique.

moment. Cependant, le gagnant et le batailleur en moi se disent : « Est-ce que j'aurais pu battre les meilleurs de la planète pendant encore quatre ans ? » Ce genre de questionnement a parfois été difficile à vivre et restera toute ma vie en suspens dans ma tête. Si je n'avais pas arrêté, aurais-je pu gagner encore un ou deux championnats du monde et participer aux derniers Jeux olympiques ? J'ai cessé de pratiquer ce sport, mais j'en avais encore envie. Je me voyais patiner jusqu'à 70 ans, mais je n'avais plus rien à aller chercher comme accomplissement personnel, mis à part celui de gagner. J'avais participé à huit championnats du monde et j'avais récolté cinq médailles olympiques. Théoriquement, j'aurais même pu arrêter avant, j'avais déjà gagné beaucoup pour mon sport. Je me suis dit : « Suis-je rendu au maximum de mon sport ? Suis-je encore capable de progresser pour continuer de gagner ? Ai-je envie de vivre le pire des cauchemars pour un gagnant, qui est de perdre ? Ai-je envie de vivre une situation pareille ? J'ai malheureusement connu des athlètes qui ont continué quatre ans de trop, qui ont fini dixièmes et qui l'ont très mal vécu. C'est aussi pour cette raison que je me suis arrêté.

Avant de décider de prendre ta retraite, as-tu consulté des gens autour de toi ?

J'en ai parlé à mon entourage : mes parents, mon frère, mes agents et quelques autres personnes. Je voulais voir comment ils réagiraient et avoir leurs commentaires, pour savoir si j'étais en train de faire une erreur monumentale. Soudain, j'étais confronté à une nouvelle réalité : j'avais beaucoup de succès, je recevais des offres alléchantes pour l'après-carrière et j'avais une telle attention médiatique que ça me rendait parfois confus. J'avais de la difficulté à mettre tout en perspective. J'éprouvais toujours un amour inconditionnel pour ce sport et c'est ça qui rendait complexe mon choix. Au bout du compte, j'étais le mieux placé pour déterminer quand je devais prendre ma retraite, si j'étais prêt à quitter une situation qui me manquerait pour le reste de mes jours et à commencer une nouvelle vie dans le monde normal.

Ton entourage était-il d'accord avec ta décision ?

Personne n'était en désaccord. Ils ont tous respecté ma décision et n'ont pas essayé de me faire changer d'idée. Mes parents m'ont demandé si j'étais certain de ma décision. Honnêtement, je crois que ma mère était contente de ne plus être stressée lors de mes compétitions. Cependant, mon *coach* personnel, Sylvie Daigle, avait quelques doutes à mon sujet ; elle croyait que je reviendrais sur ma décision dans les deux années suivantes. Comme elle avait pris, elle aussi, sa retraite quelques années auparavant, elle savait à quel point je m'ennuierais de ce monde et aussi, probablement à cause de mon âge, que j'aurais sûrement pu continuer quelques années encore.

Y a-t-il un matin où tu t'es levé en te disant : « Mais qu'est-ce que je viens de faire là ? »

Non, je n'ai jamais regretté, mais je me suis posé des questions existentielles.

Si c'était à refaire, prendrais-tu la même décision ?

Oui, cependant, si j'avais su ce que je sais aujourd'hui, la réflexion aurait été plus difficile et longue, mais on ne connaît malheureusement pas l'avenir.

Si les résultats n'avaient pas été ceux que tu as connus en 2002, aurais-tu pris ta retraite quand même ?

Probablement que oui. Je serais sûrement arrivé à la même conclusion. Je savais que la progression nécessaire chaque année pour demeurer parmi les meilleurs au monde était dans son dernier droit, je commençais à être à bout de souffle et je crois que j'avais atteint le maximum de ma forme pour l'âge que j'avais.

En 2002, ce n'était pas la première fois que tu quittais le patinage, tu l'avais déjà fait en 1998. Quelles sont les raisons qui t'ont poussé à prendre cette décision en 1998 ?

Je croyais avoir tout réalisé mais, après quelques semaines de réflexion, j'ai compris que j'avais besoin de décrocher complètement de ce sport. J'ai compris que j'étais tout simplement épuisé mentalement. Depuis six ans, je travaillais beaucoup : six championnats du monde – quatre fois premier, deux fois deuxième. Quand je participais aux coupes du monde, j'en gagnais deux sur trois. Mon but était de toujours rester le premier. Je ne me permettais aucune erreur, et j'avais surtout les autres patineurs qui me couraient après, je vivais le stress de vouloir demeurer le premier. Quand on est le premier, on est le gars à battre. Demander à n'importe quel athlète de monter au sommet, c'est une chose, mais d'y rester, c'est encore plus exigeant, c'est deux fois plus de travail.

Pourquoi es-tu revenu ?

Après un certain temps, j'ai décidé de reprendre l'entraînement, parce j'avais encore envie de patiner et de gagner, puisqu'il me restait une médaille d'or individuelle à aller chercher. Une fois cette médaille d'or obtenue, je me suis rendu compte qu'elle était beaucoup plus importante pour moi que je le croyais. Donc, quand je suis revenu à la compétition, Sylvie Daigle est devenue plus impliquée que jamais dans ma carrière sportive, malgré son emploi du temps chargé. J'ai suivi rigoureusement son entraînement et j'ai écouté attentivement ses conseils, qui ont été d'une grande aide. Elle m'a expliqué comment contrôler mon stress ; ça a l'air simple et banal, mais ça ne l'est pas. Elle m'a fait comprendre que le stress est engendré par tous les phénomènes extérieurs qu'on ne peut contrôler, et que la seule chose au monde que l'on contrôle, c'est soi. J'ai vraiment compris cela quand j'ai participé aux Olympiques en 2002. Je contrôlais tellement mon stress, j'étais calme et je savais exactement ce que j'avais à faire, alors j'avais un gros avantage sur la plupart des autres patineurs. Je n'y serais jamais parvenu sans Sylvie; j'ai tout simplement mis en application ce qu'elle m'avait enseigné, et ça a fonctionné.

Quand tu es revenu après ton arrêt momentané en 1998, as-tu senti un retard par rapport aux autres patineurs?

C'était très épeurant de revenir, parce que dans les 10 années précédentes, 3 patineurs avaient arrêté, ils étaient revenus, mais n'étaient jamais parvenus au même niveau que lors de leur arrêt. J'étais stressé à cause de ça.

Après l'ultime décision de te retirer définitivement, comment s'est déroulé ton deuil?

Un long temps de réflexion est nécessaire. C'est encore déchirant pour lui d'y penser.

J'ai vécu mon deuil à l'envers. Le deuil de l'amour que j'éprouvais pour ce sport et les plaisirs qui s'y rattachaient. J'ai quitté ce monde et j'avais des amis. On voyageait beaucoup. Nous formions une famille. J'avais une grande satisfaction, quand je patinais, j'aimais tellement la sensation d'être sur la glace. Quand j'ai décidé de m'arrêter, j'ai été très occupé la première année, j'étais content de ce que je faisais et je n'avais pas à m'entraîner autant qu'avant. Tout s'est bien déroulé, je n'ai pas trouvé ça trop difficile à vivre. La deuxième année, les choses ont commencé à s'envenimer: j'étais un peu moins occupé, j'avais du temps pour réfléchir et je me suis mis à m'ennuyer de mon sport, et plus le temps avançait, pire c'était. Je suis devenu analyste à la télévision pour le patinage de vitesse, j'ai dû regarder les performances de mes anciens compétiteurs et de mes ex-confrères, et je me suis rappelé de beaux souvenirs. La première année, je m'étais éloigné de ce sport volontairement. Pour moi, c'était donc mieux de rester un peu à l'écart du milieu pour ne pas trop me replonger dans l'envie de recommencer, parce que ma décision était prise et qu'habituellement, je ne suis pas quelqu'un qui revient sur ses décisions.

Qu'est-ce qui s'est avéré le plus douloureux dans ce passage de ta vie?

Chaque fois que je regarde une compétition à la télévision et que je vois sur le visage d'une personne le bonheur de la victoire, j'ai toujours de la «misère» à ce moment-là. Je comprends ce que la personne peut éprouver intérieurement, et ces images me rappellent ce que j'ai vécu. Soudain, je m'ennuie de ces sensations-là. C'est difficile, j'ai à faire un deuil de ma vie d'avant. À quelques occasions, je me mettais à pleurer, et ma blonde me disait: «Ben voyons, qu'est-ce qui se passe?» Et je lui répondais: «Je ne sais pas, je m'ennuie.» En fait, je m'ennuie de la satisfaction de gagner. Maintenant, ça va très bien. Je n'y pense plus du tout. J'ai compris que rien ne comblerait ce manque et que c'était du passé. Cependant, je dois garder en mémoire les bons comme les mauvais souvenirs. C'était une vie fantastique, mais, à présent, j'en ai une autre à vivre. Et Dieu sait qu'elle est belle avec cette petite famille.

Tu as connu une grande passion pour ton sport pendant presque un quart de siècle. Ç'a été pour toi un renoncement important. Qu'en penses-tu?

Oui, effectivement. J'ai commencé ma vie avec une passion et je l'ai eue pendant toutes ces années. Quand je me suis arrêté, j'ai dû recommencer ma vie à zéro et essayer de trouver une autre passion. Je devais naître de nouveau et apprendre à vivre autrement, mais je n'avais pas 20 ans devant moi pour cet apprentissage. On doit être passionné dans ce que l'on fait pour avancer dans la vie. J'ai compris que la plus grande richesse, c'est de faire ce que l'on aime dans la vie. J'ai toujours dans mes souvenirs cette grande passion que j'ai connue. J'ai été longtemps à la recherche de ça. Il me fallait trouver des choses dans lesquelles je pouvais m'investir à 100 % et aimer ça autant que le patinage de vitesse. Plein de choses m'intéressaient, mais je pensais encore beaucoup trop à mon sport. On aurait dit que j'étais incapable de m'investir totalement ailleurs et que je manquais aussi de motivation. J'avais tout simplement un deuil à faire.

Au moment où tu pratiquais ce sport, tu étais contraint à une grande discipline, à beaucoup de rigueur et à une routine qui est obligatoire dans l'entraînement. A-t-il été difficile d'avoir soudain un emploi du temps flexible et incertain?

Effectivement, ma vie était bien définie. J'ai été habitué pendant 24 ans à la même routine; j'arrivais à l'aréna et je savais tout ce que j'allais faire. Je ne dis pas que c'était la meilleure façon de vivre, mais j'étais très à l'aise, et ça me sécurisait. Au début de mon deuil, ce qui m'a manqué le plus, c'est de savoir exactement ce que j'avais à faire. Chaque matin, je me levais et je me disais: «Que vais-je faire aujourd'hui?», et le soir, en me couchant, je me disais: «Qu'est-ce que j'ai à faire demain?»

Qu'est-ce que le deuil t'a fait découvrir chez toi que tu ne connaissais pas?

J'ai constaté tous les sacrifices que j'ai dû faire et ceux que les autres ont faits pour que j'arrive à mes fins. J'ai appris que je pouvais être bon dans d'autres domaines, et j'ai l'impression que je vais découvrir autre chose.

L'idée de devenir un des entraîneurs de l'équipe nationale te sourit?

Beaucoup de gens m'en parlent, et, au début, c'était flou dans ma tête. De nombreuses choses m'empêchaient d'y réfléchir sérieusement, je ne me sentais pas réellement prêt pour ce travail. Maintenant, je suis prêt et j'adorerais redonner aux autres ce qui m'a été enseigné, transmettre mon savoir et mon expérience à la relève.

L'émerveillement se dessine sur son visage.

Crois-tu qu'avec l'arrivée de ton fils, ton deuil s'est fait plus vite ?
Peut-être un peu. Depuis la naissance de cet enfant, on dirait que les choses ont changé. Je crois que mon deuil ne sera jamais fini totalement, parce que j'aimerai toujours ce sport à la folie, mais, aujourd'hui, je suis très serein devant le fait de ne plus compétitionner et je ne me pose plus autant de questions. Pour moi, un deuil, ce n'est pas d'oublier, mais plutôt d'essayer de comprendre et de garder le plus possible de souvenirs. Et un jour, on passe à autre chose. C'est exactement ce que j'ai fait. Je n'oublierai jamais cette période merveilleuse de ma vie. J'ai été chanceux de pouvoir la vivre et j'aurais aimé que ça se prolonge encore pendant 20 ans. Mais c'est du passé. Je vis autre chose qui ne comblera jamais ce vide laissé par le patinage de vitesse, mais qui me rend extrêmement heureux quotidiennement. Quoi de plus beau que de voir le sourire de son petit bébé, mais surtout l'admiration dans ses yeux quand tu lui donnes le biberon ! Avec le temps, j'ai davantage l'impression que le sport de haut niveau est fait pour les jeunes et les vieux adolescents. Depuis quelques mois, je suis un homme qui doit veiller à la survie d'un merveilleux petit enfant fragile. Par conséquent, j'ai moins envie de mettre ma vie en péril ou tout simplement de me blesser. L'envie de patiner est toujours présente, parce que le *feeling* est terriblement puissant, mais je ne me demande plus si je pourrais encore être compétitif.

Aimerais-tu que ton fils ait la même vie que toi ? Dès son jeune âge, qu'il s'initie au sport et qu'il ait une vie disciplinée et organisée ?
C'est sûr que je vais essayer de lui inculquer un certain mode de vie sportif. Par la suite, il décidera s'il veut faire un sport de haut niveau ou pas. Si on veut vivre vieux et éviter les problèmes de santé, il faut être en forme ; c'est pour cette raison que j'aimerais qu'il pratique un sport. Je n'ai pas envie d'être à l'hôpital avec mon *kid* toutes les semaines.

En pratiquant le patinage de vitesse très tôt dans ta vie, crois-tu avoir perdu une partie de ton enfance ?
Non, mon enfance a été simplement différente de celle des autres. Comme je m'entraînais toujours, j'ai plutôt perdu des moments avec des amis, moments que je n'ai jamais retrouvés une fois adulte.

As-tu parlé à ta mère de ce que tu vivais intérieurement ?
Elle était au courant, au moment le plus dur de mon deuil. Elle savait que j'avais parfois de la difficulté à accepter tout ça, que j'avais envie de revenir au patinage et que, parfois, j'en rêvais. Ma copine était davantage au courant ; d'ailleurs, elle était la seule à en savoir autant. Malgré ce que je vivais, j'avais plein d'autres choses

dans la vie qui me rendaient heureux et j'essayais de m'occuper de ce qu'il y avait de beau pour ne pas tomber en dépression, comme c'est arrivé à bien des athlètes.

Quelle aurait été la réaction de ta mère, selon toi, si elle avait su que ton deuil était beaucoup plus important qu'elle ne le pensait?
Comme je la connais, elle aurait été un peu déçue que je ne lui aie pas tout dit, parce qu'elle aurait voulu m'aider davantage. Elle n'aurait pas été étonnée, parce qu'elle connaît mon amour pour ce sport. Elle va probablement être rassurée de savoir que j'ai vécu ce deuil, car elle trouvait peut-être que j'avais fait la coupure trop facilement et trop rapidement. Je ne sais pas comment elle aurait réagi, si je lui avais tout raconté. J'essayais tellement de ne pas montrer aux gens que ça me dérangeait; je n'aime pas que les autres sachent quand je ne vais pas bien. Je n'ai pas envie de faire vivre ça aux autres. Je ne veux pas qu'ils s'inquiètent pour moi. Mes parents me voyaient heureux dans ce que je faisais, et je pense que, quand on est parent, on veut voir ses enfants heureux. Pourquoi aurait-il fallu que je leur fasse sentir mon petit malheur? Ce sont mes affaires, et si les choses difficiles étaient devenues insupportables, je serais allé consulter un thérapeute. Pendant cette période, je ne savais pas si je devais traverser seul cette épreuve. C'était la première fois que je faisais face à quelque chose de semblable. Durant ma carrière, j'ai essayé de faire vivre le beau côté des choses à mes parents, je n'avais pas envie de leur montrer le mauvais côté de ma décision. Je n'avais pas non plus envie de me tirer une balle dans la tête pour ça... C'était difficile, et il me fallait passer à travers.

Depuis ton retrait du monde sportif, as-tu visionné tes grandes performances?
Oui, parce que des gens voulaient les voir, notamment ma copine qui ne les avait jamais vues. J'ai trouvé ça difficile. J'ai ressenti beaucoup d'émotions. Chaque fois que je les regarde, c'est pareil. J'ai toujours le «motton». La plupart des fois où je les ai revues par la suite, c'était dans des endroits plein de monde, alors je me suis retenu de pleurer.

Quel rapport entretiens-tu avec les médailles que tu as reçues et tes patins?
Ce que je voulais, c'était le titre, pas forcément la médaille. Le titre est écrit dans des livres, et jamais personne ne pourra me l'enlever, alors que je peux perdre les médailles ou me les faire voler. Pour ce qui est de mes patins, ils ne sont pas encore rangés dans une boîte, contrairement à mes médailles. Je les regarde, et ça me garde proche du passé. Je ne connais pas l'avenir, mais je n'ai pas l'impression qu'ils resteront dans une boîte rangée dans le garage. Je vais les garder *ad vitam aeternam*, ça, c'est officiel, parce que ces patins m'ont permis de réaliser la plus grande performance de ma vie. Pour moi, ces patins sont très symboliques.

Dans le sport, tu as appris à gagner et à ne jamais abandonner devant l'adversité. As-tu réussi à mettre cette philosophie en application dans ton deuil?

Pas vraiment. Je ne voyais pas le deuil comme un adversaire, mais plutôt comme une situation à vivre et dans laquelle je devais trouver du positif. On devrait d'ailleurs faire la même chose dans chaque expérience négative.

Si quelqu'un que tu connais vivait un deuil semblable au tien, que lui conseillerais-tu de faire afin de mieux traverser cette étape?

Un deuil ne se résout pas en une journée. Je crois que pour le traverser, il faut le vivre, tout simplement, ce qui signifie accepter la situation, essayer de la comprendre, accepter que l'on ne peut rien changer. Il ne faut pas essayer d'oublier ce qui est arrivé et contourner le vide que procure le deuil, mais plutôt tenter de le combler par les beaux souvenirs, sans quoi le deuil n'aurait jamais pu exister. Je crois que cela peut rendre un deuil très beau. Ça vaut la peine de continuer à vivre, parce que la vie a encore de très belles choses à offrir à chacun d'entre nous. La vie est belle, du moins il faut s'organiser pour qu'elle le soit.

Il a verbalisé ce qui le perturbait.
Même durant la séance de photos,
il a voulu ajouter des précisions
sur ce qu'il avait dit.

Françoise Faraldo
Vivre sans Gerry

«*Après sa mort, la moitié de moi était partie avec lui. [...] J'étais dans un tel état que je n'avais plus d'amour en moi. J'avais l'impression de ne plus pouvoir aimer. Que je n'en étais plus capable, même ma fille. Pourtant, je l'aimais. [...] Je ne pouvais plus la serrer dans mes bras. J'avais l'air d'un bout de bois, d'une pierre. J'étais vide. [...] Normalement, j'étais là pour elle, mais je... Il y avait un blocage. Je n'en pouvais plus. [...] J'ai alors consulté pour la première fois de ma vie.*»

Françoise Faraldo
Vivre sans Gerry

En 1991, Mario Roy a écrit Avant de m'en aller, *une biographie de Gerry Boulet, grâce à la collaboration de sa femme, Françoise Faraldo. Au lancement du livre, je l'ai interviewée pour le compte d'un magazine. C'était la première fois qu'elle accordait un entretien, j'avais donc une lourde responsabilité.*

J'en étais à mes premières armes d'interviewer. Le regretté Gérard-Marie Boivin m'avait enseigné les rudiments du métier, et j'essayais de les mettre en application du mieux possible. Comme il me manquait l'expérience de la vie, cette entrevue me paraissait un obstacle insurmontable. Je ne savais plus que faire et j'étais aussi ému qu'elle. Dans cette coquette petite maison du Vieux-Longueuil, l'émotion était palpable, et les silences pesaient lourd. Mystérieusement, la présence de Gerry se faisait sentir.

À quelques mètres de nous, son piano sur lequel il avait composé ses plus belles mélodies, celles qui ont précédé sa mort. Le couvercle du clavier était resté fermé. Françoise était encore ébranlée par le départ de son homme. Chaque question semblait la blesser, mais, malgré tout, elle souhaitait y répondre. Le souvenir de ce jour est à jamais gravé dans ma mémoire.

Quand j'ai commencé ce projet, j'ai immédiatement pensé à Françoise, et elle a aussitôt accepté mon invitation. Quinze ans plus tard, bien des choses ont changé. Sa fille Julie est une jeune adulte, Françoise habite le Plateau-Mont-Royal, et elle est atteinte de la sclérose en plaques. Elle se déplace à l'aide d'une canne, ce qui ne l'empêche nullement d'apprécier la vie et d'être heureuse. Je la rejoins chez elle : nous avons l'impression de nous être vus hier... Une chose n'a pas changé : elle porte toujours le même amour à Gerry. Quand elle prononce son nom, il y a une résonance qui vient du fond de son cœur. Encore une fois, ce fut un moment privilégié.

Tu étais en symbiose parfaite avec Gerry. Cela a-t-il rendu la durée du deuil beaucoup plus longue ?
Peut-être. Je pense que la durée du deuil vient surtout du fait qu'il est parti jeune. On ne s'attend jamais à ce que quelqu'un de cher parte si vite.

Même s'il a été malade pendant trois ans ?
Oui, mais trois ans, ça passe tellement vite si l'on sait qu'il reste encore peu de temps à vivre. Je dis « on » parce que moi, je l'ai vécu comme ça. En même temps que Gerry. J'avais des maux là où il les avait. Quand il avait mal au ventre, j'avais mal au ventre. Au moment de sa tristesse, je vivais ses émotions combinées aux miennes.

Exprimait-il clairement ses émotions ?
Il n'était pas trop comme ça de nature. La dernière année, je dirais qu'il se renfermait davantage sur lui-même, quand nous avons su que son combat était perdu d'avance.

Il se demandait pourquoi, pourquoi lui. Qu'avait-il fait de pas correct dans la vie pour que ça lui arrive ? Il était très croyant. Moi, je lui disais : « Tu n'as rien fait de pas correct. Tu as toujours été égal à toi-même, sans concessions. C'est ça, l'important. »

Avait-il peur de l'inconnu ?

Ce n'était pas la peur de la mort. Il finissait par la dompter un petit peu. À un certain moment, ce n'était même plus une douleur physique, mais la souffrance morale de perdre ou de laisser les gens qu'il aimait profondément. Ça, c'est une souffrance.

Selon toi, cette souffrance a-t-elle été plus grande que la douleur physique ?

Arrivé à ce moment-là, oui, car la douleur physique peut être contrôlée, mais pas la douleur morale.

Les derniers temps, qu'a-t-il fait ? A-t-il rattrapé le temps perdu ? A-t-il dit à tous ceux qu'il aimait ce qu'il avait à dire ?

Les trois derniers mois, il les a passés seulement avec Julie et moi. Cependant, il s'est renfermé sur lui-même. Il n'avait pas envie de se montrer physiquement aux autres tel qu'il était. Il ne voulait pas faire de peine. Il avait peur de faire mal. Il a restreint ses contacts. Peu de gens l'ont vu dans cet état. Finalement, il gardait une certaine fierté.

Parlait-il ?

Pas trop. Un jour, il a fermé le clavier de son piano. Il l'a fait doucement. Il ne l'a pas claqué de rage. Jamais il ne le fermait. Jamais, jamais, jamais. Là, j'ai su que ça lui faisait mal ! Il sentait qu'il n'arrivait plus à sortir quoi que ce soit de son piano. Il se sentait tellement vide à l'intérieur qu'il n'arrivait plus à créer. Tout cela a été terrible pour lui.

Elle fait les gestes. Elle est encore un peu troublée par ce moment qui marque le commencement de la fin.

Il a dit quelque chose à cet instant-là ?

Non. Une grande mélancolie l'envahissait.

Tout était exprimé dans le non-dit, n'est-ce pas ?

Oui. Avec Gerry, il fallait fonctionner ainsi. De toute façon, nous nous connaissions tellement que nous n'avions pas tellement besoin de dire les choses. J'avais juste à les deviner. Nous étions un peu pareils de ce côté-là. Nous avions l'instinct d'un animal. Quand ce n'était pas le moment d'engager une conversation sur telle ou telle affaire, j'attendais que ça débloque.

Depuis, as-tu retrouvé cette complicité avec quelqu'un d'autre ?

Non, je n'ai jamais essayé d'ailleurs. J'ai eu quelques aventures, mais pas suffisamment importantes pour partager mon intimité avec quelqu'un. Depuis 15 ans, quelques amis chers, Julie et ma famille me comblent le cœur.

Certaines personnes ne connaîtront jamais de leur vie le grand amour. Toi, tu l'as connu. Te sens-tu privilégiée, soulagée et comblée ?

Oui, tout à fait. L'homme et la femme sont en quête de l'âme sœur, et moi, je l'ai trouvée. Je ne suis pas une femme frustrée. J'ai aimé profondément, et j'ai été aimée profondément.

Es-tu la femme d'un seul homme ?

Oui, je l'ai été et je pourrais peut-être l'être encore.

Tu as déjà affirmé publiquement que Gerry avait commis quelques infidélités durant votre relation ?

Oui... Oui... De toute façon, c'étaient des infidélités...

Elle hésite. Elle pèse ses mots. Son regard s'assombrit soudain. Elle est incapable de terminer la phrase. Ce que je me permets de faire pour elle parce que nous nous connaissons bien.

... de corps.

Oui, exactement. Je pouvais comprendre qu'un gars qui part avec sa gang ait toujours, après le spectacle, quatre ou cinq jeunes femmes prêtes à vivre quelque chose avec un des musiciens. Lui, c'était le chanteur. Ce n'était pas grave en soi. Je ne lui posais pas la question. Parfois, à son retour, je comprenais qu'il ne se sentait pas bien à cause de ça.

Avouait-il ses infidélités ?

Non. Seulement une fois, mais ce n'était pas grave. Il banalisait ce qui s'était passé. Alors moi, je lui ai dit de ne pas en parler. Je ne voulais pas le savoir. J'ai ajouté : «Si un jour tu devais être amoureux de quelqu'un d'autre, là, je me sentirais trahie. »

As-tu l'impression qu'en affirmant ça, tu pourrais être incomprise de certaines Québécoises, parce que l'infidélité, pour la plupart d'entre elles, c'est la fin du monde ?

Ah ! peut-être. Je ne vois pas pourquoi il aurait fallu que je ne le dise pas, puisque, de toute façon, je ne suis pas la seule au courant. Mais, attention, Gerry a eu ses périodes. Il n'était pas tout le temps ainsi. Ça arrivait seulement lors de soirées...

Elle fait signe de la tête comme pour désigner le geste de boire.

... bien arrosées ?

... bien arrosées, et puis bien des affaires.

Un peu plus tôt, tu m'as parlé des regrets qu'il éprouvait. A-t-il pensé à toutes ces folles nuits où il est allé «à fond la caisse»? Tu ne crois pas que sa maladie est liée directement à sa vie quelque peu tumultueuse ? L'a-t-il regretté quand est arrivé le *deadline* ?

C'est difficile à dire. Je pense qu'il ne pouvait pas regretter sa vie, parce qu'il est allé à 200 à l'heure, toujours intensément. En 1987, nous avons appris l'existence de son cancer, et, après quelques traitements, nous avons cru à une rémission. Donc, il a fait son disque *Rendez-vous doux*. Il a même commencé sa tournée.

Il n'en a fait qu'une partie. Il a recommencé à faire le fou. C'était la première fois que je lui disais : « Gerry, arrête ! » Il continuait à prendre sa bière et à refaire de la coke, parce qu'il croyait que ça allait mieux. Ça n'avait pas de bon sens.

Avais-tu une certaine influence sur lui ?

Oui. Parfois, il faisait attention. Il rentrait plus tôt. Il ne passait plus des nuits entières debout. Cependant, quand nous avons appris qu'il n'y avait pas de rémission possible, alors là, il a fait vraiment attention.

Quelle a été ta réaction quand tu as appris l'irréversible ?

Je me souviens très bien de ce moment. C'était en 1987, lors de sa première opération, qui a duré 5 h 30, pour enlever la tumeur au côlon. Gerry était dans la salle de réveil. Il n'avait pas encore repris conscience. Le chirurgien est venu me voir. Il était encore en tenue. Il m'a dit que l'opération s'était bien passée. Je lui ai demandé ce qu'il y avait à faire désormais. Il a répondu : « Probablement quelques traitements, mais il y a un problème. Il a des métastases au foie. » Inquiète, j'ai demandé : « Ça ne s'enlève pas ? » Il m'a assuré que non, et que c'était irrévocable. « Qu'est-ce que ça veut dire ? », ai-je demandé. Il m'a expliqué que Gerry avait de deux à six mois à vivre. Je voulais le voir, et le chirurgien m'a arrêtée : « Revenez demain matin, parce que c'est mieux de ne pas le voir maintenant. » J'ai pris mon auto, je ne sais pas comment j'ai fait pour conduire. Je ne sais plus s'il pleuvait ou si c'est moi qui pleurais. De toute façon, je pleurais. Je ne savais plus. C'était irréel. C'était un trou noir. Ça n'a pas été facile. J'avais seulement une envie : retrouver ma fille qui revenait de l'école. Je voulais être là avec elle. C'est elle qui m'a donné la force de continuer.

Quand Gerry a compris que la maladie était plus forte que lui, quelle a été sa réaction ?

Il a été anéanti. C'était une grande désespérance. Mais ça a duré, désespérance, espérance, désespérance…

Quand tu as su que c'était irrévocable, as-tu commencé à faire un deuil intérieur ? As-tu abdiqué ?

Non. Jamais. Je ne pouvais pas y croire. Je ne voulais pas l'admettre. Nous nous disions qu'il allait sûrement se passer quelque chose.

Vous étiez ensemble envers et contre la mort ?

Je pense que lorsqu'on accompagne un être vers la mort, c'est vraiment l'accompagner jusqu'au bout, d'autant qu'il était toujours à la maison à part quelques séjours à l'hôpital. Un jour, Gerry est entré dans le tunnel, je l'ai suivi. Trois semaines avant son départ, il s'est assis sur le lit. Je me suis placée à ses côtés. Il m'a dit en blaguant : « Ma grand-mère va être contente de me revoir. Je vais pouvoir m'asseoir sur ses genoux et me bercer. » Je lui ai répondu : « Tu ne m'en as jamais trop parlé de ta grand-mère, comment était-elle ? » « Elle était belle

Elle réfléchit pour ne pas oublier les détails, mais, en même temps, tout devient confus. Elle revoit les circonstances. Elle tente tant bien que mal de préciser ses pensées.

et gentille.» Il se revoyait enfant. Je pense que ça aide de savoir que, dans l'au-delà, on va revoir telle ou telle personne que l'on a aimée.

L'idée de le suivre dans le tunnel et de mourir avec lui t'est-elle venue à l'esprit ?

Oui. J'étais dans une telle déprime que j'avais le vide en moi, même si Gerry n'était pas encore parti. La moitié de moi s'en allait. C'est vraiment surprenant, je n'aurais pas eu de difficulté à le suivre. Si j'avais eu les moyens et si, surtout, Julie n'avait pas été là, c'est certain que je l'aurais suivi. Je ne sais pas si ça aurait été le même jour que lui, mais je l'aurais fait.

A-t-il été conscient jusqu'à la fin ?

Elle est encore très bouleversée par ce récit.

Par moments, il allait dans le tunnel. Une fois, il m'a dit : «Tu sais, tu vas me manquer.» J'ai répondu : «Moi aussi. Je me demande ce que je vais faire sans toi.» Il m'a prise par le cou et il m'a affirmé : «Tu vas y arriver. Tu vas voir !» J'ai eu du mal à retenir mes émotions. La veille de sa mort, il prenait beaucoup de médicaments. Il avait droit à sa médication antidouleurs. Je l'avais à la maison. Cet après-midi-là, il était allongé dans le lit, il m'a dit : «Viens.» Je me suis allongée sur lui. Il était tellement maigre que j'avais peur de lui faire mal. Il est vrai que je n'étais pas grosse, moi non plus, je pesais 45 kilos. Il m'a réconfortée : «Non,

Elle fait le mouvement.

non, tu ne me fais pas mal.» Il me berçait comme ça, et il me souriait. Quand il riait, ce n'était plus un rire, mais un rictus. Mais je voyais dans ses yeux qu'il riait. Il m'a murmuré : «On va se marier.» «Mais on l'est déjà, Gerry.» Il a insisté : «Oui, mais on va se remarier là-haut.» Il semblait alors vraiment heureux. Là, j'ai pleuré dans son cou. Je ne sais pas s'il s'en est rendu compte. Je n'en pouvais plus. Il s'est levé. Il s'est rasé, mais il en a oublié des bouts. Il voulait le faire lui-même. J'avais peur qu'il se coupe. J'étais toujours près de lui. Nous étions dans la chambre, et, d'un seul coup, il a voulu sortir dans le jardin. C'était en plein mois de juillet. Il faisait très chaud. Tout le monde avait les fenêtres ouvertes. Je ne pouvais pas l'arrêter. Je lui ai mis juste un paréo autour de la taille. Il est sorti sur la petite galerie arrière et s'est mis à hurler le nom de Julie. Il l'appelait. Il la réclamait tellement que j'ai appelé Julie, et elle est venue le retrouver. Elle était chez nos voisins. Il est remonté à l'étage avec elle. Je les ai laissés seuls. Il a marché un peu dans la chambre, sa petite main dans la sienne en lui murmurant des paroles. Puis, Julie m'a appelée. Elle m'a demandé : «Maman, est-ce que je peux partir ?» Elle n'en pouvait plus. Elle ne pleurait pas, mais elle sentait que ça venait. Ce dernier moment fut très difficile pour elle. Elle est retournée chez les voisins. Gerry s'est allongé. Il a passé une nuit sereine. Il n'était pas agité. J'étais à ses côtés. Le sommeil ne me venait plus. Je n'en pouvais plus.

As-tu l'impression de lui avoir dit tout ce que tu avais envie de lui confier ?

Non. Parce que ce n'était pas encore fini. Des fois, on n'a pas le temps de tout dire.

Comment s'est déroulé le matin de son départ ?

J'étais allongée à ses côtés. Il avait les poumons qui commençaient à se remplir d'eau. Je voulais le prendre et l'aider. Il voulait y arriver tout seul. Je l'ai laissé prendre son souffle. Je me trouvais sur le lit, devant lui, et, soudain, il s'est relevé. Il m'a regardée droit dans les yeux. Je te jure. Assis, il m'a regardée droit dans les yeux. Il est retombé et il est parti. Ce regard, je l'ai soutenu jusqu'à la fin. Ce regard-là, c'était toute la peine et tout l'amour. De la douleur de partir et, en même temps, un immense chagrin d'amour. Ce n'était pas de la peur. Seulement le regard de la mort, plein de tristesse, de profonde tristesse. Gerry est parti dignement, et ça, c'est une leçon. C'est une chose qui m'a apporté énormément par la suite. Je me suis posé la question : « Serai-je capable de partir avec une telle dignité ? »

Le lendemain, comment les choses se sont-elles déroulées pour toi et Julie ?

Une chose a été très difficile : se retrouver le premier soir après son départ, à table toutes les deux, Julie et moi, sans lui. Je faisais un steak avec des haricots verts. Nous mangions une bouchée, puis nous nous arrêtions. Nous n'avions plus faim. Nous ne mangions presque plus. Puis, c'est revenu petit à petit. Julie me disait : « Tu te souviens comme papa aimait ça ? » C'étaient des façons de se le rappeler.

Qu'est-ce qui s'est avéré le plus difficile pour toi, les jours suivants ?

Après le départ de Gerry, ce sont les matins. Ouf ! Refaire face à la vie jour après jour. Certains matins, je ne voulais pas me lever. Mais je devais le faire pour Julie parce qu'elle allait à l'école. Je me recouchais. Je me remettais les couvertures sur la tête. Je me relevais peu de temps avant qu'elle revienne. Je n'avais qu'une envie : d'être arrivée au soir. D'être dans mon lit, de poser mes couvertures sur moi et de dormir le plus longtemps possible. Après sa mort, la moitié de moi était partie avec lui.

As-tu consulté pour t'aider à surmonter l'insurmontable ?

J'ai vu la thérapeute cinq ou six fois. En fait, je l'ai vue à cause de ma fille. Normalement, j'étais là pour elle, mais je... Il y avait un blocage. Je n'en pouvais plus. Je n'avais plus d'amour. J'avais l'impression que je ne pouvais plus...

Un long silence s'installe. Elle n'ose pas croire ce qu'elle est en train de dire. Et pourtant, c'était ça qu'elle ressentait.

... aimer ?

Aimer ! C'est ma fille quand même ! Je ne pouvais plus la serrer dans mes bras. J'avais l'air d'un bout de bois, d'une pierre. J'étais vide. J'étais dans un tel état que je n'avais plus d'amour en moi. J'avais l'impression de ne plus pouvoir aimer. Que je n'en étais plus capable, même ma fille. Pourtant, je l'aimais. J'ai alors consulté pour la première fois de ma vie.

As-tu eu peur de basculer dans la folie ? T'es-tu demandé si tu étais en train de devenir folle ?

Folle, non, il ne faut pas exagérer. Ce serait beaucoup dire. Mais j'étais d'une grande fébrilité. Peu de temps après le départ de Gerry, quand j'étais seule à la maison, je sentais qu'il fallait que je parle à quelqu'un. Je prenais le téléphone. Je décrochais. Je ne savais plus à qui parler. Je ne savais plus les numéros.

Je raccrochais et je redécrochais. J'ai connu une période où j'avais l'impression de divaguer.

Julie avait huit ans. Comment a-t-elle vécu le départ de son père ?
Elle restait forte durant la maladie de son père. Elle n'a jamais pleuré devant lui. Mais après le départ de Gerry, quand Julie revenait de l'école, la première chose qu'elle me disait, c'était : « Tu as encore pleuré. Tu as les yeux rouges. » Elle était parfois dure avec moi. La psychologue que j'ai consultée m'a dit qu'elle pouvait s'occuper de ma fille. J'en ai parlé à Julie, qui m'a répondu : « Si tu en as besoin, maman, c'est ton affaire. Parle-lui. Mais moi, tout est en dedans. » La psychologue m'a dit de ne pas insister, ça ne servait à rien.

Penses-tu qu'elle en garde des séquelles, aujourd'hui, à vingt-trois ans ?

Elle devient silencieuse. Elle ne semble pas trop vouloir entrer dans les secrets de sa fille. Mais elle tient à répondre quand même, par politesse.

Il y a une blessure, c'est sûr, comme chez tout enfant de huit ans qui perd son père. D'autant qu'elle était très complice avec lui. C'était vraiment effarant. Gerry le disait : « Elle est comme moi, "tabarnack" ! » Ils allaient pêcher, magasiner. Gerry était plus père poule que moi je pouvais être mère poule. Quand elle se faisait un petit bobo, il la plaignait et lui mettait toujours, et tout de suite, un pansement. Moi, je la regardais et je lui disais que ce n'était rien. Les cheveux de Julie, ça ne pouvait être que son père qui les lui lavait, parce que moi, je lui faisais mal : apparemment, je les lui tirais. Quand elle a eu deux ans et demi, ou trois ans, il arrivait qu'elle me demande : « Papa, il est parti longtemps ? Il revient quand ? » Il était parti en tournée ou il avait disparu deux jours. Mais je répondais : « Écoute-moi, tu sais, papa, c'est en qualité et pas en quantité qu'il faut l'aimer. C'est pas grave qu'il soit absent, du moment que, quand il est là, il est très présent. » Aimer Gerry, ça voulait dire ça aussi. Pour répondre à ta question, elle garde des séquelles en dedans d'elle. Elle parle de son père de temps en temps. Julie est introvertie, comme l'était Gerry. Moi, je suis beaucoup plus extravertie. Elle a ses secrets, et elle vit avec. Au début, je sentais qu'il ne fallait pas que je lui parle de ça. Elle devait assimiler, et ça lui a pris beaucoup de temps avant de pouvoir vraiment s'exprimer sur son père.

Dans cette relation, tu as fait preuve de beaucoup d'abnégation envers Gerry. As-tu l'impression qu'en plus de vivre le vide causé par l'absence, tu devais apprendre à te donner à toi ?
Probablement, oui. L'important, c'est de se redécouvrir. De toute façon, la vie n'est plus la même. Il faut fonctionner. D'un seul coup, j'avais la responsabilité de Julie et celle de voir à mes affaires. Gerry m'avait laissé des choses à faire. Je me demandais si j'en étais capable et si j'en avais envie aussi.

En avais-tu envie ?
Sur le coup, non. J'étais vraiment dans une grande détresse. Et elle a duré pas mal de temps. Et puis, il y a eu le livre sur Gerry. Ça m'a fait du bien, parce que j'en parlais. C'était une forme de thérapie. L'auteur du livre, Mario Roy, m'a souvent vue pleurer, car j'avais des moments difficiles. Je me racontais à quelqu'un que je

ne connaissais pas. Ce n'était pas comme à une amie. Je pense que les gens qui ne parlent pas beaucoup, c'est parce qu'ils ont peur de déranger, de radoter.

As-tu vendu la maison à Longueuil, où vous viviez tous ensemble, parce qu'il y avait un peu trop de souvenirs ?
Ce n'était pas que ça. Mais je dois dire que ça m'a fait du bien d'avoir changé de lieu. Souvent, je sentais Gerry entrer par la porte de la cuisine. De me retrouver dans cette maison toute seule avec tous les souvenirs, c'était trop.

As-tu longtemps gardé les objets qui lui appartenaient ?
Je n'ai pas fait une exposition de Gerry sur les murs. Les disques d'or, etc. Je n'ai pas besoin de tous ces souvenirs. Gerry est dans mon cœur bien au chaud. J'aime bien cette photo, parce que Gerry n'a pas toujours le même regard. Il me parle sur cette photo.

Je remarque une seule photo de Gerry dans la cuisine, comme s'il veillait bien sur elle.

Qu'as-tu fait de ses affaires ? As-tu réussi à t'en séparer ?
J'ai donné les vêtements à son frère, qui avait le même gabarit que Gerry. Je n'ai pas fait ça le lendemain, j'ai attendu quelques mois. Il n'y a pas si longtemps, dans la table de chevet, j'ai trouvé des écouteurs dont il se servait. Je les ai posés dans ma main. Il y avait un de ses cheveux. Ça va paraître ridicule, je l'ai pris et je l'ai senti. Je l'ai regardé. Je l'ai tiré. Je l'ai enroulé autour de mon doigt. Je l'ai touché, mais je l'ai pas mis dans un écrin. Quand Gerry est parti, il avait tous ses cheveux. C'était tellement important pour lui.

Crois-tu que le corps s'en va, mais que l'esprit reste ?
Moi, j'ai envie de le croire. Avant, je ne me serais jamais posé la question, mais ayant perdu un être cher, je me suis mise à le croire.

Ça te rassure de le penser ? Cela te réconforte-t-il ?
Oui. Oui. Oui. Parce que c'est comme un ange gardien. Il est quelque part, là.

Quelle est ta philosophie de vie depuis le départ de Gerry ?
J'ai envie de vivre. J'ai envie de continuer d'aimer. Je ne veux pas être aigrie, c'est une chose qui fait vieillir l'âme. Je suis contente des petits bonheurs tout simples.

En 1999, après plusieurs examens, on t'a diagnostiqué la sclérose en plaques.
Ce fut un choc. Je me suis dit que c'était une chance que cela ne me soit pas arrivé avant. J'aurais eu peur de ne pas pouvoir assumer l'éducation de Julie. Je ne connaissais rien sur cette maladie. Je ne savais pas jusqu'à quel point j'étais atteinte. Je marchais et j'étais très alerte. Petit à petit, la maladie s'est installée et la féminité en prend un coup...

Pourquoi la féminité en prend-elle un coup ?
Je boite. Je me déplace avec une canne. Je n'arrive plus à mettre les mêmes souliers. Il y a une extrême fatigue. Je suis plus émotive. Je suis à fleur de peau.

Comme j'ai la forme progressive dégénérative de la sclérose en plaques, je ne sais pas ce qui peut arriver.

Crois-tu pouvoir établir un lien entre le départ de Gerry et la naissance de cette maladie?

Je ne pourrais pas l'affirmer, mais, un jour, j'ai consulté quelqu'un qui m'a dit: «Vous êtes en train de vous déshydrater. Tout part en vous.» Après le départ de Gerry, je ne pouvais plus manger, je ne pouvais plus dormir. Tout a été violent dans le cœur, dans la tête et dans le corps. Tout était atteint. La sclérose en plaques est une maladie qui atteint le système nerveux central. Cette maladie est plus fréquente chez les femmes que chez les hommes. Habituellement, c'est une maladie qui touche les jeunes gens. Moi, je l'ai eue plus tard. Est-ce pour cela que je ne suis pas encore sous médication? Je ne sais trop. La maladie, d'une personne à l'autre, progresse différemment.

Si Gerry était encore de ce monde et s'il avait su, comment aurait-il réagi?

C'est drôle, ce que tu me demandes, car je me suis déjà posé la question. L'autre jour, quand je suis sortie avec la sœur de Gerry, je lui ai dit: «Je suis contente que Gerry ne m'ait pas connue avec cette maladie.» Elle m'a répondu: «Mais si Gerry était encore là, tu ne l'aurais pas eue.»

As-tu fait la paix avec cette nouvelle réalité?

Non, pas encore. Il y a des moments où je ne l'accepte pas. Actuellement, je suis dans une période où je l'assume plus. C'est comme ça, cela fait partie de ma vie. Il est certain que je ne sais pas comment je serai dans 10 ans ou peut-être moins. Aurai-je une «marchette» ou un fauteuil roulant? Parce que c'est ça, la réalité de cette maladie, mais je veux rester forte et espérer.

Parfois, en as-tu voulu à la vie?

Oui. L'essentiel, c'était que... Encore là, tu vois, je fais de l'abnégation. Mon objectif de vie, c'était que ma fille soit en santé. C'était de l'amener là où elle est. Je vais avoir 60 ans, ce n'est pas vieux, mais j'ai eu une vie bien remplie.

Tu parles comme si tu étais rendue à destination?

Je ne suis pas encore arrivée à destination, mais la maladie m'a amenée à y songer. Le jour où ça arrivera, je serai contente de retrouver Gerry. Je sais que je le retrouverai. Il m'a donné rendez-vous.

C'est sur ces mots que s'est terminée l'interview. Il n'y avait rien à ajouter, tout avait été dit. Elle m'a servi un autre thé vert, on se reverra peut-être dans 15 ans.

Gaston Lepage
Vivre avec le souvenir

«J'ai vu rentrer l'avion de Jean-Claude et de Marie-Soleil dans les arbres, et il s'est posé. [...] Ça s'est fait relativement en douceur.[...] Le feu s'est déclaré dans l'avion quatre secondes après son atterrissage forcé. À ce moment-là, j'ai crié dans mon microphone: "Sors de là, sors de là, sors de là." [...] C'est impossible à croire ! Tu ne veux pas croire que c'est arrivé. C'est trop. [...] C'est terrible, je ne voudrais pas revivre une situation semblable. »

Gaston Lepage
Vivre avec le souvenir

Nous en sommes à notre première rencontre. Il m'a donné rendez-vous à un héliport, à deux pas de chez moi. J'aperçois au loin son hélicoptère, il s'approche de plus en plus. Le voilà qui pose l'appareil, j'écarquille les yeux pour mieux voir, je suis complètement abasourdi.

Un homme à la barbe grisonnante m'accueillit et m'indiqua le chemin pour me rendre à l'appareil et, sitôt arrivé, je m'engouffrai à l'intérieur. Courtoisie d'usage, Gaston m'expliqua les rudiments de sécurité et de pilotage, et, en quelques secondes, le tour était joué, nous volions. J'étais comme un gamin, j'arrivais à peine à contenir mon exaltation et à contrôler ma peur des hauteurs. Nous nous sommes perdus dans l'immensité du ciel où un soleil de plomb dominait largement. Le vent du nord se faisait bien sentir et entendre. Nous survolions une dizaine d'îles vierges, il me demanda d'en choisir une où je souhaiterais atterrir. J'ai désigné celle qui m'apparaissait singulière.

Pendant le trajet, jamais nous n'avons effleuré le sujet de la mort de ses amis Jean-Claude Lauzon et Marie-Soleil Tougas. Chaque chose en son temps. La discussion a porté essentiellement sur la satisfaction qu'il éprouve à piloter et la liberté que cette activité lui procure. Il parlait de son joujou avec une réelle fierté. Au bout de dix minutes, nous avons atterri. J'étais étonné que cette manœuvre se fasse avec autant de légèreté.

Gaston avait apporté deux chaises pliantes, nous nous sommes installés sur un bout de terre ferme sur l'île, aux abords du fleuve Saint-Laurent. Le vent était glacial. Le moment était venu de parler de cette journée fatidique. Dorénavant, il devait vivre avec le souvenir.

Vous partagiez entre amis un camp de pêche et de chasse. C'était un lieu important pour vous tous. C'était une occasion particulière de vous réunir ?
Nous nous y rendions plusieurs fois l'été jusqu'à la fin de l'automne. C'était et c'est encore un endroit privilégié, loin de tout. Juste l'odeur de la forêt serait suffisante pour que j'y passe beaucoup de temps. La pêche, la chasse, le bon vin. La sainte paix, quoi ! Nous « piquions de grandes jasettes » sur tous les sujets possibles.

Pourquoi ce coin du Québec en particulier ?
J'aime savoir que le territoire sauvage m'est toujours accessible. J'aime les grands espaces. Au nord, après Chibougamau, il n'y a pratiquement plus rien jusqu'en Russie. Quelques villages autochtones ou inuit, c'est tout.

Gaston, le 10 août 1998, à 9 h 30 le matin, vos vies ont toutes basculé. L'avion de vos amis Jean-Claude Lauzon et Marie-Soleil Tougas effectue un atterrissage forcé, et il prend feu. Ils perdent la vie sous tes yeux et ceux de Patrice L'Écuyer. Y a-t-il eu des signes annonciateurs de quelque chose d'anormal ?
Non, pas du tout. Les conditions étaient bonnes pour le Grand Nord. Cependant, il y avait des vents importants de 20 à 25 nœuds et des montagnes. Mais rien ne laissait présager un tel événement.

Quelques jours après l'accident, tu as donné une conférence de presse aux côtés de Patrice L'Écuyer. D'ailleurs, c'est le seul moment où tu as parlé. C'était aussi l'occasion de dire que Jean-Claude Lauzon n'était pas un mauvais pilote et qu'il n'était pas si téméraire qu'on le laissait croire. Pourquoi tenais-tu à apporter cette précision ?

Aujourd'hui, je ne m'explique pas encore le pourquoi de cette catastrophe. Le geste qu'il a fait en pilotant son appareil n'a pas été accompli par bravade. Jean-Claude avait une réputation de mauvais garçon. Parfois, c'était vrai. Ça lui arrivait de faire souffrir ses blondes, et, en même temps, il les comblait. C'était un gars extrémiste.

Le Bureau de la sécurité des transports n'a jamais parlé d'une manœuvre téméraire de sa part, bien au contraire.

En fait, dans ce rapport, ils ont retenu l'explication que j'avais donnée selon laquelle il avait dû se passer un événement fortuit avant que Jean-Claude ne fasse ce virage fatal à gauche. Peut-être que Marie-Soleil avait mal au cœur. Une fois, nous nous étions posés parce qu'elle avait des nausées. Elle avait quitté l'avion et elle vomissait ses tripes parce que ça brassait un peu. Alors, j'imagine qu'il s'est peut-être retourné pour prendre un sac à vomir. Jean-Claude s'occupait beaucoup de ses passagers. Quand quelqu'un montait à bord de son appareil, il donnait toutes les recommandations à suivre dans différentes situations. Marie-Soleil avait aussi son brevet de pilote depuis peu, donc elle connaissait le fonctionnement d'un avion.

C'est une des hypothèses qui ont été soulevées ?

Cela expliquerait qu'il ait été déconcentré et qu'il ait perdu de vue la montagne pendant un certain temps. À ce moment-là, je lui ai dit : « "Checke" la montagne », car son avion s'en allait en ligne droite. Il fallait qu'il vire à gauche ou à droite. Il a réagi immédiatement. Il devait faire comme une espèce de circuit rectangulaire. Alors que ça semblait aller à droite, il a viré à gauche, vent de dos. L'appareil s'est replacé une fois établi en vent de dos. Alors, j'ai dit à Patrice : « C'est correct, il a fait virer son appareil. » L'avion n'avait pas l'air de perdre de la vitesse. Je me demandais pourquoi il cabrait et pourquoi Jean-Claude tirait autant sur le manche. Alors, j'ai lancé à Patrice : « Qu'est-ce qu'il fait là ? » Nous étions sur le bord de la vitesse de décrochage, et nous avions un vent de dos. Le vent n'était plus sur le devant de l'aile, ce qui crée la portance, mais en arrière. Dans ces conditions, l'avion peut décrocher. Quand un avion décroche près du sol, il faut une certaine altitude pour récupérer. Dans ce cas-ci, l'avion de Jean-Claude était trop près du sol pour récupérer. Alors, il a probablement décidé de se poser, le plus gentiment possible. Il s'en croyait capable parce qu'il avait déjà effectué ce genre de manœuvre auparavant. S'il avait été au-dessus de l'eau, il n'aurait pas eu de problème.

Il demeure très rationnel dans ses explications. Il ne laisse pas l'émotion prendre le dessus.

Étais-tu toujours en communication avec lui ? Lui faisais-tu part de tes commentaires et tes réactions ?

Non, non. Je réfléchissais tout haut. J'avais l'illusion qu'il était beaucoup plus loin de la montagne et des arbres. J'ai vu rentrer l'avion de Jean-Claude et de Marie-Soleil dans les arbres, et il s'est posé. La queue de l'appareil s'est soulevée sous l'impact. Ça s'est fait relativement en douceur. J'étais certain qu'ils n'étaient pas blessés. Alors, j'ai dit : « Il faut aller les chercher. » Nous circulions au ralenti sur la rivière en cherchant à accoster du côté de l'accident. Nous devions être vigilants parce que de grosses roches pointaient dans l'eau et auraient pu percer nos flotteurs au moindre effleurement. Nous voulions accoster, mais le feu s'est déclaré dans l'avion de Jean-Claude quatre secondes après son atterrissage forcé. À ce moment-là, j'ai crié dans mon microphone : « Sors de là, sors de là, sors de là. » Ils ne répondaient pas.

Patrice L'Écuyer et toi, vous avez été témoins de l'accident. Quelle a été votre première réaction ?

C'est impossible à croire ! Tu ne veux pas croire que c'est arrivé. C'est trop. Nous étions obligés de fonctionner comme sur l'automatique. Nous ne pouvions pas y croire. Ça ne se pouvait pas. Ça ne pouvait pas être arrivé. Nous ne voulions pas que ce soit arrivé. C'était trop. Trop, c'est trop. C'est comme se faire couper un bras par un train. Ça ne se peut pas. Tu ne le croirais pas, si ça t'arrivait. C'était la même chose.

As-tu eu peur de ne pas pouvoir leur porter secours, puisque tu étais à une bonne distance d'eux ?

Dès que le feu s'est déclaré, je savais que ne nous pourrions rien faire pour les sauver. J'étais sûr d'en être incapable. Accoster à cet endroit était impossible à cause des grosses roches. Nous aurions pu faire couler notre avion. En plus, ça m'aurait pris, à la course, au moins 45 minutes pour arriver jusqu'à eux, et à cause des arbres, nous n'aurions jamais été certains d'aller dans la bonne direction. Dans ce secteur, les montagnes sont rondes, et ça monte tout le temps en arrondissant un petit peu. C'est long avant d'arriver en haut. Ils étaient trop loin de nous pour que nous puissions faire quoi que ce soit. La seule chose qui leur restait à faire, c'était de prendre leur sort en main et de sortir de l'appareil en feu. Après, nous aurions pu nous occuper d'eux.

Croyais-tu qu'ils étaient encore vivants ?

Ah ! Oui ! À ce moment-là, je ne voyais pas ce qui se passait à côté du feu. J'espérais seulement qu'ils avaient eu le temps de sortir de l'avion. Je me disais que s'ils étaient blessés, on aurait besoin d'un autre type de secours que le mien. De toute façon, je n'aurais pas pu monter et redescendre à pied. J'ai donc décidé de redécoller pour demander de l'aide. Le décollage a été assez *crocker* (sur les chapeaux de roue). La rivière n'était pas très large, et le vent causait de grosses vagues. Nous avons pris de l'altitude. Le vent descendant nous poussait. Il y avait de fortes bourrasques.

Dans quel état étais-tu ?

J'étais nerveux.

As-tu réussi à obtenir du renfort ?

J'ai appelé au secours à plusieurs reprises sur des fréquences, à la radio, qui sont utilisées dans le Grand Nord par les opérateurs d'hélicoptère. Je me suis dit : « Je peux tomber par hasard sur une fréquence, parce que c'est grand, c'est

Il regarde au loin. Il me donne ses impressions, et je perçois, malgré une certaine retenue, tout le désarroi provoqué par ces événements.

Une pause, et, dans son regard, je lis toute l'impuissance qu'il a ressentie de ne pouvoir leur porter secours. Je suis fasciné de voir à quel point il se souvient de tout dans les moindres détails.

énorme. Tu parles, et, à des centaines de milles, quelqu'un te répond. Une fois sorti des montagnes, j'ai pu rejoindre deux pilotes d'hélicoptère qui se trouvaient à deux endroits différents, et je leur ai demandé de venir m'aider. Je leur ai expliqué la situation. Je leur ai donné la latitude, la longitude. Je suis resté là, le temps qu'ils arrivent. J'ai vérifié mon essence, je n'en avais pas pour bien longtemps. Les deux pilotes ont mis trois quarts d'heure pour se rendre. Ils ont atterri à 100 mètres de l'accident. Ils se sont rendus sur les lieux. Quand ils sont revenus, ils avaient quelque chose dans la voix... Ça ne devait pas être beau à voir. L'un des pilotes m'a dit : « On y est allés, et il n'y a pas de survivants. »

Comment as-tu réagi à cette annonce irrévocable ?

Il confirmait ce que je refusais de croire. J'éprouvais une grande tristesse, un déchirement indescriptible. Mais, malgré cela, nous devions revenir à la pourvoirie.

Et Patrice ?

Je pense qu'il a réagi comme moi. Heureusement qu'il était là. Je n'ai pas eu à vivre ça tout seul. Nous nous supportions mutuellement dans la douleur.

Par la suite, qu'as-tu fait ?

J'ai redécollé. J'avais peur de manquer d'essence. Dans les réservoirs, nous avions juste ce qu'il fallait pour rentrer à la pourvoirie. Je me concentrais sur les petites aiguilles. Selon leur position, nous serions peut-être obligés de nous poser sur un lac. Nous n'avions pas de téléphone satellite. Nous nous sommes dirigés vers Maricourt, parce que nous savions qui en possédait un, là-bas. Nous sommes rentrés « sur les vapeurs », comme on dit. Nous avons eu juste assez d'essence. Lorsque nous nous sommes posés, il faisait grand vent. Nous avons eu de la difficulté à accoster. Nous étions incapables de faire virer l'avion.

As-tu eu peur qu'une catastrophe semblable vous arrive, à vous aussi ?

Jamais.

Dans la vie, es-tu pragmatique ?

Oui.

Crois-tu que d'être émotif aurait nui au moment du drame ?

Non, parce qu'il y a deux hémisphères dans notre cerveau : Un qui travaille et l'autre qui ne peut pas rester insensible à ce qui se passe. On ne peut pas contrôler les sentiments. Mais je faisais ce qu'il fallait pour ne pas me « péter la gueule ». Le bon Dieu a été bon pour nous. Nous aurions pu faire des erreurs, parce que nous n'étions pas totalement présents, mais les techniques de pilotage sont tellement automatisées dans notre esprit que, finalement, nous marchions sur l'automatique.

L'étape suivante a été d'annoncer la nouvelle aux proches. Ça a été un moment difficile pour toi ?

Ça a été extrêmement difficile, parce que j'étais incapable de parler. Quand nous sommes arrivés à Maricourt, les gens nous ont vus, ils nous ont demandé : « Vous

Nous sommes face à face, l'entretien se fait sans faux-fuyants. Il prend le temps de répondre à chacune de mes questions.

revenez de bonne heure, vous ne campiez pas là-bas ? » Je leur ai répondu : « Oui, mais il y a eu un accident. Nos amis sont décédés. »

Qui as-tu appelé en premier ?

Ma blonde, Louise. Je l'ai contactée. Elle a dit : « Comment ça va ? » J'ai répondu : « Louise, c'est épouvantable, Jean-Claude a eu un accident. » Elle a commencé par dire : « Pas encore ! » Il en avait déjà vécu un quatre ans avant au lac Louise. Puis, j'ai ajouté : « Mais ils sont morts tous les deux. » Elle n'y croyait pas, alors j'ai poursuivi : « Oui, c'est ça. Ils sont morts. Ils sont morts. » Nous pleurions au téléphone, à 20 piastres la minute. Nous avons vidé la batterie. Plus rien n'avait d'importance. C'est terrible, je ne voudrais jamais revivre une situation semblable. Jusqu'à présent, j'avais été chanceux dans ma vie, parce que les gens qui sont morts dans mon entourage, ça faisait un bout de temps que je ne les voyais plus. C'était donc moins difficile à vivre.

Il fallait revenir chez vous. Comment votre retour s'est-il effectué ?

J'ai laissé mon avion là-bas. Je n'avais vraiment pas envie de revenir avec. Ça aurait pris beaucoup trop de temps. Je devais trouver un moyen plus rapide de revenir près des miens pour expliquer ce qui s'était passé et me réconforter auprès d'autres personnes qui partageaient la même amitié avec Jean-Claude et Marie-Soleil. Nous sommes revenus avec un avion de brousse qui est venu nous chercher. Le temps étant très mauvais, nous avons dû attendre une journée avant de pouvoir partir. L'attente a été infernale. Il n'y avait rien à faire à la pourvoirie où nous étions. Après, il y a eu l'enquête. Quand l'hydravion est enfin arrivé, il transportait des gens et, parmi eux, il y avait un ministre, je ne me souviens plus lequel. Il s'est retrouvé face à nous. Lui, il savait à propos de Jean-Claude et Marie-Soleil.

Les médias s'étaient emparés de la nouvelle ?

À Montréal, c'était le cirque médiatique. Comme nous n'avions pas la radio où nous nous trouvions, nous ne savions pas trop ce qui se passait. Cependant, la nouvelle était partie de la police de Kuujjuaq. Les policiers voulaient connaître le nom des victimes. Quand je le leur ai dit, un des policiers m'a demandé : « Marie-Soleil ? Êtes-vous sérieux ? » Je lui ai répondu : « J'aimerais que ce soit une blague, mais ce n'en est pas une. » Je l'ai prié de ne pas en parler, parce qu'il restait des gens à prévenir. Malheureusement... la mère de Marie-Soleil a appris la nouvelle en regardant la télévision.

Il est encore troublé par l'invraisemblance de la situation.

Comment a-t-on pu aller chercher les corps ?

Ils ont envoyé des hydravions. Des gens ont grimpé dans la montagne, et ils sont allés chercher les corps. Un ami qui travaille pour la police a effectué toute sortes d'analyses. Il avait réussi à déterminer que Jean-Claude avait vécu au moins 30 secondes après l'impact. Sa trachée n'était pas carbonisée. Ils ont pu y trouver de la suie à l'intérieur, preuve qu'il avait respiré. Alors que pour Marie-Soleil, c'était impossible à déterminer. Mon *chum* policier m'a dit : « Gaston, tu es mieux de ne pas avoir vu ça. Ça ne t'aurait rien donné. » Je n'ai pas voulu voir, ça ne m'intéressait pas. Nous avons appris dans le rapport que Marie-Soleil était détachée. Donc, elle avait eu le temps de le faire, ou Jean-Claude l'avait fait pour elle. Ils avaient commencé à vouloir sortir de l'avion. On peut imaginer tout ce qui s'est passé durant les 30 secondes qui ont suivi l'impact. C'est de la torture, de vouloir repenser à ça. Il y a des fois, tu ne peux pas t'en empêcher. Mais, je me suis sorti assez rapidement de l'horreur de cette histoire.

Le souvenir est encore à ce point palpable ?

Ah oui, le souvenir de tout l'accident. Je l'ai revécu je ne sais pas combien de fois. Quand je t'en parle, là... oui, je le revois. Mais avant, je le revoyais la nuit. Ça me hantait. Patrice et moi, nous avons été les plus rapides à nous sortir de cette tragédie.

Comment l'expliques-tu ?

Parce que nous avons vu toute l'affaire, d'un bout à l'autre, y compris le cirque médiatique qui a suivi, et nous l'avons assumée. Ça a duré une semaine – qui a été infernale – et après, nous avons récupéré. Par ailleurs, nous avions des tâches professionnelles à accomplir, chacun de notre côté. Alors, je devais me concentrer sur autre chose.

Le fait de pouvoir faire diversion t'a aidé ?

Sûrement.

Qu'est-ce qui s'est avéré le plus difficile dans ton deuil ?

Avoir à expliquer aux amis que je n'avais rien pu faire pour empêcher le drame.

Un long silence, et nous reprenons notre souffle.

Y a-t-il eu deux deuils à faire : l'accident et le départ de Jean-Claude et de Marie-Soleil ?

Comme l'un cause l'autre, c'est la même chose. Ils ne font qu'un. Avec le temps, la peine et la douleur s'estompent. Mais le souvenir de l'événement et de l'émotion qu'il a suscitée est resté ancré en dedans, comme la lave d'un volcan qui se refroidit et qui finit par boucher le trou de plus en plus profondément. Après un certain temps, on ne voit plus le volcan, on voit la montagne qu'il a laissée et qui, elle, témoigne de la tourmente passée.

Patrice et toi, vous êtes-vous reparlé de ces événements ?

Bien sûr. Mais nous n'en avons pas parlé beaucoup. Nous avons vécu la même chose au même moment. Une simple allusion, et nous revoyons toute la catastrophe. Nous conservons une attitude sereine face à cela. Que veux-tu, nous aimons la vie.

Es-tu retourné sur les lieux de l'accident ?

Sur les lieux mêmes, non. J'ai voulu aller m'y poser, mais, finalement, la météo m'a empêché de le faire. La queue de l'avion de Jean-Claude y est encore. Je suis allé à la pêche à quelques milles du lieu de l'accident, d'où nous étions partis juste avant les événements.

Comment as-tu vécu l'absence de Jean-Claude ?

Ça, ça a été plus difficile. Nous avions une relation particulière, Jean-Claude et moi. Nous ne nous voyions pas pendant deux mois, puis nous nous côtoyions tous les jours pendant six mois. Nous nous chicanions et nous nous revoyions. Louise disait de nous: «Ah, le vieux couple!» Nous avions un camp de pêche ensemble en Haute-Mauricie. Après sa mort, au début, quand j'y retournais, Jean-Claude n'y était pas. Il n'y viendrait plus. Ce sentiment est assez spécial. Je me souviens quand je montais au camp, il me lançait: «Je vais peut-être y aller.» Finalement, il arrivait avant moi. Je lui disais: «Ah, tu es déjà là!», et il me répondait: «Ah, oui! J'ai décidé de venir.» Une autre fois, il était entré dans le campement en disant: «Je ne bouge pas d'ici avant une semaine. J'suis écœuré.» Une heure plus tard, il était reparti. Son signe astrologique était Balance, il était extrêmement impulsif.

Dans la vie, qu'est-ce qui te rappelle le plus Jean-Claude?
Un peu tout: le camp, la pêche, la chasse, les grands voyages dans le Nord, nos amis communs, le cinéma et le pilotage.

Maintenant, est-ce à cause de l'accident d'avion de Jean-Claude que tu pilotes un hélicoptère?
Peut-être un peu, puisque ce sont deux hélicoptères qui sont venus à leur secours. Mais j'avais pris quelques leçons plusieurs années auparavant et je savais qu'un jour, j'apprendrais à en piloter un. Je suis sûr que Jean-Claude serait devenu lui aussi un pilote d'hélicoptère.

As-tu parlé de ton deuil à ta conjointe, Louise?
Je lui ai raconté l'histoire en détail. Mais, je ne parlais pas de comment je me sentais. Je lançais simplement quelques mots: «Je «*feel*» pas. Aujourd'hui, c'est "plate". Il y a quelque chose qui manque.» C'étaient nos conversations sur le sujet.

Comment Louise a t-elle vécu son deuil?
Elle était plus volubile que moi sur le sujet. Elle a été incapable de retourner au camp pendant deux ans. Quand elle y est revenue, ça a été un moment difficile pour elle. Après, ça s'est calmé, et nous avons du *fun* à aller au camp.

Que reste-t-il de cette histoire?
Ce qu'il reste, c'est l'histoire. Ce qui reste, c'est l'événement. Ce qui reste, c'est le souvenir du gars et de la fille qui riaient et qui avaient du *fun*.

Crois-tu à la vie après la mort?
Probablement. Mais est-ce que l'âme est vivante? Pas sûr. Peut-être que les humains ont une seule âme tous ensemble. Un seul esprit qu'ils se partagent entre les milliards de corps humains.

Et l'éternité, tu y crois?
Des fois oui, des fois non. Je cerne difficilement cette notion d'éternité. C'est un concept inventé par la religion. Et comme les religions ont tué pas mal de monde depuis le début des temps, j'ai un doute sur leurs inventions.

Tu as perdu d'autres amis qui sont décédés à la suite d'accidents d'avion. Est-ce que, d'une fois à l'autre, ça atténue ton goût de piloter?
Non. Piloter est un trop grand privilège pour que je puisse l'abandonner. J'ai aussi perdu des amis dans des accidents de voiture et, pourtant, je conduis toujours.

Nous plions les chaises, nous embarquons dans son hélicoptère. Il me parle des manœuvres à faire pour le décollage. On ne revient pas sur l'entrevue. Une page vient d'être tournée. Cette journée restera longtemps gravée dans ma mémoire.

Chantal Renaud et Bernard Landry
Vivre malgré tout

« Ce sont nos deuils qui nous ont unis. C'est notre réunion qui nous a consolés. J'ai eu un très grand malheur, j'ai perdu Lorraine, mais je dois le reconnaître, j'ai eu un très grand bonheur, j'ai découvert Chantal. Si ce n'était pas arrivé, je pense que le chagrin aurait été plus long et, par conséquent, plus douloureux. »

Chantal Renaud et Bernard Landry
Vivre malgré tout

Nous devions nous rencontrer au bureau de monsieur Landry, mais à quelques heures de notre rendez-vous, on m'a prévenu qu'ils m'attendaient tous les deux dans leur demeure seigneuriale de Varennes, à quelques minutes de chez moi. Dès mon arrivée, Chantal Renaud m'invita à faire le tour du propriétaire. Je découvris un endroit convivial où les murs parlent, car ils renferment des siècles et des siècles d'histoire. Une vue imprenable sur le majestueux fleuve Saint-Laurent ajoute au charme des lieux.

Cette femme a une façon inégalable de mettre son invité à l'aise. J'avais envie de fredonner: «Fais du feu dans la cheminée, je reviens chez nous», j'avais l'impression de revenir chez moi après une longue absence.

Bernard Landry termina sa conversation téléphonique et se dirigea vers moi. Dans son regard, je sentais que tout n'allait pas bien. Il venait à peine de quitter la politique active après une implication de plusieurs décennies. Cette décision semblait encore le hanter. D'autant plus que le Parti québécois était en pleine course au leadership afin de désigner son successeur. D'ailleurs, il s'était fait plutôt discret durant cette période, ce qui rendait ce moment privilégié.

Derrière la politique, il y a des hommes et des femmes qui la conduisent. Je voulais connaître davantage l'homme, celui des grandes batailles, celui qui avait rendu les armes pour de bon.

Quelques années plus tôt, il avait perdu son plus grand combat: la maladie avait eu raison de sa femme, Lorraine. Nous sommes revenus sur les dernières semaines qu'ils avaient passées ensemble à voyager, à espérer et à craindre le pire.

Pour sa part, Chantal Renaud a vécu aussi son lot de drames. Cette journée-là, elle allait, avec une franchise désarmante, aborder la mort tragique de son fils unique.

Ces deux êtres s'aiment vraiment. Quand l'un parle, l'autre écoute. À quelques occasions, j'ai senti leur envie de compléter les phrases de l'autre. C'est beau de les voir ensemble. Jean-Pierre Ferland disait: «Une chance qu'on s'a.»

Le deuil est donc à l'origine de votre lien amoureux. Comment qualifiez-vous votre relation?
Chantal Renaud – Notre histoire est très surprenante. Elle ressemble à un film de Lelouch. Moi qui suis très ironique, j'ai passé ma vie à me moquer des films de Lelouch.

Comment s'est déroulée votre première rencontre?
Monsieur Landry – J'avais rencontré Chantal une fois dans ma vie, à Paris, chez Luc Plamondon.

Chantal Renaud – On avait sympathisé surtout parce que je lui avais parlé de la fiction québécoise, que je trouvais tellement méchante envers les hommes: tous étaient lâches et tricheurs, alors que les femmes étaient sympathiques et solidaires. Ça me scandalisait.

Monsieur Landry – On avait eu cette conversation-là, mais on avait parlé aussi de l'indépendance du Québec et de l'action politique. C'étaient des échanges sympathiques, mais il n'y avait ni amitié ni complicité entre nous. Nous étions comme les autres invités à la table de Luc Plamondon, qui se rencontraient pour la première fois et qui discutaient. Puis, on s'est perdus totalement de vue pendant deux ou trois ans.

En 1998, vous apprenez que votre femme, Lorraine, est atteinte d'un cancer. Comment cette année-là s'est-elle déroulée ?
Monsieur Landry – Nous avons passé une année infernale. Lorraine avait subi deux interventions chirurgicales. Nous avons connu le désespoir. Vers le début de 1999, nous avons senti que la bataille ne serait pas gagnée facilement, pourtant nous avons eu un bon espoir, lorsque le médecin nous a dit que la radiothérapie et la chimiothérapie pouvaient être curatives. Il ne nous a pas brutalement découragés dès le départ. Il nous a laissé un espoir, et probablement qu'il avait raison, sur le plan professionnel. Alors, nous avons vécu de cet espoir, au point où Lorraine a même repris son travail après un certain nombre de mois d'inaction. Nous avons sérieusement pensé qu'elle s'en tirerait. Tout à coup, les médecins ont décelé des métastases au foie. Des amis oncologues m'ont dit que ce type de métastases était fatal. Devant l'extrême gravité de la situation, nous avons décidé de voyager, on adorait ça. Ce serait peut-être le dernier [voyage] de notre vie commune, on se l'est dit carrément.

Il évoqua certains souvenirs avec beaucoup de délicatesse.

Quelle a été votre destination ?
Monsieur Landry – Nous sommes allés en Provence. Un ami commun m'a appris que Chantal Renaud possédait une maison en Provence et qu'il pourrait être intéressant de la louer. Alors, l'ami a fait le relais entre Chantal et moi, et nous sommes partis en Provence. C'est une maison extraordinaire, située à Saint-Rémy-de-Provence. Lorraine et moi avons visité la région. Nous avions loué une voiture et nous avons vu tout ce qu'il y avait de beau à admirer.

Chantal Renaud – C'est en mai 1999 que j'ai vu Lorraine pour la première fois. Deux mois avant sa mort. Elle est morte le 18 juillet. Si je n'avais pas su qu'elle était malade, je ne l'aurais pas deviné. C'était une belle femme radieuse.

Monsieur Landry – C'est vrai qu'elle était radieuse et bonne voyageuse. On est allés à Nîmes, aux Saintes-Maries-de-la-Mer, c'était vraiment fabuleux. On allait dans les bons restaurants, et elle mangeait normalement. Quand je revois cette période, je trouve qu'elle avait un courage inouï.

Chantal Renaud – C'est à ce moment-là que j'ai vraiment eu un coup de foudre pour elle. Bernard, c'était l'homme à côté d'elle. Je n'avais strictement aucune attention pour lui.

Chantal Renaud, Lorraine vous a t-elle parlé de sa peur de mourir ?
Chantal Renaud – Oui, pendant le peu de temps que j'ai passé auprès d'elle, on en a beaucoup parlé. Elle avait très peur de mourir. Un jour, on a vécu un moment

vraiment fort : je l'ai prise dans mes bras, parce qu'elle était très inquiète. Elle avait fait une radiographie du foie, juste avant de partir en voyage, et on lui avait annoncé : «Vous avez des taches sur le foie. » Elle n'aurait des nouvelles qu'à son retour.

Monsieur Landry – On lui avait quand même dit que ces taches pouvaient être simplement des traces d'une chirurgie précédente.

Chantal Renaud – Alors qu'elle et moi nous parlions de cette fameuse radiographie et des examens, toi, tu lui as pris la main et tu lui as dit : «Écoute, si tu as des mauvaises nouvelles en rentrant, tu regretteras toujours de t'être gâché ce merveilleux voyage. Si tu as une bonne nouvelle en rentrant, tu regretteras toujours de t'être gâché ce merveilleux voyage. » J'avais trouvé cette attitude extraordinaire.

Monsieur Landry, est-ce votre façon de tirer du positif d'une situation difficile ?
Monsieur Landry – Non, j'essayais de lui transmettre une sorte de courage pragmatique. Pourtant, elle en avait pratiquement plus que moi. Elle se comportait vraiment très bien dans cette épreuve.

Chantal Renaud – Le seul souvenir de toi que j'ai de cette période-là, c'est ton calme et ton pragmatisme. Ça m'avait tellement frappée.

Monsieur Landry – J'étais bouleversé. J'étais vraiment terrorisé et j'avais peur de la perdre. Je l'avais dit à quelques personnes, dont mon premier ministre, Lucien Bouchard. Mais pour que ce voyage soit réussi et pour que la vie avec elle le soit aussi, j'avais caché mes émotions. J'ai fait semblant que tout allait bien.

Comment avez-vous réussi à dissimuler vos émotions, alors que Lorraine vous connaissait très bien et pouvait déceler la moindre émotion chez vous ?
Monsieur Landry – Je pense que j'ai réussi tout simplement par amour pour elle.

Chantal Renaud – Ils étaient très calmes tous les deux, très sereins. On ne pouvait pas imaginer qu'il se passait un drame.

Est-ce que vous parliez devant Chantal de la possibilité que Lorraine meure ?
Chantal Renaud – Non, non.

Monsieur Landry – On n'a pas parlé de la mort, mais des incertitudes, de comment il fallait tenter d'y faire face. La première fois où le mot *mort* a été prononcé, ce fut un mois et demi avant son départ. Elle m'a dit : «Je veux mourir dans tes bras. » C'est la plus belle déclaration d'amour que j'aie entendue dans ma vie.

Monsieur Landry, parlait-elle de la mort comme une éventualité ?
Monsieur Landry – Non, elle a continué la bataille autant qu'elle a pu. Elle voyait la possibilité de poursuivre sa route, et elle m'a dit cette phrase que je n'oublierai jamais.

Chantal Renaud – Elle a été très sereine jusqu'à la fin. En rentrant au Québec, elle m'a téléphoné. Un médecin, qui n'était pas le sien, lui avait dit : «Ce n'est rien, ce sont les cicatrices de l'opération.» Elle m'a laissé un long message pour m'annoncer la bonne nouvelle.

Monsieur Landry – Là, il y avait eu une erreur... Lorraine et Chantal avaient un vrai contact. Je pense même ne pas avoir eu cette conversation avec Lorraine. J'ai vu s'établir une amitié et une complicité entre elles. Elles s'étaient liées de façon extrêmement rapide. Lorraine a beaucoup aimé la personnalité de Chantal, et je pense que l'inverse est vrai aussi.

Chantal Renaud – Le jour où elle a été transférée aux soins palliatifs de l'Hôpital Notre-Dame, je lui ai parlé au téléphone et je lui ai dit: «Il faut se battre tant qu'on est vivant, car tout peut arriver. On est tout-puissant quand on est vivant.» Elle m'a répondu: «Tout va bien, et, à partir d'aujourd'hui, je vais cesser d'être une malade pour redevenir une personne.»

Que voulait-elle dire?
Monsieur Landry – Qu'elle se concentrait sur la vie, sachant très bien que c'était fini. Elle est morte quatre ou cinq jours après cet appel. Elle a dû avoir deux jours de lucidité. Après ça, comme c'est le cas dans ces circonstances, les calmants et la lutte contre la douleur finissent par emporter la conscience.

Il est très ému.
Il ne peut plus retenir ses émotions.

Chantal Renaud – C'est très dur pour l'entourage, parce qu'on ne peut pas communiquer. On ne sait pas si le malade souffre. On se surprend à souhaiter que tout s'arrête. Et en même temps on s'en veut de penser comme ça.

Monsieur Landry – Le départ a aussi été causé par une immense faiblesse, parce qu'elle n'était plus alimentée.

Monsieur Landry, à la seconde où la mort est arrivée, comment avez-vous réagi?
Monsieur Landry – C'était horrible d'envisager de ne plus jamais pouvoir parler à cette femme que j'aimais tant. Après sa mort, ça a été l'horreur pendant des mois et des mois. Comme si ma vie s'était terminée en même temps que la sienne. Je ne pouvais voir comment apprendre à vivre sans elle. Et tout ce qui était dans cette maison me la rappelait. Je me suis étourdi dans le travail, essayant de me concentrer sur les lourdes tâches, la seule façon d'échapper au chagrin et à la douleur perpétuels. Le temps arrange les choses, c'est vrai. Peu à peu et très lentement, la douleur vive qui m'empêchait presque de vivre s'est atténuée, tandis que le chagrin n'est pas parti. Maintenant, je peux enfin en parler sans avoir ce chagrin, cette colère et cette douleur intense qui ont été miens pendant des mois et des mois.

Monsieur Landry, avez-vous tenté de communiquer avec Chantal pour parler de votre peine?
Monsieur Landry – Un certain nombre de mois plus tard, j'ai entrepris un dialogue téléphonique avec Chantal, qui était toujours à Paris.

Chantal Renaud – La raison pour laquelle j'avais téléphoné à Bernard est que j'avais connu un deuil ignoble aussi, le suicide de mon fils unique. Je m'étais aperçue qu'au bout de deux ou trois mois, plus personne ne me parlait de lui. Personne ne prononçait son nom. Moi-même, autrefois, j'étais comme ça avec les autres par crainte de les chagriner. C'est une question de culture.

Monsieur Landry – Dans mon cas, c'était un peu différent à cause des enfants. J'ai trois enfants qui avaient connu le même chagrin que moi, et les petits-enfants aussi : certains étaient totalement conscients et atterrés. Dans la famille intime, évidemment, on en a parlé beaucoup. On a continué une vie de famille après le départ de Lorraine.

Chantal Renaud – Quand j'ai commencé à l'appeler et qu'on parlait de Lorraine, il pleurait, quand je lui demandais : « Comment ça se passe ? » Il me répondait : « Quand je rentre à la maison et qu'il n'y a personne, je pleure. » Je l'ai appelé très régulièrement. Chaque fois que je venais, on se voyait. On s'est mis à aller « bruncher » le week-end, on parlait du chagrin et de Lorraine. Au départ, notre relation, c'était vraiment ça.

Chantal, pensez-vous que le fait d'avoir vécu quelques années auparavant le deuil de votre mari et celui de votre fils unique vous permettait de lui apporter un meilleur réconfort ?
Monsieur Landry – Moi, en tout cas, j'ai eu cette impression-là. Ce sont nos deuils qui nous ont unis. C'est notre réunion qui nous a consolés. J'ai eu un très grand malheur, j'ai perdu Lorraine, mais je dois le reconnaître, j'ai eu un très grand bonheur, j'ai découvert Chantal. Si ce n'était pas arrivé, je pense que le chagrin aurait été plus long et, par conséquent, plus douloureux.

Chantal Renaud – À partir de là, ça ressemble à un film de Lelouch. À force de se voir et de passer du temps ensemble, nous nous sommes aperçus que nous aimions les mêmes choses, la même musique, le même théâtre, et que les mêmes choses nous faisaient rire.

Monsieur Landry – Ça n'a pas été le coup de foudre, mais un amour construit très solide.

Chantal Renaud – Absolument. Comme si on avait semé très profondément. D'habitude, on a un coup de foudre, puis au bout de deux ou trois ans, on se pose la question : « A-t-on des bases solides en tant que couple ? » Nous avons fait le contraire : on a construit les bases d'abord, puis après, on a commencé à avoir du *fun*. Cet amour est construit sur des bases très, très profondes.

À un moment, vous êtes-vous dit que seul le deuil vous unissait et que vous mélangiez les émotions ?
Monsieur Landry – Non, mais au début, ce n'était pas évident. Puis, des affinités profondes se sont additionnées et ont consolidé les sentiments amoureux que

l'on a fini par éprouver l'un pour l'autre. Ils étaient très puissants, évidemment, et ils le sont encore.

Chantal, le fait de connaître Lorraine et d'avoir partagé une intimité avec elle quelques mois avant son départ aidait-il monsieur Landry à vous parler librement de ce qu'il vivait sans nuire à la naissance de cette nouvelle relation ?
Chantal Renaud – Bien sûr, parce qu'elle en fait partie. Si elle n'avait pas été là, on ne serait pas ensemble.

Monsieur Landry – Exactement. Elle a été la cause de cette rencontre. Il y a là quelque chose de merveilleux. Elle s'en va, et grâce à elle, la suite s'organise.

Monsieur Landry, vous êtes-vous senti coupable d'aimer de nouveau après avoir tant aimé Lorraine ?
Monsieur Landry – Pas vraiment, parce que les convenances ont été respectées, ça n'a pas eu lieu le lendemain. Deuxièmement, le courage veut que la vie continue.

Il prend le temps de répondre et il exprime avec franchise ses sentiments.

Chantal Renaud – Et ce n'est jamais le même amour.

Monsieur Landry – Mes enfants et ma mère m'ont dit : « La vie continue. » Donc, quand je me suis rendu compte qu'avec Chantal la vie pouvait continuer, je n'ai pas eu le moindre sentiment de culpabilité. Connaissant Lorraine, je sais qu'elle aurait été tout à fait d'accord. Elle savait que je ne suis pas un homme à vivre seul dans la détresse perpétuelle. On en avait même parlé, elle et moi, mais dans l'autre sens. Normalement, c'est moi qui devais partir le premier. J'étais plus vieux qu'elle, et les hommes vivent moins vieux que les femmes. Alors, je lui avais déjà dit : « Lorraine, tu as une magnifique maison, tu te remarieras, tu referas ta vie. » Jamais, l'hypothèse inverse ne m'a traversé l'esprit.

Chantal Renaud – Les enfants ont eu des réactions beaucoup plus saines que les adultes, à propos de notre relation. Je m'entends bien avec les enfants, parce que je suis très ludique. Gabrielle, qui avait neuf ans, était amoureuse de sa grand-mère Lorraine. J'ai compris, dans sa perception, que je ne remplaçais personne. Lorraine laissait un trou immense, et moi, je me rajoutais de l'autre côté. Alors, on s'est adorées.

Elle a ce regard attendrissant qui apaise la situation.

Monsieur Landry – Gabrielle t'a écrit un mot extrêmement charmant pour dire merci de la joie que tu apportes dans notre famille.

Chantal, vous avez perdu votre fils unique à la suite d'un suicide. Quel genre d'enfant était-il ?
Chantal Renaud – Quand il avait huit ou neuf ans, je le retrouvais dans son lit avec un sac en plastique sur la tête, ou bien il me faisait le coup de l'apnée dans la baignoire. Je le sortais de l'eau, pensant qu'il était mort. Il a toujours parlé de suicide.

Elle est troublante de vérité.

Comment viviez-vous avec cette réalité ?

Chantal Renaud – Comme n'importe quelle mère, certaine que cela ne se produirait jamais. Parce que chez lui, c'était toujours une sorte d'humour noir. Une manière de provoquer. D'ailleurs, il s'est pendu debout. Pour lui, c'était comme un jeu, le jeu de la pendaison. Comme s'il avait joué à la roulette russe. Après le drame, un policier m'a expliqué que les jeunes se pendent debout, puis ils plient les genoux jusqu'à ce qu'ils soient au bord de s'évanouir et ils se remettent debout. Paraît-il que ça procure une exaltation extrême. Les jeunes se demandent toujours ce qui doit bien se passer la seconde d'après, et c'est la raison pour laquelle ils recommencent. J'écoutais tout ça complètement estomaquée et j'ai dit : « Patrice a donc essayé ça. » Il m'a dit : « Madame, ça ne peut pas être la première fois, sinon il ne serait pas mort. » J'ai su ensuite, par un des copains de Patrice, qu'en effet, il avait déjà essayé plusieurs fois.

Depuis combien de temps ne l'aviez-vous pas vu ?

Chantal Renaud – Quatre jours avant, je l'avais déposé à l'aéroport Roissy–Charles-de-Gaulle, parce qu'il vivait à Paris. Il s'en allait en vacances au lac, chez ma mère, au Québec. Le surlendemain, je partais en Provence, et en sortant du TGV, j'ai pris les messages sur mon téléphone portable. Patrice m'avait laissé un message sur mon répondeur avec une voix culpabilisante que je connaissais par cœur. Il disait : « Oui, bon, je suis chez Claire, tu n'as qu'à nous appeler si tu as le temps. » Comme il était six heures du soir, je ne voulais pas les réveiller. Il était minuit, au Québec. Je me suis dit : « Je les appellerai demain matin. » Mais quand j'ai reçu cet appel, il était déjà mort dans l'après-midi. Il s'était pendu entre 14 h et 15 h 30. C'est inimaginable. Il avait dit à ma mère : « Je m'en vais à la pêche. » Il a pris un morceau de fromage dans le frigo, il est parti en bateau et il n'est jamais revenu.

Alors, selon vous, il n'avait pas planifié sa mort ?

Chantal Renaud – Pour moi, quelqu'un qui s'en va se tuer ne prend pas un morceau de fromage dans le « frigidaire ». Je pense qu'il ne savait pas qu'il allait mourir ce jour-là. C'était un jeu. Patrice est parti pêcher sur une petite île qu'on appelait l'île au Fou. En fin d'après-midi, ma mère ne le voyant pas revenir s'est dit : « Quelle tête en l'air, ce Patrice, il a dû oublier de vérifier le niveau d'essence dans le réservoir. Il va devoir dormir dans le bateau, les premiers pêcheurs du matin vont le ramener. » Il était déjà tombé en panne d'essence trois jours avant, et des riverains de l'autre bout du lac l'avaient ramené. Le lendemain matin, vers 7 h, ma mère a appelé mon frère à Montréal : « Je suis inquiète, Patrice est parti à la pêche hier midi et il n'est pas revenu. » Mon frère lui a répondu : « Appelle la police, entreprenez des recherches. » Ma mère avait passé toute la nuit assise dans le fauteuil du salon, à attendre qu'il arrive. Elle s'était un petit peu assoupie, puis, aux premières lueurs de l'aube, elle avait pris son kayak et était allée voir où il pouvait être. Elle n'avait vu le bateau nulle part. On a finalement trouvé le bateau vide à l'autre bout du lac, pas de Patrice à l'intérieur. On a cherché un peu partout. Mon neveu Martin, accompagné par le maire du village, est passé à côté de l'île au Fou en ramenant le bateau chez nous, au chalet. Mon neveu a aperçu la canne à pêche de Patrice à l'eau. Ils ont trouvé mon fils à genoux, au pied d'un arbre.

Comment avez-vous appris la nouvelle ?
Chantal Renaud – Ils ont trouvé Patrice à 11 h du matin. Il était mort depuis la veille. Ma mère, traumatisée, m'a téléphoné tout de suite et m'a dit : « Écoute, j'ai une très mauvaise nouvelle à t'apprendre. » J'ai répondu : « Que s'est-il passé ? C'est Patrice ? Je suppose que c'est arrivé à Patrice ? Il a eu un accident de voiture, il s'est cassé la jambe, il est à l'hôpital, il a eu un accident avec ta voiture, il a volé une voiture ? » Je ne lui laissais pas placer un mot. Elle a fini par dire : « Oui, c'est Patrice. » Je n'arrêtais pas de parler pour ne pas entendre la nouvelle en question. Finalement, ma mère a murmuré : « Écoute, il est mort. » Pendant tout ce temps, j'étais sortie de la maison, j'avais un téléphone sans fil et j'étais arrivée au verger d'oliviers, au moment où elle m'a dit ça. Je me suis jetée par terre et j'ai mordu la terre. Oui, j'ai mordu la terre, j'ai poussé un cri de folie. Puis, le téléphone a coupé. Je m'étais trop éloignée, sans doute, je ne sais pas.

Monsieur Landry – Si on essaie de voir les choses d'un angle rationnel, Lorraine était relativement jeune, mais elle avait quand même eu une très belle vie. Avec des enfants, des petits-enfants, une carrière brillante, un doctorat, etc. Donc, on peut toujours se dire que la beauté de sa vie nous console légèrement de sa mort. Deuxièmement, Lorraine ne s'est pas enlevé la vie. C'est la fatalité, c'est le cancer qui est venu, elle a livré bataille pour l'éviter. Nous l'avons perdue, mais, dans le cas de Patrice, je trouve que ça doit, si on peut mettre un coefficient de douleur, être pire.

Avez-vous cherché à savoir pourquoi il avait accompli ce geste ultime ?
Chantal Renaud – Oui, c'était important de le faire.

Monsieur Landry – Même s'il n'y a aucune culpabilité réelle à avoir dans le cas du suicide d'un enfant, on doit se poser la question, ce qui complique encore le deuil.

Avez-vous ressenti un sentiment de culpabilité ?
Chantal Renaud – Il y en a toujours, des signes. Si j'avais été avec lui à ce moment-là, il ne l'aurait pas fait, mais j'aurais dû être tout le temps avec lui. Alors, quand je revis notre relation, qui était très forte, je ne peux pas avoir cette sorte de regrets. Peu de temps après sa mort, quelqu'un m'a dit : « Je ne sais pas comment tu fais, je mourrais de culpabilité. » J'ai répondu : « Comme il faut être orgueilleux pour se croire seul responsable de la mort de quelqu'un. Comme si la vie de Patrice ne lui appartenait pas en propre. »

L'Atlantique vous séparait de votre fils. Quel a été votre premier élan après le choc passé ?

Chantal Renaud – Mon frère avait contacté la maison funéraire Alfred Dallaire. Alors, je les ai appelés aussitôt et je leur ai dit : « Vous allez recevoir mon fils, je ne veux pas que vous y touchiez. J'arrive par le premier avion. »

Pourquoi vouliez-vous tant le voir dans cet état ?

Chantal Renaud – Je voulais le voir tel qu'il était. J'ai accouché de lui sans anesthésie. La première fois que je l'ai vu, il n'était pas à son avantage. Je savais qu'il n'était pas mort par l'opération du Saint-Esprit. Il s'était pendu. J'imaginais dans quel état son corps se trouvait, mais je voulais le voir. J'étais au bord de la folie, mais je savais ce que je voulais. Je suis arrivée au Québec et je suis allée le voir. Il était recouvert d'un drap jusqu'à la tête. On lui avait lavé les cheveux. Le fait qu'il était absent de lui-même, que son corps ne bouge plus, c'était douloureux. Il ressemblait à un *bum* qui avait passé un week-end extrêmement rock and roll. Il avait un petit côté très mauvais garçon.

Monsieur Landry – Après tout ce qu'elle m'a raconté sur lui, une de mes frustrations, c'est de ne pas l'avoir connu.

Chantal Renaud – Il était très, très beau. Je te montrerai des photos de lui.

Monsieur Landry – S'il était encore vivant, probablement qu'on aurait des relations extraordinaires avec lui.

Chantal Renaud – Et puis, il t'aurait probablement fait les coups les plus pendables au monde. D'ailleurs, son ultime coup, il me l'a fait à moi.

Elle me montre une photo et me dit à quel point elle le trouve beau.

L'ultime coup a été de partir sans vous prévenir ?

Chantal Renaud – Oui, bien sûr. Je suis restée avec lui pendant huit heures. J'ai passé son corps à l'huile précieuse d'Hadrien, ensuite je lui ai passé de l'eau d'Hadrien de la tête aux pieds. C'est moi qui l'ai habillé, j'étais avec un ami. On lui a mis ses chaussettes. C'est comme un enfant, ça ne s'aide pas ; un mort non plus. J'étais la seule à ne pas être en colère après lui. Je lui disais : « Patrice, je t'aime. » Mon objectif était de superposer les deux images, celle de mon fils qui était si beau et celle du jeune homme qui s'était pendu, pour être capable de le regarder et de lui dire : « Patrice, je te comprends, je te pardonne, je t'aime et je te demande pardon. »

Mais cela a pris du temps avant que les deux images ne fassent qu'une ?

Chantal Renaud – Oui, et je suis contente, parce que c'est pour cette raison que j'ai accompli ce rituel. Sans cela, je ne serais pas parvenue à faire le deuil. Malgré cela, dans les quelques mois qui ont suivi, je me répétais : « Ce n'était peut-être pas lui, mais oui, c'était lui. » Tu ne veux tellement pas que ce soit arrivé.

Étiez-vous en mesure de nommer la cause du décès ?

Chantal Renaud – Je le disais très volontiers. Quand j'ai entendu la version de l'histoire de son suicide, j'ai éprouvé bizarrement une sorte de soulagement.

Je me disais : « Je préfère être la mère d'un jeune homme qui a joué a la roulette russe, plutôt qu'être la mère d'un jeune homme qui s'est pendu. Ça n'a duré qu'un très bref moment. Car j'ai vite compris que le résultat est exactement le même. Il était mort. C'est ça qui est dur, dans le deuil : chaque fois que tu as l'impression d'avoir fait un progrès, tu te dis : « Oui, mais le résultat est le même. Je ne le reverrai plus jamais franchir le seuil de la porte. »

Un long silence s'installe pour nous permettre de reprendre notre souffle.

Comment avez-vous vécu votre deuil ?

Chantal Renaud – Je n'ai pas eu de colère, plutôt une sorte de boulimie de comprendre. C'était ma survie. J'ai toujours su que la seule manière d'accepter les choses dans la vie, c'est de les comprendre. Alors, j'ai commencé à réfléchir à ma relation avec Patrice à partir du moment où j'ai eu le grand bonheur de me savoir enceinte de lui. J'avais 15 ans. Il y avait très peu d'années d'écart entre nous. En vieillissant, le temps se serait resserré. À 75 ans, mon fils en aurait eu 60. Si c'était à refaire, je referais la même chose, parce que j'ai fait le mieux possible.

Onze ans après sa mort, comment vivez-vous avec son absence ?

Chantal Renaud – Ça me bouleverse encore, mais je ne pleure pas. L'été dernier, au lac, je relisais les notes de cours de ses derniers mois ; il étudiait en communications. Je regardais son travail méticuleux, sa petite écriture studieuse. Que de talent perdu...

Une grande tristesse se dessine sur son visage.

A-t-il toujours eu mal à l'âme ?

Chantal Renaud – Oui, il avait une âme douloureuse. J'ai entendu dire que les suicides chez les jeunes relevaient de la maladie mentale, d'un déséquilibre chimique. On ne peut pas s'imaginer cette souffrance-là. D'avoir compris cela m'aide à accepter qu'il ait choisi d'en finir. Pourtant, quand on sait quel jeune homme il était – il écrivait divinement, il filmait bien, il était très doué et tellement beau – on se dit que c'est inimaginable qu'une telle chose arrive.

Le fait de ne pas avoir eu d'autres enfants a-t-il été une forme de deuil à traverser ?

Chantal Renaud – C'est le dernier volet de mon deuil. J'avais peur que l'âme de Patrice ne monte pas, parce que, selon moi, il était parti dans le plus grand désordre. J'ai prié et essayé toutes sortes de rituels pour qu'il soit tranquille de l'autre côté, éventuellement. J'ai beaucoup travaillé à l'avant-dernier volet du deuil, « moi sans lui ». Mais la fin de la fin, c'est « moi sans enfants ». Ce n'est plus lui, soudain, c'est moi toute seule, moi sans descendance. C'est un deuil en soi qui n'a plus rien à voir avec lui. Simplement, ma première pulsion d'adolescente avait été de me reproduire, et, d'un seul coup, je n'avais plus de descendance. Ça ne m'a pas torturée très longtemps. Il n'y a pas d'émotion là-dedans. Ce fut une souffrance sèche. Quand il arrive un accident aussi douloureux, on

Elle a de grands yeux remplis de candeur.
Elle dégage beaucoup d'humanité.

est obligé d'aller puiser dans toutes ses ressources. J'ai la chance extrême d'être quelqu'un de courageux et de plutôt intelligent. Ces deux qualités sont indispensables pour sortir d'un deuil avec grâce. C'est ça, la résilience. Ce deuil a fait de moi quelqu'un de meilleur, de plus gentil, de plus compassionnel.

Monsieur Landry, le lendemain de votre annonce du retrait de la vie politique, on vous a rendu un hommage digne des grands disparus de ce monde. Comment avez-vous réagi à une telle démonstration ?
Monsieur Landry – Exactement ! J'ai regardé mes funérailles à la télévision.

Chantal Renaud – Bernard assistait à ses funérailles à la télévision, et moi, je pleurais à chaudes larmes. Il ne manquait plus que le cercueil.

Monsieur Landry – On ne peut pas être fâché si quelqu'un nous fait des hommages. Par ailleurs, mes sentiments étaient mixtes, parce que je me disais : «J'ai eu 76 % des votes. Si ce qu'ils disent est vrai, j'aurais du avoir 100 %, et si jamais je reviens après ce que mes adversaires ont dit de moi, ils ne pourront plus dire du mal de moi : ils seront coincés avec leurs déclarations.» Je pensais aux libéraux en particulier.

Quand on regarde ce résultat avec du recul, un vote de confiance de 76 %, c'est énorme et acceptable, non ?
Monsieur Landry – C'est énorme. Théoriquement, j'aurais pu rester là. Certains analystes superficiels ont dit que la colère m'avait fait agir ainsi, ils ont tort. Ceux qui m'entouraient – que j'aimais et que j'estimais –, mes adjoints immédiats, étaient tous d'accord pour que je parte. Si j'étais le seul à croire que non, ça voulait dire que je pensais à moi, et non à la cause et au parti. Donc, c'est un réflexe judéo-chrétien d'abnégation qui m'a fait partir dans l'intérêt de mon parti et dans l'intérêt de la cause nationale du Québec. Si j'avais été un peu plus méchant, j'aurais dit : «Aller vous faire voir et qui m'aime me suive. Je fais ce métier-là depuis 40 ans et je vais continuer à le faire.» Mais je les respectais, je les aimais. Puis, j'aime la cause plus que moi, je la respecte plus que moi. Si tous ces gens-là fidèles et intelligents préconisaient le départ, c'est que c'était mieux pour la cause.

Monsieur Landry, avez-vous senti que votre garde rapprochée souhaitait votre départ ?
Monsieur Landry – Je ne peux pas comprendre encore totalement leur analyse. J'ai essayé de ne pas trop leur en vouloir et de comprendre leur motivation. Je pense qu'ils ont été tout simplement atterrés de ne pas m'avoir donné le 80 % qu'ils me promettaient depuis des mois. Si on avait attendu, Chantal m'aurait parlé, Gilles Duceppe aussi. Le sort aurait peut-être changé. Après cette soirée, j'ai continué la vie publique, et on me pose toujours la même question : «Pourquoi n'êtes-vous pas resté ?» Tous les jours, depuis juin, quelqu'un me dit que j'aurais dû rester.

Vous avez songé à revenir en politique et à participer à la course à votre succession. Mais vous avez constaté que vous aviez moins d'alliés. Pourquoi ?

Monsieur Landry – Parce que la politique a horreur du vide. Dès mon départ, mes troupes sont allées vers d'autres camps. Surtout vers un en particulier. Des militants, ça bouge, ça s'engage, et ils se sont engagés. C'est ça, en fin de compte, qui m'a empêché de revenir. Je ne voulais pas dire à X, mon fidèle supporter depuis 20 ans : « Tu es allé chez Y, reviens vers moi. » Peut-être qu'il serait revenu, mais ce choix aurait été déchirant pour lui.

Monsieur Landry, quand vous regardez le fleuve et que vous pensez à votre vie, croyez-vous avoir à faire un deuil de ce qui s'est passé ou de ce qui aurait pu se passer ?

Monsieur Landry – C'est absolument déchirant. Vous comprenez l'atmosphère dans laquelle je vis depuis des mois. J'avais la chance d'être élu premier ministre du Québec dans deux ans, même avec de hautes probabilités, et de faire l'indépendance du Québec dans trois ans. Donc, ça rend mon sacrifice encore beaucoup plus important et difficile. C'est très dur, c'est un autre deuil à faire. Mais contrairement au départ de Lorraine qui m'avait atterré et qui m'a fait beaucoup pleurer, cette fois, je n'ai pas versé une seule larme. Pas une larme, parce que pour Lorraine, c'est le destin qui me l'a prise, la fatalité. Tandis que là, c'est ma décision. J'essaie de déployer le plus de courage possible, de mettre ça derrière moi, de chasser les regrets qui pourraient m'assaillir...

En êtes-vous au temps des regrets ?

Monsieur Landry – C'est évident qu'ils sont aux portes sans arrêt, et je dois les repousser. Une façon de le faire, c'est de m'activer à autre chose et surtout de rester fidèle à l'engagement que j'ai pris le soir de mon départ, d'être un militant impeccable. C'est ce que je suis. Au début, j'avais un peu plus de colère intérieure, et plus de difficulté à dormir et à me concentrer sur autre chose.

Chantal Renaud – Le plus difficile a été de revivre la fin. De rescénariser, de redialoguer la fin comme un accident de voiture. Tu sais, Josélito, ces événements nous ont cimentés beaucoup plus.

Monsieur Landry – Ah, oui, oui, oui ! Ça a été dur à vivre ensemble. Cet événement nous a soudés plus que jamais. Souvent, les épreuves détruisent les couples, mais parfois, elles les consolident. Je n'ai demandé de l'aide à personne ; Chantal et moi avons géré la situation.

De combien de temps pensez-vous avoir besoin pour être capable de vivre le deuil de la politique avec plus de détachement et sans amertume ?

Monsieur Landry – Ça prendra beaucoup de temps. Ces choses ne s'oublient pas facilement. Si j'avais fait l'indépendance du Québec – j'avais de bonnes chances d'y arriver–, je ne l'aurais pas oublié jusqu'à mon dernier souffle.

Chantal Renaud – La question que Bernard se pose, c'est combien de temps va durer son deuil de la politique active...

Monsieur Landry – Oui, ça me rappelle celui de Lorraine, la douleur vive et cruelle qui semblait ne devoir jamais partir a fini par s'effacer. Ça ne veut pas dire que le chagrin n'est plus là. L'horreur s'est effacée.

Si vous aviez un seul conseil à prodiguer à quelqu'un qui vit un deuil, quel serait-il ?
Monsieur Landry – D'abord ne pas hésiter à en parler, se trouver des interlocuteurs. Deuxièmement, donner du temps au temps. C'est une banalité de dire que le temps arrange bien des choses, mais cette banalité, elle est profondément vraie. En pensant à Lorraine, aujourd'hui, je ne fonds plus en larmes pendant une demi-heure comme ça a été le cas dans les mois qui ont suivi son départ.

Chantal Renaud – Je pense que le deuil, c'est comme une boulette noire et très amère qu'on a dans la bouche. Alors, il faut la mâcher dans l'espoir de l'avaler. Plus tu l'auras mâchée, plus tu auras la chance de la digérer. Si tu ne la mâches pas, si tu la mets dans ta joue en te disant qu'elle n'existe pas, elle te mangera la joue, et ton corps pourrira de l'intérieur.

Nous terminons l'entretien. Ils me font visiter leur maison, et nous essayons de dénicher un endroit où nous allons prendre les clichés. Après la séance de photos, nous prenons du champagne et nous échangeons des idées sur les grands enjeux de ce monde. Ce moment privilégié me permet de découvrir des personnes attachantes et sincères.

Orlando
Vivre dans l'attente

« J'ai toujours défini l'absence de ma sœur Dalida comme un départ,
un départ pour une longue tournée. Une tournée plus longue que
d'habitude. Un jour ou l'autre, elle reviendra... »

Orlando
Vivre dans l'attente

Octobre 2005, Paris me souriait et Montmartre m'appelait. Ce matin-là, je partais à l'aventure, j'allais rencontrer l'un des personnages les plus fascinants du milieu artistique français : Orlando. Illustre producteur devant l'Éternel, et frère de l'incomparable Dalida. Depuis la mort tragique de sa sœur, il est devenu en quelque sorte le gardien de son œuvre, et sa mission est de la préserver dans la mémoire collective.

En pénétrant dans l'antre du grand manitou où Dalida est omniprésente, je vis avec stupéfaction une ribambelle d'objets rappelant le parcours professionnel rarissime de la chanteuse. Je me croyais dans la caverne d'Ali Baba. Pour Orlando, ce sont de véritables trésors. J'ai passé de longues minutes à contempler ces souvenirs jusqu'au moment où Orlando fit son entrée.

Derrière les grandes lunettes noires se cachait le regard attendrissant d'un homme qui souffre encore de l'absence de sa muse. Il parla d'elle au présent de peur qu'on l'oublie. Cette sensibilité à peine perceptible le rendait attachant. Malgré certaines extravagances, je sentis chez lui une profonde solitude, celle des grands, celle qui pèse lourd quand le succès habite l'être tout entier.

À propos de Dalida, vous avez déjà affirmé que ne vouliez pas croire à sa mort, et pourtant...
Moi, je n'ai pas voulu accepter sa mort, mais j'ai respecté son choix, puisque c'est elle qui l'a décidé. Aimer quelqu'un, c'est aussi le laisser partir, même si cela fait très mal. Le mot « mort » a été banni de mon vocabulaire, y compris chez tous mes collaborateurs et amis qui la connaissaient et l'aimaient. J'ai toujours défini l'absence de Dalida comme un départ, un départ pour une longue tournée.

Qu'est-ce que la mort pour vous ?
Un jour ou l'autre, le corps va disparaître et se désintégrer, mais l'essentiel, c'est l'esprit, c'est l'âme de quelqu'un qui reste.

Comment avez-vous appris la mort de Dalida ?
C'était un dimanche. J'étais en studio avec Antoine. Je travaille avec lui depuis plus de 27 ans. On avait commencé les orchestrations, les bases. Je voulais un album plutôt positif après le film qu'elle avait tourné, *Le sixième jour*, où elle tenait un rôle lourd, dramatique. Elle avait besoin de mettre un peu de soleil autour d'elle et un peu de gaieté dans sa vie. J'étais en train d'enregistrer avec Jacques Morali, à qui j'avais demandé de réaliser le prochain album de Dalida, quand le téléphone a sonné. Il était 17 h. Antoine a pris l'appel. Il est devenu blanc. Je ne sais pas si on lui a dit exactement ce qui s'était passé. Je crois qu'on a dit : « Venez tout de suite, c'est Dalida, et c'est très grave. »

Qu'avez-vous fait à ce moment-là ?

On a sauté dans la voiture.

Saviez-vous qu'une chose importante venait de se produire dans votre vie ?

Non, je ne savais pas encore que l'irréparable était arrivé. Depuis quelque temps, Dalida n'était plus la même, elle s'était renfermée sur elle-même. Je savais que si elle ne mettait pas de l'ordre dans sa vie privée, elle pourrait recommencer comme en 1967, date de son « premier suicide ». On était spectateurs et impuissants à la fois.

Son débit s'accélère.
Il raconte sans me regarder dans les yeux, son regard s'est égaré.

À quoi pensiez-vous ?

C'était comme un film qui passait dans ma tête. Comme un film à l'envers, un *flashback*. On a dû mettre un quart d'heure ou 20 minutes pour arriver chez elle.

Parlez-moi des images de ce film qui défilaient dans votre tête.

Tout, tout, tout, tout. Les images de l'enfance. Ça a commencé par l'Égypte, Le Caire… Les choses bien, les moins bien. Mais tout s'est mélangé. Vous savez, ça se passe là, dans la tête, comme un tout. Je n'ai pas dit un seul mot durant le voyage. Je suis arrivé dans sa maison, à Montmartre. Il y avait ma cousine Rosy, qui était aussi sa secrétaire, sa confidente. Jusqu'à la fin, elle est restée près de Dalida. Et aussi un ami de famille de longue date, Graziano, qui tenait le restaurant en face, son habilleuse Jacqueline et Nono, une amie.

Que vous a-t-on dit ?

Personne n'a osé me dire un mot.

Dans ce silence, qu'avez-vous fait ?

Je suis entré dans la chambre. Je l'ai vue. J'ai compris ce qui s'était passé quand j'ai touché sa main. À ce moment-là, j'en ai voulu à la terre entière. Je me rappelle que j'ai même dit à Jacqueline, son habilleuse : « C'est de ta faute, c'est toi qui l'as tuée. » Après, je me suis excusé. Je crois savoir pourquoi je lui ai dit cela. Depuis quelque temps, Dalida était dépressive et avait besoin d'avoir autour d'elle des personnes positives pour l'entourer et la sortir de ce mauvais passage. Ce qui n'était pas le cas de Jacqueline, qui était plutôt négative. Dalida avait laissé juste un petit mot : « Pardonnez-moi, la vie m'est insupportable. » J'ai eu du mal pendant longtemps à accepter et à comprendre son geste.

Qu'est-ce que vous ne compreniez pas ?

C'était une femme généreuse qui avait tout et tellement de bonheur à offrir aux autres. Comme elle disait : « J'ai réussi dans la vie, mais pas ma vie. » C'est vrai qu'en tant que femme, elle n'était pas heureuse. Elle n'avait pas d'enfant ni de compagnon sur qui elle pouvait compter. Comme je lui connaissais aussi une grande force de caractère, je pensais qu'elle pouvait encore une fois surmonter ses peines et ses déceptions, celles qu'elle avait eues dernièrement à cause d'un homme. En même temps, je pense qu'elle n'avait plus la force d'aller de l'avant comme elle l'avait toujours fait. Elle avait tellement donné à sa carrière. Yolanda, la femme, s'était toujours sacrifiée pour mettre en avant Dalida, qui a toujours été sa priorité.

Après les cris et la colère, que vouliez-vous faire de cette terrible nouvelle ?

Ébranlé, il poursuit en ne voulant rien laisser échapper des détails de l'événement.

Ma première réaction était de n'en parler à personne. J'ai dit à mon frère aîné, à Rosy, ma cousine, et à quelques proches : « On fera notre deuil dans le silence et on l'annoncera une fois que tout sera terminé. » Ce qui m'a traversé l'esprit, pendant une heure ou deux, c'était simplement qu'on puisse gérer notre deuil en famille avec les intimes, en paix, sans avoir tout ce spectacle autour de nous. Yolanda, ma sœur, nous appartenait. Dalida, l'artiste, appartenait à son public. Bien sûr, j'avais tort, mais c'était ma réaction première. Cependant, je n'avais pas le droit de prendre cette décision en privant son public et les gens du métier de lui rendre un dernier hommage.

La nouvelle de son décès est-elle parvenue rapidement aux médias ?
Dès 20 h, tous les journaux télévisés annonçaient en ouverture la disparition de Dalida. J'ai compris qu'il était trop tard pour garder le silence jusqu'au lendemain, quelqu'un avait déjà informé les médias.

Auriez-vous aimé taire la cause de son décès ?
Non. Cela aurait été une insulte à sa mémoire. Dalida a toujours tout décidé de sa vie, elle avait dit dans une interview : « Personne ne volera ma mort. Le jour où je le déciderai, je baisserai le rideau moi-même. » Elle l'a même chanté : « Le soir où je m'en irai, je le ferai à ma manière. » Elle a tout fait à sa manière. J'aurais eu l'impression de lui voler sa mort.

Malgré tout, vous avez mis votre chagrin et votre désarroi de côté pour vous occuper des funérailles et diriger, comme un chef d'orchestre, les moindres détails de son au revoir ?
Comme je m'occupais d'elle professionnellement et que j'organisais toutes ses premières, j'ai dû m'occuper aussi de la dernière représentation. J'ai mis mon chagrin de côté, et j'ai voulu que tout soit parfait, comme elle l'aurait souhaité. Et comme on dit : *« The show must go on. »*

Tout allait trop vite ?
Pendant les préparatifs des obsèques, on n'avait le temps de penser à rien. Une fois tout terminé, le jeudi, jour de ses funérailles, on a compris à la maison qu'elle ne reviendrait plus jamais. Là, on a vraiment connu le désespoir.

Qu'est-ce qui s'est avéré le plus difficile pour vous, Orlando ?

Il s'arrête pour réfléchir, puis il avoue avec franchise.

On se pose quarante mille questions. On se sent, par exemple, presque coupable. On n'a pas su. On n'a pas vu. On n'a pas pu. D'autre part, elle a toujours décidé de tout en toute lucidité, même si on voyait qu'inexorablement, elle faisait le vide autour d'elle et que personne, ni moi-même, ne pouvait pénétrer dans ce cercle où elle s'enfermait. De toute façon, personne ne pouvait imposer à Dalida ce qu'elle ne voulait pas faire, et ce, déjà toute petite.

Y avait-il un conflit entre la femme Yolanda et l'artiste Dalida ?
Un jour, Yolanda a compris qu'elle ne pouvait plus réaliser sa vie de femme et de mère comme elle le souhaitait tant. Elle s'est aperçue que la plus belle œuvre et le plus bel enfant qu'elle avait fait, c'était Dalida. Cette femme qui était devenue sa création et qui avait ensorcelé les foules, elle ne pouvait pas la tuer. Elle a compris qu'elle allait commencer à faire du mal à Dalida. La femme s'est retirée pour que l'artiste vive. Ça a été l'ultime don de Yolanda à Dalida. Je pense que les deux femmes ont eu un conflit les dernières années. Mais je crois qu'elles se sont réconciliées et ont fait la paix, avant son départ.

Comment avez-vous fait pour apprendre à vivre avec l'absence ?
La chanson de Léo Ferré que Dalida a si bien interprétée dit qu'« avec le temps, tout s'en va ». Eh bien, je ne suis pas d'accord avec cette phrase. Avec le temps, on arrive à panser ses blessures, mais le temps ne doit rien nous faire oublier, sinon cela voudrait dire que les gens que l'on a aimés n'ont jamais existé. Les premières années, je me suis réfugié dans le travail et je n'ai pas arrêté de produire des artistes. Après sept ans, j'ai compris que je n'avais pas le droit d'enterrer Dalida une deuxième fois et, encouragé et soutenu par son public et les gens qui l'aimaient vraiment, je me suis remis au travail pour elle, comme si elle était là. Ce patrimoine musical que l'on avait construit ensemble, je n'avais pas le droit de le garder égoïstement pour moi. J'ai refusé sa mort.

Si vous refusez de reconnaître sa mort, refusez-vous aussi de faire votre deuil ?
Je ne ferai jamais le deuil de ma sœur. Il n'y a pas un jour, pas une minute où je ne sens sa présence auprès de moi.

Comment ont été les mois et les années qui ont suivi son départ ?
Dalida avait fait de moi son légataire universel. Cela veut dire que j'ai dû mettre ma douleur de côté pour honorer ses dernières volontés, qu'elle avait laissées dans son testament. J'ai dû m'occuper de tout ; j'étais inexpérimenté, mais j'ai dû faire face à la situation, moi qui, jusqu'alors, ne m'étais occupé que de musique.

Voulez-vous garder Dalida éternelle dans la mémoire collective ?
Dalida était une personne publique et, tant qu'elle vivra dans la mémoire de ses millions d'admirateurs dans le monde entier, elle ne mourra jamais. Je pense que c'est la même chose pour quelqu'un d'inconnu. Elle était une légende de son vivant, elle est devenue un mythe pour l'éternité.

Vous êtes devenu en quelque sorte le gardien de son œuvre.
Je dis toujours que j'ai été le témoin de son histoire et je suis devenu le gardien de sa mémoire. Je m'occupe d'elle depuis 1966 et je la produis depuis 1970. Je

la traite toujours au présent, c'est pour cela que Dalida est plus présente que jamais. Les êtres d'exception comme Dalida ne meurent jamais.

Y a-t-il des projets d'avenir pour Dalida ?
Depuis qu'elle est partie, mon souhait le plus cher est de la projeter dans l'avenir et de la faire connaître aux générations futures. Je n'ai pas besoin d'énumérer tout ce qui se passe autour d'elle dans le monde : une comédie musicale au Québec ; un film en deux parties sur sa vie a été réalisé et diffusé en France avec le succès que l'on connaît ; en Italie, une comédienne lui rend hommage au théâtre en évoquant sa vie et ses chansons ; le Brésil va créer un spectacle musical autour de Dalida, etc. Dans sa façon de traverser l'histoire, Dalida est devenue une héroïne des temps modernes.

À la fin de l'entretien, j'ose lui demander si Dalida est déjà venue à Montréal. Le voilà hors de lui, il s'agite dans tous les sens, puis il me montre toutes les coupures de presse relatant ses passages à Montréal. Je ris beaucoup de le voir réagir de la sorte, mais je constate vite qu'il s'agissait d'un numéro. Nous sommes allés faire les photos dans un petit café en face de son bureau. Il s'est prêté au jeu avec beaucoup de plaisir et de générosité.

Marie Fugain
Vivre sans sa petite sœur

« J'ai le parfum de Laurette à la maison. Je ne le mets pas sur moi parce que ça ne veut rien dire. Mais, des fois, j'ouvre la bouteille et puis je le sens. Je ferme les yeux, et j'ai une espèce de bouffée de ma sœur qui m'emplit le corps, qui me fait chaud, et, avec ça, j'ai la sensation de ses mains dans les miennes, de son petit corps sur le mien, quand je la prenais dans mes bras. »

Marie Fugain
Vivre sans sa petite sœur

J'appréhendais ce moment depuis longtemps. C'était ma première entrevue depuis mon départ de la télévision et de la radio. J'embarquais dans cette nouvelle aventure, sans trop savoir où elle me mènerait ni ce qui m'attendait.

J'étais à Paris, dans le 17ᵉ arrondissement, j'attendais Marie, Sainte-Marie, fille de Michel Fugain et star de la télévision française. J'étais extrêmement fébrile à l'idée de la revoir dans un autre contexte que celui de l'amitié.

Finalement, elle arriva en coup de vent. Elle était rayonnante de beauté, ses yeux pétillaient, et elle respirait la joie de vivre. Cet état de grâce était relativement nouveau, Marie avait repris goût à la vie après avoir vécu un passage à vide laborieux qui s'était échelonné sur quelques années. Le départ prématuré de sa jeune sœur Laurette en était la principale cause.

Elle l'a accompagnée jusqu'au dernier battement de cœur, jusqu'à son dernier souffle, une expérience totalement déchirante. Les dernières heures en sa présence lui ont remémoré certaines de ses croyances. Cette mort l'a beaucoup ébranlée. Heureusement, il y a eu la naissance de son fils Éliott pour panser ses plaies.

Pendant que le magnétophone tournait, Marie s'est aisément prêtée au jeu de l'interview. Les paroles coulaient à flots, elle ne voulait pas perdre le fil de son histoire...

Quand je t'ai demandé de participer à ce livre, tu as dit oui d'emblée. Et tu as prononcé une phrase qui m'a beaucoup touché: «C'est important pour moi de parler de Laurette pour la garder bien vivante en moi.»
Oui. Je me suis aperçue que plus j'en parlais, plus les souvenirs revenaient. Ils sont parfois difficiles à supporter. Ils me font plus ou moins mal. Cependant, j'ai réussi à garder ceux qui me font du bien.

Et si tu n'en parlais pas?
Si je n'en parlais pas, j'aurais trop peur d'oublier. J'aurais trop peur de laisser échapper des choses vitales pour moi, pour continuer à vivre. Pour tenir debout, pour élever mon fils dans la bonne humeur et la joie. J'ai vraiment besoin qu'elle reste tout le temps dans ma tête. J'ai la capacité de faire abstraction de ce qui est douloureux. Mais il y a plein de choses auxquelles je ne pensais plus, et d'un seul coup, je me dis: «Ah! oui, c'est vrai!» Parfois, j'ai des sensations qui reviennent. Et c'est peut-être le plus important que je veux garder.

Te souviens-tu encore du moment où tu as appris que ta sœur avait la leucémie?
Je me souviens que j'étais sur le plateau de tournage de la série *Navaro*. Ma mère m'a dit au téléphone: «Il y a un truc qui ne va pas avec Laurette. Je l'amène faire des examens.» Le médecin était venu à la maison lui prescrire une prise de sang. Quand

il a eu les résultats, il a rappelé le labo et il a dit: «C'est le docteur Machin. Je pense qu'il y a un problème avec les résultats de Laurette Fugain, parce que vous lui avez diagnostiqué une leucémie.»

Pourquoi le médecin semblait-il sceptique sur les résultats du labo?

Nous vivons dans le même village depuis très longtemps. Tout le monde connaît tout le monde. Les gens du labo étaient embêtés et tristes à la fois. Ils ont répondu au médecin: «Mais non, c'est ça, c'est une leucémie.» Ça a été une bombe pour notre médecin de famille. Il nous avait vus grandir. Il a annoncé la triste nouvelle à ma mère. Il fallait faire un myélogramme – une ponction de la moelle osseuse – dans un autre hôpital, pas loin de la maison.

Quelle a été ta réaction à l'annonce de la leucémie de ta sœur?

Un truc plus ou moins clair. Un brouillon dans ma tête. Comme une espèce de grosse bombe que tu prends en pleine tête. Puis des mots, des noms de maladie qu'on connaît si peu. On sait juste qu'on ne sait pas grand-chose là-dessus. Et on n'en connaît pas les issues.

Elle hésite longuement, devient confuse et tente de rassembler ses idées.

Que voulait dire pour toi le mot «leucémie»?

Pour Laurette et moi, la leucémie, c'était une maladie que nous avions vue quand nous étions mômes, dans le film *L'arbre de Noël,* avec Bourvil. Dans ce film, le petit garçon était atteint d'une leucémie. Je me souvenais très bien de la fin. Elle aussi. Le petit garçon partait.

Comment as-tu tenu le coup pour faire ta journée de tournage?

Je crois que je me suis fait une carapace. Je devais travailler. Je ne pouvais pas craquer sur le plateau, parce que ce n'est pas professionnel. Je me suis dit: «Je vais aller travailler et après, j'aurai des nouvelles. Pour l'instant, on n'en sait pas trop.» Une fois rentrée chez moi, j'ai vraiment craqué, dans tous les sens du terme. Je me suis effondrée par terre, vraiment. Mes jambes n'ont plus rien tenu du tout.

Combien de temps a duré la maladie?

Dix mois. C'est bizarre. Le subconscient sait qu'on a vécu 10 mois de maladie. C'est beaucoup de jours et, en même temps, rien du tout. C'est presque fulgurant.

Le choc a-t-il été plus violent à l'annonce de la maladie ou à l'annonce de la mort de Laurette?

Ça a été plus difficile à l'annonce de la maladie, parce que la leucémie, je ne savais pas ce que c'était. Quand on ne sait pas, là, on a peur. J'avais très peur. Cependant, quand on sait, on peut éventuellement gérer le stress et la douleur.

Comment se déroulaient ses journées à l'hôpital?

Ce n'était jamais pareil. Au début, il y avait des périodes où ça allait bien, mais aussi des périodes où elle voulait tout foutre en l'air. Elle refusait de suivre son traitement. Il y a même eu un moment où elle ne voulait pas être greffée. Nous savions ce que ça voulait dire. Le médecin expliquait : « Écoutez, on ne peut pas l'obliger, elle a 22 ans. » Et nous lui avons répondu : « Attendez, foutaise ! Qu'est-ce que vous nous racontez ? Au moins, nous allons essayer de la raisonner. Si elle refuse la greffe, elle va mourir tout de suite. Pour vous, c'est une patiente, mais pour nous, c'est un membre de notre famille. » Elle a finalement accepté les traitements.

Pourquoi ne voulait-elle pas ?
Parce que c'était l'inconnu. L'inconnu de la maladie. Tu ne connais pas. Ça te fout vraiment la trouille. En plus, tu sais que tu vas morfler, parce que tu te retrouves d'abord sans cheveux. C'est un premier passage. Un choc. On l'a fait petit à petit. C'est maman qui les lui a coupés.

À un certain moment, as-tu senti que ta sœur en avait assez de subir tous ces traitements et leurs effets secondaires ?
Je sais que Laurette n'en pouvait plus à cause des traitements de chimio qui étaient très durs. Elle souffrait de la douleur de la chimio. Je veux bien croire que ça faisait mal et qu'à un certain moment, elle a eu envie de partir. Elle ne me l'a pas dit à moi, mais aux infirmières. Dans sa façon de vivre vers la fin, nous pouvions sentir qu'elle était fatiguée.

Y a-t-il un moment où tu as abdiqué en comprenant que la maladie allait sûrement l'emporter sur la vie de ta sœur ?

Elle devient nostalgique. Son débit s'accélère.

Je n'en ai jamais été consciente. Je me battais avec elle. Je voyais à quel point c'était difficile de se battre et à la fois difficile de se lever tous les matins dans une chambre d'hôpital. Rester allongée toute la journée. Se poser des questions et faire face aux réponses que les médecins n'ont pas. Je crois que mon inconscient savait qu'au bout d'un moment, elle partirait.

La maladie vous a-t-elle rapprochées ou a-t-elle solidifié vos liens ?
Nous n'avons pas eu besoin de cette épreuve pour solidifier notre rapport.

Ce rapport entre vous deux s'est-il modifié au cours de ces 10 mois de maladie ?
Oui. Elle s'est presque mise à être une mère poule pour moi. Je venais de rencontrer Richard. Je me souviens qu'elle m'a dit que c'était l'homme de ma vie et que si jamais je le quittais, elle me « pèterait la tête ». En tout cas, elle a pris conscience, et nous avons tous pris conscience que chaque moment, chaque seconde qui passait était d'une importance capitale. J'apprends à vivre comme ça, maintenant. Je ne vivais pas du tout ainsi, avant. Avant, c'était « vivement que... », un terme que j'essaie désormais de bannir de mon langage. Maintenant, j'ai un enfant et j'ai envie de vivre chaque seconde, parce que la seconde d'aujourd'hui, je ne la revivrai plus. C'est une vraie leçon de vie.

Parle-moi des derniers moments que tu as passés à ses côtés.

On faisait des roulements. À ce moment de la journée, j'étais près d'elle avec mon mari, Richard. Elle était dans un semi-coma. Nous lui parlions. Je lui disais : «Ma princesse, c'est Marinouche, je suis avec toi ; si tu as besoin de quelque chose, demande-le.» Je suis persuadée qu'elle a tout entendu. Je m'asseyais à ses côtés. Je prenais un magazine et le feuilletais. J'ai basé ma respiration sur la sienne par solidarité et par lien du sang. C'était ma petite sœur. J'étais en osmose avec elle au plus profond de mon être. C'était ma façon à moi de l'aider, de la porter, de rentrer dans son corps et de la prendre dans mes bras. J'avais besoin de ça. Chez nous, à la maison, nous sommes très tactiles. Je me suis donc basée sur sa respiration, puis quand sa respiration s'est accélérée, au bout de 10 minutes, je ne sais trop, j'ai entendu que je respirais toute seule. J'en ai conclu que c'était la fin. Je me souviens du moment où son cœur s'est arrêté de battre. Elle est partie à 20 h 30.

Au moment de son départ, as-tu ressenti chez elle une forme de sérénité ?

Oui. En fait quand son cœur s'est arrêté et qu'elle a lâché prise, je me souviens que je suis allée vers elle, et je crois que je lui ai dit : «Non, non, Laurette, reviens, reviens tout de suite, reviens avec moi !» En même temps que je lui disais ça, je savais que ça sonnait faux. Je savais qu'elle était partie. Qu'elle avait besoin de partir.

Comment se déroulèrent les secondes qui suivirent son départ ?

Je l'ai sentie assez rapidement flotter au-dessus de son corps. J'avais une main sur son bras et l'autre sur sa cuisse sous les draps pour sentir la chaleur de son corps, une dernière fois. J'avais besoin de m'approprier tout ce que je pouvais prendre pour le garder au plus profond de moi. J'ai compris assez rapidement qu'elle ne serait plus là.

Tu étais seule et tu devais prévenir ta famille ?

J'étais toute seule. Il n'y avait pas mes parents. Je les ai appelés et je leur ai dit : «Il faut que vous reveniez.» Je me souviens seulement de leur avoir dit ça. C'est comme s'il m'en manquait des bouts.

En attendant l'arrivée de ta famille, qu'as-tu fait ?

J'ai appuyé sur le fameux bouton rouge d'urgence. C'est bizarre, un truc m'est passé par la tête au moment où j'ai appuyé dessus. Je me suis dit : «Je ne pensais pas que je serais obligée de faire ça.» Une infirmière est entrée. J'étais évidemment en larmes. Je n'avais pas envie de laisser partir ma sœur, parce qu'on avait plein de projets ensemble. Mes parents sont revenus. Mon petit frère était aussi avec eux, parce qu'il n'avait pas vu Laurette pendant son coma. Nous voulions qu'il la voie. Une fois tous rassemblés, je la sentais là, planer au-dessus, comme si elle nous avait attendus. Nous n'avons quitté la chambre que le lendemain matin, à 5 heures 30, après que tous les amis sont passés. Nous laissions son enveloppe. Je savais qu'elle n'était plus là. Elle était déjà partie. Elle commençait

Elle prend le temps de bien situer le contexte. Elle ralentit son débit, elle veut marquer le temps avec ses mots. Elle est à la fois bouleversée et sereine face à ce qu'elle vient de raconter.

à s'envoler. Je ne crois pas en Dieu. Mais en revanche, c'est évident qu'il y a un truc au-dessus, en dessous, autour.

Quand on est la fille de Michel Fugain, n'y a-t-il pas un risque que les gens t'arrêtent dans la rue et te parlent davantage du deuil de tes parents que du tien, en oubliant presque qu'il est question de la mort de ta sœur ?

Oui. Jamais on ne me demandait comment j'allais. C'est comme si c'était plus facile pour moi de perdre ma sœur que pour mes parents de perdre leur fille. C'est difficile dans tous les cas. J'en ai eu vite marre qu'on me demande : « Comment vont tes parents ? » J'ai été super « conne », et je m'en veux. J'étais très polie et je répondais à leurs questions. Ça m'a bouffée. C'est le politiquement correct que je refuse aujourd'hui dans ma vie.

Est-ce que ça te faisait souffrir ?

Dans sa douleur, elle a terriblement besoin d'être entendue. J'ai l'impression que de me raconter son histoire lui fait du bien.

À un moment, j'ai vraiment souffert mais en silence. Je me suis isolée, comme ma mère l'a fait aussi, dans la chambre de Laurette. Je me mettais sur son lit et je lui parlais. J'avais besoin de sentir son odeur. J'essayais de me débattre avec ma douleur. De rapprocher les membres de ma famille. Chacun d'eux essayait de se préserver. Moi, je tentais de rassembler les îlots qui formaient l'île avant. Je devais d'abord remonter sur mon îlot pour sauver les autres. Mais je m'y suis assez mal prise. C'est pour cette raison qu'aujourd'hui, je n'ai pas terminé mon deuil. J'ai très mal accepté certaines choses.

Lesquelles ?

Entre autres, l'Association Laurette Fugain pour pallier le manque de plaquettes, qui a été créée assez rapidement après sa mort. En France, on manque aussi de moelle osseuse. Je me suis engagée et impliquée avec maman auprès de l'Association. Rapidement, je me suis avoué que je n'étais pas encore prête à encourager la guérison des autres et à me réjouir. Je m'en voulais de penser ainsi. Je n'arrive pas à accepter le départ de Laurette. Quand quelqu'un me disait : « Je m'en suis sorti », bien sûr que j'étais contente pour cette personne, mais, en même temps, ça me laissait un peu indifférente. Cette fondation porte le nom de ma sœur. J'ai voulu faire attention à son prénom avant tout, parce que son nom, à la limite, c'était accessoire. J'ai eu envie de réagir encore comme une grande sœur. Ma petite sœur, je l'ai toujours protégée.

Inévitablement, tu aurais aimé que ce genre de fondation existe au moment de la maladie de Laurette ?

Oui, j'aurais aimé ça que quelqu'un utilise son histoire et aille partout pour dire que nous manquions de plaquettes de moelle osseuse et qu'il fallait en donner. Ce ne sont pas les plaquettes qui auraient sauvé ma petite sœur, mais... J'ai quand même vu, à la fin de la vie de Laurette, qu'aucune plaquette n'avait été trans- fusée. Nous avons demandé au chef de service pourquoi rien ne coulait, alors qu'elle était en pleine hémorragie. Le monsieur a baissé les yeux, humblement, en voulant dire qu'il était désolé. Et puis, il savait que Laurette était perdue...

Parle-moi des étapes que tu as dû franchir pour te libérer du deuil ?

J'ai d'abord été complètement abasourdie par la nouvelle. C'est le choc, le coup de massue sur la tête. Ça touche vraiment. C'est presque irréel. Ensuite, j'ai été en colère. J'ai su que j'avais encore quelques étapes à franchir avant l'acceptation. Je ne crois pas à la réincarnation, mais je sais qu'elle est là. Je n'en suis pas à ressentir sa présence, mais il y a des signes. Au bout d'un mois et demi après son départ, je suis tombée enceinte. J'essayais de faire un enfant depuis un an. À la première échographie, j'ai vu que l'œuf était en forme de cœur. Il n'y a pas longtemps, je faisais du rangement. J'ai retrouvé cette échographie. Avant d'ouvrir l'enveloppe, je me suis dit que je devais fermer les yeux et voir si je ne rêvais pas. Je l'ai ouverte, j'ai regardé l'échographie : l'œuf était toujours en forme de cœur. Si ça, ce n'est pas un signe...

L'une des étapes importantes du deuil est le déni. De quelle façon cette étape s'est-elle manifestée à toi ?

J'étais en pleine étape du déni au moment de la cérémonie d'au revoir, ce qu'on appelle l'enterrement. Elle n'a pas été enterrée. Nous avons fait une cérémonie. Nous avons demandé aux gens de ne pas apporter des fleurs, mais des nounours. Nous avions recouvert le lit de voyage de nounours. C'était magnifique. Il y en avait de toutes les couleurs. Le lit de voyage, c'est un cercueil. Je trouve que ça sonne tellement mieux « lit de voyage » pour une fille de 22 ans. À 22 ans, logiquement, on ne part pas. Je n'emploie pas non plus le mot « mort » qui me fait...

Elle s'est « absentée », pour reprendre l'expression de Claude Léveillée quand il parle du suicide de son fils de 20 ans.

Oui, c'est ça. Je dis toujours que Laurette est partie. Un peu comme pour des grandes vacances ! Elle n'est jamais morte.

Il y a quand même de l'espoir dans le mot « absence ». Est-ce que ça va jusqu'à l'attitude d'Orlando, qui attend toujours le retour de sa sœur, Dalida ?

Non. Je pense que si elle doit revenir, ce ne sera pas sous la forme de Laurette. Ni sous la forme d'un champignon, mais plutôt comme une aide spirituelle.

Marie, si je te disais que je me sens bien quand tu en parles !

J'ai moins de coups de blues. Je suis en train de trouver un apaisement, de sortir de ma léthargie... À un moment, on sort de son coma. Je crois que quand on vit un truc pareil, il ne faut pas avoir peur de déranger les gens et de prendre le temps de l'absence.

Comme si les endeuillés ne pouvaient plus parler de ce qui les touche dans l'absence de l'autre quelque temps après ?

Certaines personnes veulent qu'on consomme vite son deuil, vite. Le deuil les met mal à l'aise. Ces gens-là, ils ont leurs frères et leurs sœurs. Moi je n'ai plus ma sœur. On prend déjà suffisamment sur soi quand on perd quelqu'un pour ne pas, en plus, se faire mettre de la pression par les autres.

Elle a une façon unique de dire les choses, l'art de raconter. Elle est très attachante. Je me sens privilégié d'être à ses côtés.

De quoi es-tu le plus fière ?

Si je suis fière de quelque chose, c'est vraiment de ma façon de compartimenter ma vie. Je prends un drame, je l'assimile, je passe à autre chose. J'ai appris ça avec la maladie de Laurette. J'ai appris à paniquer quand il le faut, pas avant. Autrefois, je me laissais bouffer par tout. En fait, la maladie de Laurette m'a renforcée. Ce qui m'épate chez les êtres humains, c'est leur capacité de résistance à une attaque extérieure. C'est la résilience.

Si tu devais supporter un autre deuil, serais-tu plus armée ?

On pourrait attendre 10 ou 20 ans. Non, je ne me sentirais pas plus armée pour un deuil, je me sens plus armée pour la vie.

C'est une très belle nuance !

J'arrête mon magnétophone.
Je la prends dans mes bras
et lui fais un câlin.
La glace est brisée, ma première
entrevue vient de se terminer.

Jean Lapointe
Vivre le moment présent

« *Après le décès de mes frères Anselme et Gabriel, et celui de ma deuxième femme, Cécile, en moins de deux ans, ma première réaction a été de dire : "Lâche-moi, va voir quelqu'un d'autre, parce que moi, j'en ai assez !" Je ne suis pas retourné à des funérailles depuis ces événements, car j'en suis incapable et je suis écœuré. […] Ce qui m'a sauvé, c'est que je ne vis pas au passé. J'applique la philosophie des Alcooliques anonymes. Je vis une journée à la fois […] et j'en profite au maximum.* »

Jean Lapointe
Vivre le moment présent

Cet après-midi-là, l'honorable Jean Lapointe est entré seul dans le théâtre du Rideau vert, à Montréal, pour une séance de photos. Il était à peine arrivé que mes collègues étaient impressionnés par sa sérénité et sa prestance. Il inspire tout simplement le respect.

Jean est un grand parmi les grands, une légende vivante et, malgré sa notoriété, il est resté simple et près des gens.

Jean a quelque chose de rassurant et sa sensibilité est contagieuse. À son contact, on doit être authentique, sinon gare ! Il ne pratique pas la langue de bois, ne fait pas dans la dentelle, et ses propos ont le mérite d'être clairs. Ce qui est dit est dit, et ce qui est fait est fait. Il se définit comme un être instinctif et émotif. C'est surtout un homme droit.

Nous sommes dans un lieu mythique rempli d'âmes où les acteurs les plus chevronnés ont été quelqu'un d'autre, le temps d'une pièce. Les murs ont tout entendu, et les répliques y résonnent encore.

Pour Jean, la scène est un lieu sacré et familier où il a passé plus de 50 ans de sa vie. Dans ce métier, il a tout vécu, des moments euphoriques liés au succès et des passages à vide. Il a su traverser ces instants, un jour à la fois.

En dix minutes, les clichés ont été pris. Il y avait de l'inspiration dans l'air. Jean a l'habitude de la caméra. Devant l'objectif, il ne jouait pas, il était.

Jean connaît la souffrance, car il l'a côtoyée très souvent. En quelques années seulement, il a perdu plusieurs membres de sa proche famille. Pour survivre à ces départs, il a décidé de regarder devant, jamais en arrière. Il est croyant et pratiquant. Il a la conviction que la foi l'a sauvé des pires épreuves de la vie en lui donnant le courage de les surmonter.

Au fil de cette discussion, il abordera avec son franc-parler habituel les grandes souffrances qu'il a dû vivre.

Ta vie est parsemée de beaucoup de deuils. Le deuil des Jérolas, de l'alcool, de ta première femme, Marie – la mère de tes enfants –, de tes deux frères et, enfin, celui de ta deuxième femme, Cécile. Comment vois-tu ces étapes ?
J'appelle ça des claques sur la gueule, mais, dans ma vie, il y a eu aussi des deuils heureux.

Comment as-tu traversé le deuil des Jérolas ?
Ça a été difficile. Je travaillais depuis 18 ans régulièrement avec Jérôme Lemay, qui est aussi un ami. Les trois dernières années se sont détériorées entre nous à

cause de mon problème d'alcool. Je faisais des folies, mais je donnais de bons spectacles quand même. J'en ai raté plusieurs, mais j'avais l'excuse d'être celui des deux qui était fou. Je n'ai pas eu à faire un deuil de notre amitié, parce que j'étais passé à autre chose. J'ai voulu tout risquer en partant pour devenir soliste, contrairement à Jérôme qui était un peu perdu et qui cherchait des partenaires pour poursuivre l'aventure des Jérolas. Il est resté accroché, pas moi.

As-tu eu peur de ne pas revivre le succès ?
Oui, c'est sûr, mais j'avais confiance en mes moyens et j'ai eu raison d'y croire.

Le deuil des Jérolas est directement relié à celui de l'alcool. Comment s'est déroulée cette période de transition ?
Je consommais de plus en plus d'alcool, et j'étais incapable de fréquenter les clubs sans me «paqueter». Ça me démoralisait et ça me répugnait tellement que j'arrivais à la dernière minute pour donner mon spectacle. Je n'en pouvais plus de travailler toujours dans les boîtes de nuit. Alors, je suis allé en cure de désintoxication pendant six semaines, et c'est à ce moment que j'ai fait le deuil des Jérolas. Ma femme Marie m'a supporté beaucoup au moment de cette décision. Elle me disait souvent : «J'aime mieux avoir un mari sobre et pauvre qu'un mari bourré de fric, mais tout le temps en état d'ébriété. Je veux être heureuse et aussi que mes enfants le soient avec un père abstinent.» J'ai cessé de boire, et je n'ai pas eu à faire un deuil, bien au contraire. Pour moi, ça a été une récompense. Les dernières années, je souffrais terriblement à cause de l'alcool, j'étais souvent malade. Je devais prendre une bière le matin pour «stabiliser» mon foie et mon estomac, c'était un enfer à vivre.

Il y a de ces amitiés que j'appelle circonstancielles. En arrêtant de boire, as-tu eu à changer ton réseau d'amis ?
Évidemment. Quand je travaillais dans des boîtes de nuit, des *chums* m'attendaient pour boire un coup et pour avoir du *fun*. Je partais de Québec et quand j'arrivais à Trois-Rivières, la même chose se reproduisait. Ce n'étaient pas des amis, plutôt des connaissances avec qui j'avais beaucoup de plaisir. Quand je suis arrivé chez les Alcooliques anonymes, j'ai rencontré la sincérité dans mes rapport amicaux. On m'a pris tel que j'étais et on n'a rien exigé de moi. On m'a dit : «Jean, tu es le bienvenu, on va t'aider si tu es prêt à faire un petit effort, on va te donner un coup de main pour t'en sortir.» Ce fut pour moi une révélation. Je ne m'ennuie absolument pas de l'alcool. Chez moi, quand j'accueille des amis, j'adore sentir le vin et le servir, mais ça ne me donne pas le goût d'en boire pour autant. J'ai compris une chose : je dois reconnaître que je suis alcoolique et impuissant devant l'alcool. Je suis capable de beaucoup d'orgueil, mais aussi de beaucoup d'humilité.

Certaines personnes ont à faire des deuils de certains de leurs gestes, parce qu'elles ont blessé des gens en cours de route. Qu'en penses-tu ?

Quand les gens en détresse arrivaient à la Maison Jean-Lapointe, je leur posais des questions, dont une : «Si tu avais été sobre, aurais-tu fait ça ? Non ! Eh bien, mon garçon, tu l'as fait, parce que tu es malade, allergique à l'alcool, et que l'alcool te porte à accomplir des gestes dont tu n'es pas responsable. C'est disgracieux, c'est mauvais, c'est méchant, c'est cruel, mais tu n'es pas responsable, ce n'était pas toi qui agissais.» Après, je donnais des explications, parce que 95 % des alcooliques qui arrivent en traitement étouffent sous la culpabilité et le remords. On ne veut plus y repenser. Alors, je leur disais : «On va regarder aujourd'hui, demain, on verra.»

Comment font-ils pour faire la paix avec les gestes qu'ils ont commis ?

Il y a plusieurs façons de faire amende honorable. On s'excuse sincèrement auprès des gens que l'on a injuriés, insultés, blessés, etc. C'est étonnant de voir la réaction positive dans la plupart des cas. Puisque nous sommes abstinents depuis un certain temps, notre attitude change complètement, et la majorité des personnes semblent contentes de nous voir sous notre vrai jour. Il arrive parfois, mais très rarement, qu'une personne ne veut rien savoir de nous. Nous ne pouvons rien y faire. C'est dommage, mais c'est ainsi.

Pierre Péladeau était un très bon ami. Comment as-tu vécu sa mort ?

J'ai vécu son départ avec beaucoup d'émotions. Pendant la première année, j'ai prié tous les jours pour lui. Après un an, je me suis dit qu'il devait être au ciel. Quand je perds quelqu'un de très cher, je prie pendant un an pour lui. Pour les membres de ma famille, je prie toujours. Chez les Alcooliques anonymes, il était mon parrain, et j'étais aussi un de ses parrains. J'étais très proche de Pierre. Nous nous aimions beaucoup. Un jour, j'ai connu une période difficile et j'étais déprimé. Je commençais à faire de l'argent, mais je devais 400 000 $ à la banque, et ça me stressait. J'étais allé voir Pierre pour lui demander conseil, et il m'avait dit : «Crisse, si tu leur dois 400 000 $, c'est parce que tu vaux un million et demi, sinon ils ne te prêteraient pas 400 000 $.» Je suis sorti de cette rencontre encouragé. Il avait le don de me remonter le moral, il disait les vraies choses.

As-tu eu l'occasion de le voir quelque temps avant sa mort ?

Oui. Quand j'ai appris que Pierre avait fait un AVC (accident vasculaire cérébral) et qu'il était hospitalisé, je suis allé le voir et j'ai passé une heure et demie avec lui à le caresser, à l'embrasser sur le front et à lui dire à quel point je l'aimais. Il m'avait prouvé à plusieurs reprises qu'il m'aimait lui aussi. Il y avait toujours un de ses enfants auprès de lui. Cette journée-là, c'était Anne-Marie, et c'est grâce à elle qu'il m'a été possible de voir Pierre. Je connaissais ses problèmes, elle m'avait appelé à quelques reprises et je m'étais attaché à elle. Je savais qu'un jour ou l'autre elle s'en sortirait. Ça aurait pu être pire.

Quel est le côté insoupçonné de Pierre Péladeau?

Occupé ou pas, si un alcoolique en détresse appelait Pierre pour lui parler, sa secrétaire avait pour consigne de lui passer la communication tout de suite. Pour lui, c'était prioritaire. Il a sauvé beaucoup de gens comme ça, il ne les abandonnait pas. C'était un homme avec une carapace, mais, avec le temps, j'avais réussi à la percer. Pierre avait un caractère sec, mais quand quelqu'un montrait de la bonne volonté et faisait des efforts, c'était un agneau.

Avez-vous déjà parlé de la mort ensemble?

Occasionnellement. C'est un sujet sur lequel nous ne nous sommes jamais vraiment attardés.

Avait-il peur de la mort?

Absolument pas.

Avec le temps, les deuils répétés t'ont-ils immunisé contre les épreuves ou, au contraire, as-tu toujours peur qu'il en arrive une autre?

Je pense que je suis devenu plus solide. Évidemment, étant émotif, lorsqu'une tuile me tombe sur la tête je suis vulnérable et je demande de l'aide au bon Dieu. Ma prière est toujours la même: «Mon Dieu, donnez-moi la sérénité d'accepter ce que je ne peux changer, le courage de changer les choses que je peux changer et la sagesse d'en connaître la différence.» Ça fonctionne à tous les coups.

Comment as-tu surmonté le deuil de ta première femme, Marie?

Ça a été très difficile. Ça s'est fait sur trois ans. Pour Marie, sa vie a commencé à perdre son sens quand les enfants ont quitté la maison. C'était une mère de famille extraordinaire, mais elle était trop mère poule et incapable de supporter leur absence. Après leur départ, elle ne se sentait plus utile, et elle s'est mise à boire. Je n'ai rien contre l'alcool, mais je suis contre l'abus. Elle avait un problème d'alcool très sérieux; son foie se détériorait. Les trois dernières années ont été invivables pour moi et pour les enfants. J'ai tout fait pour essayer de l'aider, mais probablement que j'étais le pire gars pour cela, parce que j'étais un alcoolique en perpétuelle réhabilitation. Mais je la comprenais tellement. Mes amis des Alcooliques anonymes me disaient: «Jean, va-t'en, ne reste pas là. Tu vas finir par consommer», et je leur répondais: «Non, Marie, c'est ma femme. Ce n'est pas parce qu'elle est malade que je vais la laisser tomber.» On a tout essayé, elle est venue à quatre ou cinq reprises à la Maison Jean-Lapointe, puis j'ai envoyé mon fils, Jean-Marie, la conduire dans un centre de désintoxication aux États-Unis, mais elle est revenue au bout de quelques jours seulement.

Y a-t-il un moment où tu as abdiqué et où tu t'es dit: «La fin est inévitable»?

Oui, je voyais venir la fin. Quelques mois avant sa mort, quand elle a quitté la Maison Jean-Lapointe et qu'elle a pris un taxi, je l'ai regardée longtemps partir, et je me suis dit : « Elle ne s'en sortira pas. » Sa priorité, c'était l'alcool. Dès qu'elle se levait, elle buvait. Je mettais un peu d'eau dans son vin, elle ne s'en apercevait même pas. Tous les matins, je lui disais en douceur : « Marie, si tu veux boire, je ne t'empêcherai pas de le faire, mais bois tranquillement. » Quelques minutes plus tard, elle allait dans la salle de bain ou dans la grande chambre à coucher, et elle en sortait enivrée. Elle pouvait vider une bouteille d'alcool en cinq à dix minutes. On a trouvé des bouteilles cachées partout, comme chez tous les alcooliques. Quand je partais de la maison pour donner des spectacles à l'extérieur, elle ne répondait pas au téléphone, j'étais terriblement inquiet.

Crois-tu qu'elle voulait mourir ?
Parfois, je crois qu'elle n'avait plus le goût de vivre. Elle était incapable de supporter le sevrage, c'était une chose épouvantable pour elle.

Comment est-elle décédée ?
Elle a été hospitalisée deux ou trois semaines, je ne m'en souviens plus. C'est une période à laquelle je n'aime pas penser. Elle souffrait beaucoup et toute la famille aussi. Elle prenait de forts calmants et dormait la plupart du temps.

Comment se sont déroulées les dernières heures en sa compagnie ?
Les enfants étaient tous venus à Magog, et nous nous relayions à tour de rôle pour rester auprès de Marie, hospitalisée à Sherbrooke. Les derniers jours, elle était dans le coma, mais nous ne cessions pas de lui parler. Nous lui répétions sans arrêt que nous l'aimions.

Parliez-vous de la mort ensemble ?
Avec Marie, c'était un sujet tabou.

Après la mort d'un conjoint, il arrive parfois qu'un endeuillé tombe amoureux de quelqu'un d'autre. C'est comme une façon de choisir la vie et de ne pas sombrer. Ça a été ton cas. Cécile est arrivée dans ta vie. Comment vous êtes-vous rencontrés ?
Quand j'ai perdu Marie en 1991, je venais de perdre quelque mois auparavant mon meilleur ami, Gilles Labelle, le mari de Cécile. Marie était sa meilleure amie. Cécile ne m'attirait pas du tout. Ça ne m'avait jamais effleuré l'esprit d'être avec elle, car c'était la femme de mon ami Gilles, point à la ligne. Moi, je n'ai jamais fréquenté les femmes mariées ou les femmes de mes amis. Elle n'était pas attirée par moi, et quant à moi, elle n'était pas mon genre de femme. Un jour, elle a voulu me parler. Je me doutais bien de quoi. Je sentais que quelque chose était en train de se passer entre nous ; elle ne me laissait plus complètement indifférent. Je n'oublierai jamais ce moment-là. Cela se passait chez elle : elle était

assise en haut des marches, moi, en bas, et je buvais un café. Elle m'a dit : « Je dois te dire quelque chose. Il s'est passé un événement extraordinaire dans ma vie. Il y a quatre jours, quand tu es venu vers moi, mes jambes sont devenues tellement molles que je me suis assise. J'ai découvert ce qu'était un coup de foudre et, depuis cet instant précis, je ne te vois plus avec les mêmes yeux.

Quelle a été ta réaction ?
Cette révélation m'a étonné.

Pourquoi ?
Je me doutais bien qu'elle avait un petit faible pour moi, mais pas qu'elle était amoureuse.

As-tu résisté à ce qui était en train de se produire entre vous ?
Non. Nous venions de traverser une période très pénible tous les deux, et on aurait dit que c'était comme un baume sur nos plaies vives.

Avais-tu envie de retomber amoureux ?
Oui, même si la cicatrice de la perte de Marie était encore omniprésente. Cependant, Marie n'était plus là, et les trois dernières années avaient été terriblement difficiles et pénibles à vivre, pour elle, pour moi et pour toute la famille. Alors, j'ai dit à Cécile : « Écoute, je vais te raconter qui je suis, parce que tu ne me connais pas. Il faut que tu saches que je joue au golf huit jours par semaine, que j'ai un côté généreux, que j'ai un côté égoïste aussi, que je suis un joueur et que j'aime un tas de choses. » J'ai déballé mon sac sans rien lui cacher. J'ai aussi ajouté : « Si tu veux essayer de faire un bout de chemin avec ce gars-là, on peut essayer. » On a essayé, et d'être de nouveau amoureux à soixante ans fut une fabuleuse découverte. D'ailleurs, je lui ai écrit la chanson *Le petit ange*. C'est aussi pour Marie. Cette chanson dit : « Dieu lui envoya un ange pour soulager sa douleur. »

Comment qualifierais-tu votre relation qui a duré dix ans ?
Elle a été toute en douceur. Le niveau de décibels n'est jamais monté entre nous, alors qu'avec Marie, c'était plus difficile, nous étions plus jeunes et plus passionnés. Avec Cécile, je me sentais réconforté et en sécurité. Du lever au coucher, c'étaient des petits bonheurs. Elle me faisait mon premier café, je lui faisais son deuxième. Je voulais tout simplement qu'elle soit bien, et elle voulait la même chose pour moi. Elle a découvert une passion pour les timbres, tout comme moi. Elle venait avec moi aux expositions, on achetait et on revendait des collections. Elle aimait ça. On s'amusait beaucoup ensemble, et quand je partais en tournée, elle m'accompagnait.

En 2001, la mort frappa de nouveau et emporta Cécile. Raconte-moi les événements.

Un matin, elle regardait les nouvelles sur Internet, et je lui ai dit: «Je vais te faire un café.» Elle m'a répondu: «Non, je digère mal, j'ai mal au cœur, je vais m'étendre.» J'ai ajouté: «Je vais te faire une tasse d'eau chaude, ça t'aidera.» Elle était installée à environ six ou sept mètres de moi. J'allais la voir toutes les cinq minutes, et je lui demandais si l'eau chaude lui faisait du bien. À un certain moment, je lui ai proposé une autre tasse d'eau chaude et elle m'a dit: «Je vais dormir un petit peu, ça va me faire du bien.» Elle s'est étendue sur le dos. Je me suis assis et je l'ai aperçue en train de se lever. Elle a poussé un cri, puis elle est tombée sur le dos. Je me suis précipité dans la chambre. Elle était «raide comme une barre», elle avait tout le visage mauve et elle ne respirait plus. Je me suis mis à crier, j'étais tout seul avec elle et j'ai appelé le 911. Ce fut un choc tellement violent que je ne me souviens plus si c'est l'ambulance ou la police qui est arrivée en premier. Je tremblais comme une feuille. Je me sentais comme poussé par un ouragan. J'ai paniqué, je suis allée voir ma voisine et je lui ai demandé: «As-tu du gin, parce que je ne pense pas pouvoir tenir le coup?» Elle m'a apporté un fond de bouteille et je l'ai vidé en deux gorgées. Ça m'a calmé. Cependant, étant alcoolique, j'ai continué à boire toute la journée. Cécile est morte dans la nuit. Le lendemain matin, j'avais soif, et mon ancien processus s'était enclenché. C'est ma fille aînée, Maryse, qui m'a dit: «Papa, écoute-moi, Cécile ne serait pas fière de toi.» Je n'ai plus bu une autre seule goutte d'alcool depuis cet événement. Sur le moment, j'avais été incapable de me raisonner, tout avait été trop subit, trop violent. Quand je l'ai vu raide, j'ai su qu'elle était morte. D'un coup sec, j'ai perdu la femme que j'aimais, avec qui j'avais passé dix années sans jamais de chicanes.

Certains signes avaient-ils laissé présager un tel événement?

C'est ça le pire. Personne ne s'y attendait, elle n'avait montré aucun signe de maladie.

Y a-t-il un moment où tu en as voulu à Dieu qui t'enlevait les gens que tu aimais?

Un peu. Après le décès de mes frères Anselme et Gabriel, et celui de ma deuxième femme, Cécile, en moins de deux ans, ma première réaction a été de dire: «Lâche-moi, va voir quelqu'un d'autre, parce que moi, j'en ai assez!» Je ne suis pas retourné à des funérailles depuis ces événements, car j'en suis incapable et je suis écœuré. Quand quelqu'un que je connais meurt, j'envoie un mot, mais je ne peux assister à des funérailles. Que je sois là ou pas, ça change quoi? Quand il s'agit de gens proches, ils comprennent et ils doivent se dire: «C'est vrai que lui, il a eu son lot d'enterrements.»

Es-tu croyant?

Heureusement que oui, c'est ça qui m'a sauvé. En revanche, je respecte beaucoup ceux qui ne le sont pas. Souvent, les gens essaient de trouver la foi dans de multiples religions, sectes ou autres. Ils essaient de trouver la foi avec leur tête, mais elle n'est pas là. Elle vient tout simplement du cœur. Si on fait une place dans son cœur, la foi viendra s'installer. De plus, j'ai toujours eu une dévotion à la Sainte Vierge, je tiens ça de mon père. Un jour, je m'en allais au club de golf de Venise, et quelques minutes avant d'arriver, j'ai aperçu à gauche une belle madone d'au moins 1,5 à 2 mètres, abandonnée et toute sale. Je me suis approché, il n'y avait personne. Une petite chapelle se trouvait au fond sur le terrain qui appartenait à la fabrique d'une église de Magog. D'ailleurs, j'ai essayé de faire une offre pour l'acheter, je l'aurais transformée en rendez-vous pour les malheureux, les gens seuls qui souffrent. Ça me tentait, mais ça n'a pas marché. Je connaissais un gars qui réparait les monuments, et je lui ai dit : « J'aimerais ça lui faire une belle toilette à la madone, et il l'a fait. » Je connaissais aussi une fleuriste qui travaillait sur mon terrain, alors je lui ai dit : « Vous allez mettre une belle haie d'hydrangées autour d'elle. » Tous les jours, je lui rendais visite et je lui confiais mes problèmes. Je lui demandais de m'aider à traverser mes épreuves. Puis, dans la nuit du décès de Marie, avec mes quatre enfants, nous sommes allés la voir et je lui ai demandé : « Enveloppe-la dans ton beau grand manteau bleu afin qu'elle ne souffre plus. »

Durant toutes tes épreuves, as-tu douté de l'amour de Dieu ?

Pas du tout. La souffrance humaine fait partie de la vie. Parfois, nous connaissons de longues périodes de bonheur, et parfois le malheur nous frappe. C'est la vie. Quotidiennement, je remercie Dieu pour tous les beaux cadeaux qu'il nous fait. Quand Marie est morte, mon directeur de scène à l'époque m'avait dit : « Tu sais, Jean, la mort fait partie de la vie. » Alors, je me répétais la même chose, puis que Marie retrouvait les siens, qu'elle était enfin heureuse. Pour ceux qui restent, le temps s'arrête, mais je sais qu'il existe une récompense pour ceux qui partent. À la mort de mon ami Jacques Beauchamp, j'étais allé à ses funérailles. Pierre Péladeau avait prononcé l'homélie, et il a ajouté que ce rassemblement était une fête.

Que voulait-il dire ?

Il disait que Jacques avait enfin sa récompense, que c'était sa fête, qu'il avait retrouvé tous ses parents et amis disparus, et qu'il était heureux plus que jamais. En me dirigeant aux funérailles de Marie, j'étais tout seul dans la voiture, j'ai appelé Pierre Péladeau et je lui ai demandé de me répéter brièvement ce qu'il avait dit lors de l'enterrement de Jacques Beauchamp. Ça m'a fait le plus grand bien. Je suis resté serein durant tout le temps de la cérémonie pour Marie.

Considères-tu la mort comme une délivrance ?

Ce n'est pas une délivrance. C'est un passage vers un monde meilleur. Peut-être qu'au fond, c'est une délivrance. Je ne le sais pas.

Dans quel état étais-tu durant les funérailles de Cécile ?

Je ne me souviens pas d'un centième des gens qui y ont assisté. J'étais dans une boule de souffrance terrible. Je ne me souviens plus de l'enterrement, c'est flou, je ne sais pas. Cet état-là a duré pendant plus d'un mois.

Quand tu penses à Cécile, quels souvenirs te reviennent ?

Sa mort subite. Je suis incapable de revivre ce moment si pénible. Quand cette image me revient à l'esprit, je la chasse. Ça m'est revenu et ça me revient encore. Je peux en parler, mais, quand je suis tout seul, je chasse cette idée-là. Je ne peux pas oublier ces instants si douloureux. Comme lorsque j'ai fermé les yeux à mon petit frère, et que ses yeux ne se fermaient pas, les paupières remontaient. Ce sont des images qui restent.

Comment fais-tu pour chasser ces images de ta mémoire ?

J'ai une force de caractère, une force d'esprit incroyable. Les images que je ne veux pas voir, je les envoie ailleurs. Je pense à quelque chose que j'aime faire.

As-tu eu peur, quand Cécile est décédée subitement, de ne pas avoir le courage de passer à travers cette perte ?

Ça a été dur, parce que j'étais dans une bulle. J'étais incapable d'en sortir, j'étais pris dedans.

Comment se sont déroulés les jours qui ont suivi son départ ?

Souvent, j'étais angoissé. Une nuit, je me suis réveillé, j'étais tout seul à la maison, et j'étais paniqué. Il était trois heures moins le quart. Alors, j'ai appelé John, un ami AA, je lui ai demandé de venir prendre un café avec moi et de m'aider. Il m'a interrogé : « As-tu soif ? », et je lui ai répondu : « Non, pas du tout. » Il est arrivé 20 minutes après accompagné d'une psychologue à la retraite, Mercédès, qui fait partie de la même association, et John m'a dit : « Comme tu n'as pas soif, moi, je ne sais pas quoi te dire. Mercédès est psy. Elle est mieux placée que moi pour t'aider à régler tes "bibites". » Je la connaissais depuis de nombreuses années. On a beaucoup parlé ensemble, et ça m'a fait du bien. Finalement, c'est devenu répétitif. Toutes les nuits à trois heures moins le quart, je me réveillais angoissé. La fin de semaine suivante, mon ami John étant parti à la pêche, j'ai appelé Mercédès dans la nuit pour qu'elle m'aide. Après un certain temps, elle s'est installée chez moi, et ça m'a rassuré.

Pourquoi s'est-elle installée chez toi ?

Comme l'appartement était immense, je lui ai demandé de venir s'installer à l'autre bout. Elle avait sa propre salle de bain, sa chambre, et elle avait déposé des vêtements dans une commode. Ça lui évitait de se lever, de prendre sa voiture, de s'habiller, etc. Le matin, elle partait tôt pour aller au golf en compagnie de son amie Marquita. Elles jouaient tous les jours, et nous nous retrouvions pour le souper.

Comment t'en es-tu sorti ?

Mercédès m'a aidé beaucoup. Elle m'a expliqué bien des choses que je ne connaissais pas. Et puis, Mercédès, c'est comme Cécile, comme encore plus. C'est généreux, cette femme-là. Tout le monde l'adore, Mercédès. Tu sais, elle me gâte.

C'est réconfortant ça, Jean ?

Oui, c'est sécurisant. Jean-Pierre Ferland m'a déjà dit : « Lapointe, tu as les "gosses" bénites. Tu as eu du succès, toi, Lapointe, avec les femmes. C'est incroyable avec la gueule que t'as. »

C'est vrai que tu as eu du succès. Tu aurais pu ne jamais retrouver l'amour.

Ah oui, oui, c'est sûr. Il y a toujours quelqu'un quelque part pour chaque personne. Je suis sûr de ça. Il s'agit de ne pas fermer les yeux.

Crois-tu que les rituels autour de la mort dans le cheminement de ton deuil ont été nécessaires ?

Je pense que oui. On disparaît très rapidement et on nous oublie. Il faut se rappeler les beaux moments de la vie que l'on a vécus avec l'être aimé. Justement, je me souviens encore quand Cécile et moi avons écouté mon album qui n'était pas encore sur le marché. Cette nuit-là, quand je suis arrivé à la maison vers deux heures du matin avec le produit fini, Cécile voulait l'écouter et je lui ai dit : « Non, mon amour, on va attendre à demain, à tête reposée. » Le lendemain, on l'a écouté. Elle a dit : « J'aimerais l'entendre une autre fois », et je lui ai répondu : « Mon amour, dis-moi sincèrement : "M'aimes-tu autant qu'au premier jour ?" » Elle m'a répondu : « Encore bien plus ! » Je me suis mis à pleurer, je l'ai embrassée, et on a écouté l'album. Ce fut un moment inoubliable. J'ai tellement connu de beaux moments à ses côtés ! C'est de ces moments-là dont je veux me souvenir.

C'est pendant cette période que monsieur Chrétien t'a appelé pour te proposer un poste de sénateur ?

Exactement. Environ deux semaines après la mort de Cécile, monsieur Chrétien m'a appelé, pour d'abord m'offrir ses condoléances, puis ensuite me dire : « Je voudrais te nommer sénateur. » Je me suis mis à pleurer. Monsieur Chrétien m'a demandé : « Est-ce que c'est une si mauvaise nouvelle que ça ? » Je lui ai répondu : « Non, c'est parce que je pense à Cécile, à ma famille, à maman, à mon père qui a été député libéral pendant plusieurs années. » J'ai pris ma voiture et je me suis rendu à Ottawa. Arrivé sur place, ils m'ont dit que j'avais droit à un chauffeur et j'ai pensé tout de suite à Mercédès. Elle était à la retraite, on avait le même âge. Je l'ai appelée, je lui ai proposé d'être mon chauffeur et elle m'a répondu oui. Pendant plusieurs mois, on a eu chacun sa chambre à l'hôtel. Un jour, en cours de route, je lui ai lancé : « Cette semaine, on coupe dans les dépenses, on prend qu'une seule chambre » et elle a répondu : « Je ne dis pas non. » Elle était célibataire, elle ne s'était jamais mariée ni rien. C'est à ce moment que s'est installée une histoire d'amour entre nous. Aujourd'hui, nous sommes ensemble, et c'est très bien ainsi.

Tu as perdu deux femmes que tu as aimées. As-tu eu peur d'aimer de nouveau ?
Il ne faut pas penser à ça. Pas du tout. Si on aime, on aime, on ne se pose pas de questions à savoir si dans six mois, on sera encore avec cette personne. On fait le bout de chemin qu'on a à faire, et ça finit là. Je trouve que la vie est bien faite. Elle vaut vraiment la peine d'être vécue au maximum. Il faut mordre dans la vie pendant qu'on est vivant. Quand on sera mort, on mordra dans la mort. Alors, aujourd'hui je profite au maximum de chaque journée. J'ai vraiment appris ça chez les Alcooliques anonymes, un jour à la fois.

La philosophie de vie des Alcooliques anonymes a-t-elle été un outil pour surmonter les épreuves que tu as vécues ?
Oui, elle est entrée dans mon cœur et dans mon esprit.

As-tu l'impression que ta nomination comme sénateur t'a aidé dans ton deuil ?
Oui, assurément, parce que ça m'a changé d'horizon. Je m'en allais à Ottawa, donc, c'était tout nouveau. Le Sénat, c'est impressionnant quand tu arrives là. L'allégeance à la reine, j'aimais pas ben ça, mais c'est la formule.

As-tu peur de ta propre mort ?
Je suis là depuis 70 ans, je ne veux pas mourir demain matin. Mais si ça doit arriver, ça arrivera, point. Je ne pleurerai pas, je ne me mettrai pas la tête entre les jambes. Je ne me dirai pas : « Il me reste six mois, non, non ! » Je vais plutôt prendre une journée à la fois et aller chercher le maximum. Cependant, si j'étais atteint d'un cancer, je ne voudrais pas avoir de traitement de chimiothérapie. On verra dans le temps comme dans le temps, quand ça arrivera.

Pourquoi refuserais-tu des traitements ?
J'ai vu trop souffrir mes deux frères. Lorsqu'il n'y a plus de qualité de vie, comme dirait Yvon Deschamps : « Qu'ossa donne ? » C'est facile de s'endormir vite aujourd'hui.

Es-tu pour l'euthanasie ?
Tout à fait. Je ne peux concevoir de laisser quelqu'un souffrir à l'extrême et mourir à petit feu. Il faut quand même être très prudent, ne pas exagérer.

Qu'est-ce que la mort pour toi ?
On va tous passer par là, c'est un passage obligé. C'est juste, parce que tout le monde y passe. Les plus grands salauds que la terre a portés, comme les

meilleurs. Je me suis toujours dit que le plus dur serait de perdre un enfant. Il y a des choses qu'on ne s'explique pas. On essaie de les expliquer avec notre tête, avec nos yeux. Les petits enfants qui meurent au Rwanda, ils sont récompensés tout de suite dès qu'ils arrivent au ciel. La récompense est toujours plus grande pour les victimes innocentes. Je prie pour les gens qui souffrent.

Peut-on survivre à la mort de quelqu'un que l'on a aimé ?
Absolument. Après la mort, il y a la vie. Il faut continuer et faire confiance à la providence. C'est ma philosophie. À quoi ça sert de vivre au passé ?

Que veux-tu que l'on retienne de ton passage sur terre ?
La prospérité, je n'y crois pas du tout. J'ai fait des bons et des mauvais coups. J'ai donné beaucoup d'argent et j'en ai flambé beaucoup. Mais j'ai toujours cru qu'il n'y avait pas que l'argent dans la vie, et elle me l'a prouvé. J'aimerais qu'on dise de moi que, oui, j'avais des qualités et des défauts, mais que je n'ai jamais été un homme méchant, du moins je le pense. Félix a déjà dit de moi : « Bien longtemps après son départ, Jean Lapointe aura laissé des bouées. » Et aussi : « Jean Lapointe, un homme sans haine et sans rancune. » Je suis incapable de haine et de rancune. On ne peut pas aimer tout le monde, tout le monde ne peut pas t'aimer non plus. Je pense que j'ai cette qualité de me pencher vers les gens qui souffrent. J'ai perdu de l'argent au jeu dans ma vie et beaucoup avec des amis qui avaient besoin d'aide. Je les ai aidés, ils n'ont pas été capables de me rembourser, mais ce n'est pas grave. Soyons objectifs, et je le suis : mis à part la Maison Jean-Lapointe, la fondation que j'aurai laissée, il y aura aussi un DVD qui fera découvrir mes performances sur scène.

Comment as-tu vécu la mort de Félix ?
J'ai eu beaucoup de chagrin, d'autant plus que je devais le visiter la semaine suivante sur l'île d'Orléans. À la demande de mon ami Jacques Samson, du Soleil de Québec, j'ai écrit un texte dans les jours qui ont suivi son décès. Quelques semaines plus tard, j'ai composé une chanson pour Félix, chanson intitulée *Le Fleuve*. Si ce n'était que de moi, le fleuve Saint-Laurent deviendrait le fleuve Félix-Leclerc. Y'en a qui disent que c'est trop. C'est parce qu'ils ne savent pas jusqu'à quel point Félix était grand. Ce beau géant au regard bleu. Je m'en ennuie encore.

Plus tu avances dans la vie, plus il y a de risques que tu perdes des gens que tu aimes. Comment vis-tu avec cette perspective ?
Je ne m'inquiète jamais de ce qui peut arriver dans le futur. Je vis aujourd'hui. On verra « dans le temps comme dans le temps » Ce qui m'a sauvé dans la vie, c'est que je ne vis pas au passé. J'applique la philosophie des Alcooliques anonymes : je vis une journée à la fois et j'en profite au maximum.

Fais-tu confiance à la vie ?

Ah oui ! Ah, ben oui ! Faire confiance à la vie, faire confiance aux êtres humains. Je fais confiance à mes amis, parce que j'ai de sacrés bon amis. Je leur demande conseil. Quand j'ai besoin d'aide, j'ai les deux mains remplies de gens sur qui je peux me fier.

Faut-il prévoir une durée à la résolution du deuil ?

Non, il n'y a pas de délai. Dans tous les cas, il n'y a rien d'établi. Le délai peut être plus long, si on se complaît dans sa souffrance. La providence a voulu que ça arrive ainsi, et ce n'est pas pour rien. À chaque épreuve de ma vie, j'ai toujours dit au patron : «Mon Dieu, envoie-moi l'épreuve que tu veux, mais donne-moi le courage qui va avec, tout le temps. » Ça a toujours été ma prière.

En quittant les lieux, nous avons discuté des choses de la vie. Quelques jours après, il a ajouté d'autres éléments de réponse pour compléter son histoire.

Petit ange *À Marie et à Cécile...*

Une fleur entre les dents, il marchait lentement
Le cœur à fleur de larmes, il suivait l'enterrement
Il venait de perdre sa belle, le grand amour de sa vie
Et dans son âme rebelle s'annonçaient des jours de pluie

Être seul n'est pas facile, on perd le goût de la vie
Tout devient bien inutile quand l'amour s'est endormi
Il aurait voulu la suivre jusqu'au pays inconnu
Ne voulait pas lui survivre tant il était perdu

Mais Dieu lui envoya un ange pour soulager sa douleur
Tous les jours seraient dimanche s'il voulait ouvrir son cœur
Il faudra tourner la page voir le soleil quand il luit
Laisser passer ces orages qui font partie de la vie

Il lui confia toute sa peine la partagea sans détours
L'ange le prit sous son aile et lui offrit son amour
Et doucement l'espérance vint s'installer dans son cœur
Et grâce au petit ange il retrouva le bonheur

Paroles, musique et interprétation: Jean Lapointe / Les Éditions Bobineau

Car Dieu lui envoya un ange pour soulager sa douleur
Tous les jours seraient dimanche s'il voulait ouvrir son cœur
Il faudra tourner la page voir le soleil quand il luit
Laisser passer ces orages qui font partie de la vie.

Marie Eykel
Vivre pour les enfants

« Je n'ai jamais vraiment accepté la mort d'un enfant. [...] Moi, je suis une batailleuse, alors quand je m'embarquais avec un enfant, c'était pour la vie. Sauf qu'à un moment, j'ai été obligée de comprendre que mon rôle, c'était aussi de l'accompagner là où il s'en allait, même si c'était la mort. [...] Je ne pourrai jamais comprendre pourquoi ces enfants-là sont venus sur terre seulement pour souffrir et pour que leurs parents s'attachent à eux et qu'ensuite on les leur enlève. »

Marie Eykel
Vivre pour les enfants

L'été indien venait à peine de se terminer. Dans les arbres, les couleurs étaient flamboyantes. Il y avait de la nostalgie dans l'air. Tout semblait poétique, comme dans un tableau de Monet. C'était beau, ça sentait bon, l'automne était là.

Je me suis rendu chez elle sur le Plateau-Mont-Royal, à Montréal. Je la connaissais à peine et j'allais parler avec elle d'un sujet délicat et intime. Étrange sensation. Elle m'a accueilli avec un sourire rempli de candeur, et de sa belle voix douce et feutrée, elle m'a demandé d'entrer. J'ai alors constaté le côté unique et apaisant de sa voix. Nous nous sommes attablés devant une infusion, et nous sommes directement entrés dans le vif du sujet.

Je me suis perdu dans son regard plein de bonté. C'est pour cela, je crois, que les enfants l'ont tellement aimée et qu'aujourd'hui elle nous manque autant. «La vérité sort de la bouche des enfants»: ce vieux dicton illustre parfaitement la personnalité de Marie. En discutant avec elle, il m'était plutôt difficile de faire abstraction du personnage qu'elle avait campé pendant un quart de siècle: la ressemblance était saisissante. Et si Passe-Partout était tout simplement Marie Eykel?

Marie est quelqu'un de réfléchi. Elle s'appliquait à répondre correctement à chacune de mes questions. Avec un calme olympien, elle a replongé dans tous ses souvenirs, même si certains lui serraient le cœur.

Il y a quelques années, à l'époque de *Passe-Partout*, tu as accompagné beaucoup d'enfants qui avaient le cancer, et certains étaient en phase terminale. Que retiens-tu de leur passage dans ta vie?
Le courage de ces petits bouts-là qui se battent si fort pour leur vie, et leur bonté envers leurs parents. Parfois, je sentais qu'ils voulaient mourir parce qu'ils n'en pouvaient plus de se battre, mais ils ne le faisaient pas pour ne pas peiner leurs parents.

Cela te donnait-il envie de dire aux parents: «Lâchez prise»?
Non, c'est tellement cruel. Je parlais aux enfants et je leur disais: «C'est correct, tu peux t'envoler. Ton papa et ta maman sont d'accord. Ils vont avoir de la peine et ils vont s'ennuyer de toi, mais ils vont comprendre. Ils savent que tu es tanné.» Souvent, au bout de quelques heures ou d'une journée, l'enfant mourait.

Comment en es-tu venue à accompagner ces jeunes enfants malades?
Grâce à mon rôle de Passe-Partout. Les enfants me connaissaient déjà, un lien de confiance et d'amour était déjà établi. La plupart du temps, quelqu'un de l'équipe médicale m'appelait pour aller les voir quand ça allait mal. Quand l'entourage de l'enfant était au bout du rouleau, alors on venait me chercher comme une ressource supplémentaire afin d'apporter un peu de joie et de courage à l'enfant en phase

terminale ou lorsqu'il avait encore un combat à livrer. Je n'ai jamais vraiment accepté la mort d'un enfant. Les deux derniers enfants que j'ai accompagnés et qui sont décédés, je les ai suivis pendant plusieurs années, et je m'étais beaucoup, beaucoup attachée à eux et à leur famille. Parfois, la famille élargie ne pouvait plus entendre parler de la maladie, car c'est trop difficile à supporter, alors les parents me confiaient des choses qu'ils n'osaient pas raconter, même à leurs plus intimes. Mon rôle consistait à écouter et supporter avec empathie cette souffrance infinie, ce désespoir.

Était-ce difficile pour toi de recevoir autant de confidences?

Oui, car j'étais prise avec toute cette souffrance et toute cette peine. Je suis émue et touchée parce qu'on en parle maintenant et que je revois les petits visages, des moments précis de jeux, de rires et d'espoir. Moi, je suis une batailleuse, alors quand je m'embarquais avec un enfant, c'était pour la vie. Sauf qu'à un moment, j'ai été obligée de comprendre que mon rôle, c'était aussi de l'accompagner là où il s'en allait, même si c'était la mort. Après les deux derniers enfants que j'ai accompagnés, j'ai décidé de m'arrêter, parce que c'était en train de me rendre folle, je n'en pouvais plus.

Elle parle tout bas.
Elle prend un moment pour
se remémorer certains souvenirs,
et les émotions refont surface.

Un nombre très élevé de couples se séparent après une telle épreuve. Selon toi, est-ce inévitable?

La situation est parfois tellement difficile que ça peut créer des tensions insupportables. Je pense que ceux qui ne se séparent pas sont des gens qui avaient atteint un niveau d'amour et de communication exceptionnel, avant que ça arrive. La maladie, c'est un raz-de-marée destructeur.

On oublie souvent qu'il y a les autres, frères et sœurs, qui en souffrent aussi à leur façon.

Effectivement, ils se disent parfois: «Va-t-il falloir que je sois malade aussi pour qu'on s'occupe de moi, pour qu'on m'aime?» Les parents font tout ce qu'ils peuvent pour s'occuper de leurs autres enfants, mais ils doivent tout le temps être à l'hôpital.

As-tu réussi à faire le deuil de toute cette souffrance?

Je ne sais pas, je n'en suis pas sûre. Je ne pourrai jamais comprendre pourquoi ces enfants-là sont venus sur terre seulement pour souffrir et pour que leurs parents s'attachent à eux et qu'ensuite on les leur enlève. Je trouve épouvantable de voir un enfant de cinq ans me regarder avec la profondeur et la sagesse d'un vieux. Effectivement, il est au bout de sa vie. En 5 ou 10 ans, il est parvenu à ce que certains autres mettent 85 ou 90 ans à atteindre.

Qu'est-ce que cela t'apportait de côtoyer ces enfants dotés d'une telle sérénité?

Ça me calmait. Ça m'obligeait à réfléchir, à être humble face à la vie et à me dire: «Marie, pense-toi pas trop fine, il y a plein de choses que tu ne comprendras pas de ton vivant. Tout ce que tu as à faire, c'est de les accepter.»

Es-tu de nature à vouloir tout comprendre, tout saisir ?

Oui, mais il y a beaucoup de choses qui m'échappent. Par exemple, quand je m'occupe des enfants abusés sexuellement, la pédophilie, je ne comprends pas ça. On ne devrait jamais toucher à un enfant. Si quelqu'un a ce genre de pulsion, qu'il s'arrête tout de suite, qu'il aille se faire soigner, qu'il se mette à l'abri pour ne pas faire de tort.

Tu as pris la décision d'aller étudier à l'université dans un programme de dramathérapie, la thérapie par le jeu, par le théâtre. Était-ce une conséquence de ce que tu venais de vivre avec les enfants malades ?

Ça a certainement beaucoup joué dans ma décision. C'était aussi la période post-*Passe-Partout,* où je travaillais à changer la vision que les réalisateurs avaient de moi et à relancer ma carrière. Je me suis battue très fort et j'ai fait ce que je pouvais, mais ça n'a pas vraiment fonctionné. Un jour, en revenant de Toronto, où j'étais allée jouer au théâtre, je me suis trouvée dans un train avec une dame qui lisait *Harry Potter.* J'ai commencé à lui parler, et elle m'a dit qu'elle était psychologue pour enfants. À cet instant, il y a eu comme un déclic, et je me suis dit que si j'avais à recommencer ma vie, je ferais peut-être ce métier. Cette idée m'est restée dans la tête à mijoter. Ensuite, le hasard m'a fait rencontrer une art-thérapeute, qui m'a parlé du programme de thérapie par les arts offert par l'Université Concordia, et je m'y suis inscrite. Je me suis dit : « C'est ça qui va me permettre d'utiliser ce que je sais faire. Je vais acquérir de nouvelles connaissances et peut-être avoir une plus grande distance face aux événements. »

Crois-tu vraiment que tu manquais de distance ?

Oui, et je n'en ai pas encore beaucoup.

Que t'a apporté cette formation ?

Des outils et des connaissances, et une certaine distance qui m'empêche d'être complètement engloutie par le problème.

Parle-moi de ces jeunes enfants et adolescents avec qui tu travailles maintenant.

Ce ne sont pas des enfants malades physiquement, mais des enfants qui ont d'autres types de problèmes. Certains ont été abusés sexuellement, d'autres ont été abandonnés, se sentent rejetés, ont des problèmes de comportement, etc. Moi, je crois beaucoup que si on peut s'occuper de l'enfant quand il est jeune...

... On peut le sauver ?

Peut-être. En tout cas, on peut l'aider à se rebâtir, à rebondir plus vite. On peut faire en sorte que dans sa vie d'adulte, il perde beaucoup moins de temps à chercher quelque chose qui n'est plus là et qu'il mise sur ce qui est.

Quelle est ton approche ?

D'abord, je crée un lien de confiance avec l'enfant, car sans ce lien, rien ne se passera. Je travaille avec le jeu. J'ai beaucoup de petites figurines de toutes sortes :

des animaux, des personnages gentils, des monstres. J'ai aussi des marionnettes de toutes les tailles, des poupées et des déguisements. On joue ensemble, et, par le jeu, les enfants expriment tout ce qu'ils ont à l'intérieur d'eux.

Y compris la colère ?
Y compris la colère, tu parles ! Ça leur donne la chance de l'exprimer et de trouver des solutions.

Ton expérience télévisuelle et scénique te sert-elle dans ton nouveau travail ?
Oui. Je pense que tout ce que l'on fait dans la vie nous sert. Aussi, je me rends bien compte que j'ai un don avec les enfants. C'est bien rare que ça ne clique pas entre un enfant et moi.

Crois-tu que ces enfants ont dû renoncer à une partie de leur personnalité ? Quelque chose est-il mort en eux ?
Heureusement, pas toujours, mais certains sont vraiment blessés et porteront des cicatrices à vie. Chez d'autres, un petit bout d'eux-mêmes est mort, c'est vrai. Moi, je crois vraiment que quand on peut s'occuper du problème rapidement, ça laisse moins de marques, ce sera possible de réparer les dégâts.

Son regard est rempli de compassion.

Que te disent ces enfants ? Est-ce qu'ils te parlent ?
Non, ils ne me parlent pas beaucoup d'eux directement, tout passe par le jeu. Je joue avec eux et je mise sur tout ce qui est sain et tout ce qui est vivant et en bon état chez eux afin de soigner la blessure.

Et toi, comment te protèges-tu ?
J'ai toute la vie pour me soutenir. J'ai une vie heureuse, j'ai une vie joyeuse, je suis entourée de gens aimants, j'ai du monde à aimer, moi aussi, et j'ai des passions qui me nourrissent et m'animent.

Le fait de n'avoir pas eu d'enfants t'a-t-il permis d'être encore plus disponible pour eux ?
Ah oui, c'est sûr ! Si j'avais eu des enfants, je n'aurais jamais eu le temps de m'occuper autant des autres.

Est-ce que ça t'a manqué de ne pas avoir d'enfants ?
Peut-être à un certain moment, mais jamais énormément. J'ai toujours été entourée d'enfants.

Quel genre de mère aurais-tu été ? T'es-tu déjà posé la question ?
Oui, je me la suis posée quelquefois. Je ne suis pas certaine que j'aurais été une très bonne mère. Je ne sais pas si j'aurais été si patiente que ça. Quand je regarde les parents, je les trouve bons et je trouve aussi qu'ils n'ont pas beaucoup de soutien, d'aide. J'aimerais leur dire : « N'essayez pas d'être des parents parfaits, soyez juste assez bons, et ça va être formidable. »

Permets-moi de douter que tu ne pourrais pas être une bonne mère.
Probablement que j'aurais été une bonne mère...

Il y a un an, un grand ami à toi, Pierre Régimbald, est décédé de façon tragique. Il avait, entre autres, créé et manipulé les marionnettes de *Passe-Partout*. Qui était-il ?
Pierre, c'était... c'était mon meilleur ami. Il n'avait pas travaillé avec les enfants, mais pour les enfants. Il avait fait des milliers d'émissions, de *Nic et Pic* à *Fanfreluche* et aussi beaucoup de théâtre. Il n'avait pas de contacts avec les enfants, pourtant il a toujours travaillé pour eux. Cependant, les dernières années, il s'était mis à faire des ateliers dans les écoles avec Claude Lafortune. Là, il a découvert les enfants. Il disait : « Ah ! les enfants sont assez fins, ils sont assez intelligents ! » Je trouvais ça drôle et je lui répondais : « Tu vois, tu ne les connaissais pas, les enfants. »

Comment as-tu appris sa mort ?
Je l'attendais au chalet, c'était son anniversaire ; il devait arriver avec Claude Lafortune et d'autres amis pour le célébrer. Il venait passer la journée à la campagne. J'ai appris sa mort le matin où je l'attendais. La table était mise pour son repas d'anniversaire. Claude m'a appelée et m'a dit : « Je n'ai pas de nouvelles de Pierre. En as-tu ? Je suis censé passer le prendre dans une heure. »

Combien de temps, après l'appel de Claude Lafortune, as-tu appris l'iné-luctable ?
Environ une heure après. Claude est allé avec un ami chez Pierre. Ils ont demandé à deux policiers qui passaient devant la maison de les accompagner pour qu'ils puissent ouvrir la porte, mais les policiers ont constaté qu'elle n'était pas ver-rouillée. Ils sont entrés et l'ont trouvé mort. Quand j'ai appris la nouvelle, ça a été épouvantable. D'ailleurs, mon deuil n'est pas fini. Je m'ennuie de lui, il me manque. Il y avait une partie de moi qui disait : « Non, non ! Je vous en supplie, mon Dieu, faites que ce ne soit pas vrai ! Non, c'est une erreur, Claude va rap-peler pour dire qu'ils se sont trompés et qu'il est encore vivant. Je ne veux pas que ce soit ça, c'est impossible ! Sinon, je vais mourir. » Ce fut un grand chagrin. J'avais l'impression que je ne pourrais plus jamais rire, plus jamais être heureuse et joyeuse. J'avais l'impression que tout était éteint : il n'y avait plus de lumière en moi. J'étais certaine que j'allais être triste pour le restant de mes jours et que ça ne me donnait plus grand-chose de vivre. Ça a duré quelques mois. Ça a duré plus longtemps parce que je ne me suis pas permis d'être en colère. En fait, je ne savais même pas que j'étais en colère. Ça aurait été plus vite, si je m'étais fâchée. Je pense que je ne voulais pas me fâcher contre Pierre parce que je l'aimais trop. Alors, je ne me le permettais pas. J'aurais eu l'impression de salir sa mémoire, mais j'avais besoin de la salir. Ça m'a fait du bien de lui en vouloir d'être mort. Après, j'ai atteint une certaine sérénité, la paix, et aussi une distance. Dans ma colère, je me disais : « Tiens, mon maudit ! Tu vois, là, j'ai moins de peine. Tant pis pour toi ! » Pourtant, ce n'était pas vrai.

Elle est très ébranlée. Sa douleur est encore palpable. Les souvenirs de cette journée fatidique sont précis.

Si je comprends bien, tu as refusé la mort de Pierre ?

Dans le cas de Pierre, ça a commencé par : « Non, quelqu'un va me dire que ce n'est pas vrai. » Cette étape de déni n'a pas duré longtemps. Après, une douleur incommensurable est arrivée, et le manque s'est fait sentir. Ça dure plus longtemps lorsque la personne a été vraiment importante dans notre vie. Ma mère, ça fait plus de 20 ans qu'elle est morte, et je m'ennuie encore d'elle. Malheureusement pour moi, dans le cas de Pierre, je n'ai pas atteint assez vite cette étape du deuil : la colère. Alors, j'ai fait de l'urticaire.

Habituellement, es-tu quelqu'un qui somatise ?

Pas d'habitude. Je suis quelqu'un qui n'a aucun problème avec la colère, mais là, j'étais incapable d'être fâchée. Finalement, elle est arrivée, et ça m'a fait du bien.

Selon toi, quand on saute une étape, qu'arrive-t-il ?

On le paie. Il faut vraiment traverser toutes les étapes du deuil. J'ai finalement compris.

Les circonstances entourant la mort de Pierre sont très violentes. L'expérience du deuil est-elle plus difficile à vivre ?

Oui, c'est sûr, parce que, quand quelqu'un meurt à 85 ans, c'est le cours normal des choses. On a de la peine, mais… un assassinat, c'est écœurant.

Luc Plamondon m'a raconté qu'après la mort de Michel Berger, l'absence de son ami était insoutenable et, soudainement, elle s'est transformée en présence réconfortante. Cela a-t-il été le cas pour toi ?

Oui, souvent. Il est avec moi. Il m'accompagne, mais autrement.

Son regard s'illumine.
Elle est attendrie à l'idée qu'il est près d'elle.

Quand tu penses à lui, de quoi te souviens-tu ?

De sa drôlerie. C'était la personne la plus drôle au monde. Il réussissait toujours à me faire rire. J'étais tout le temps de bonne humeur, quand j'étais avec lui. Il avait un rire particulier. Si une personne possède quelque chose de spécifique, c'est ça aussi qui nous manque lorsqu'elle nous quitte. Je me suis dit : « La vie va être trop longue sans lui. Je ne serai pas capable. C'est insupportable de penser que je vais être obligée de vivre sans lui. » Finalement, on s'habitue à tout.

Cela n'empêche-t-il pas d'avoir de la peine ?

Non, non. Quand je dis que je m'ennuie encore de ma mère, ce n'est pas une douleur aiguë, mais, parfois, je pense : « Maman aurait donc aimé ça. J'aurais aimé l'amener à tel endroit. »

As-tu parlé de ce que tu vivais ?

Oui. J'en ai beaucoup parlé. Beaucoup. Beaucoup.

As-tu eu l'impression que les gens étaient réceptifs à ta peine ?

J'ai choisi les gens à qui j'en parlais. J'en ai parlé à ceux qui étaient capables de m'entendre et qui ne me diraient pas : « Prends sur toi ! » Il me semble que c'est important de bien choisir les gens à qui on parle de sa peine, que ce soit du deuil ou de n'importe quelle autre douleur. J'ai choisi au moins une personne qui aimait Pierre autant que moi..., alors on se faisait du bien tous les deux. J'ai aussi parlé à ma meilleure amie. Parfois, je sentais qu'elle n'en pouvait plus, mais c'était à cause de ma douleur. Elle aurait voulu m'aider, mais je lui disais : « Tu m'aides juste à m'écouter. »

Penses-tu qu'on peut mieux aider les autres si on a soi-même connu un deuil ?
C'est une bonne question. J'aurais tendance à dire que ça aide. Je pense qu'arrivés à un certain âge, beaucoup de gens ont connu un deuil, quel qu'il soit. Ça peut être le deuil d'une relation amoureuse, le deuil d'une carrière, mais ça n'a pas besoin d'être la mort.

Comment entrevois-tu l'avenir sans lui ?
Je vais continuer à vivre et à accepter qu'il me manque. J'ai pris conscience que lorsque je suis dans le vif de la douleur, je dois me permettre de la vivre au maximum. Je vais dans le bois crier, hurler, pleurer, je la laisse sortir et je la vis. Je n'accepte pas de faux-fuyants, il n'y a pas de voie d'évitement. Ça fait mal à mort. Je pense que je vais en mourir, mais il n'y a rien d'autre à faire que de la vivre. Je voudrais bien croire à une pilule magique, mais il n'y en a pas. Après, quand ça va un peu mieux, ce qui m'aide, c'est de me concentrer sur le positif plutôt que sur le négatif. Je me dis : « J'ai été chanceuse de connaître cette personne, j'aurais aimé que ça dure plus longtemps, mais je l'ai quand même eue dans ma vie. Quel privilège ! »

Les deuils que tu as connus ont-ils été formateurs pour toi ?
Je pense que ça m'a rendue un meilleur être humain avec plus de bonté, d'écoute, de générosité, de sensibilité, de délicatesse, et moins de jugement. Chaque fois que j'ai eu à vivre un deuil, ça m'a ouvert sur d'autres personnes. Par exemple, des liens encore plus forts se sont créés avec les amis de Pierre. Je les connaissais déjà, mais, après sa mort, certains sont devenus de vrais amis. Voir que j'arrivais à m'en sortir m'a rendue fière, d'une certaine façon. Je me suis dit : « Je pensais mourir, mais je suis encore là. Ça veut dire que je suis capable. » Il ne faut pas s'enliser dans sa souffrance.

Aujourd'hui, peux-tu affirmer que tu t'es remise de ces deuils ?
Oui, parce que je suis une personne résiliente. Pour moi, la résilience, c'est être capable de transformer un événement traumatisant en quelque chose de créateur qui me fait grandir. Mais, dans la vie, à certains moments, on y arrive moins bien. On n'est pas toujours résilient, ça fait partie du passage.

Que vas-tu retenir de tous ces événements ? Auront-ils été des « passages obligés » ?
Oui, parce qu'on ne choisit jamais un deuil. On est obligés de le traverser ou d'en mourir. Il y a des gens qui ne se remettent jamais d'un deuil. Certains ne se remettent jamais d'une peine d'amour. Ils vont continuer à vivre, mais quelque chose est cassé.

Y a-t-il quelque chose de cassé en toi ?
Non. Je pense que peut-être ce qui fait le plus peur, c'est qu'on frôle notre propre mort.

Que penses-tu des rituels qui accompagnent la mort ?
J'étais anti-rituels pendant des années, mais je ne savais pas vraiment de quoi je parlais. J'en ai découvert les bienfaits particulièrement à la mort de Pierre. Par contre, je pense qu'il est important que ces rituels soient choisis spécifiquement pour la personne, qu'ils soient bien sentis et qu'ils viennent du cœur. J'ai pris conscience que ces rituels ont été très guérisseurs, ils m'ont fait beaucoup de bien, et pourtant, j'étais vraiment contre.

Tout à l'heure, nous parlions du deuil d'une carrière. As-tu eu à en faire un du personnage de Passe-partout ?
Absolument. J'ai vécu avec ce personnage pendant 20 ans. Alors, c'est sûr que quand j'ai arrêté de mettre le costume, de faire des émissions ou des spectacles, ce fut une séparation.

Y a-t-il eu un moment où cette séparation devenait nécessaire ?
Je pense que oui. De toute façon, ce n'était pas un drame pour moi de m'arrêter. Un jour ou l'autre, il fallait que ça cesse. Il y avait là un côté libérateur. Aujourd'hui, la génération *Passe-Partout* a 30 ans. Quand je rencontre ces jeunes adultes, je reçois encore plein d'amour. Alors, je suis bien chanceuse. Passe-Partout est un personnage qui attire l'amour.

Ce personnage, comme celui de Bobino, reste tellement ancré dans l'imaginaire populaire que les gens ont de la difficulté à te voir faire autre chose. Avais-tu envie de demander aux gens de faire, eux aussi, le deuil de Passe-Partout ?
Ça, je pense que je l'ai dit à un moment donné. J'ai surtout essayé de le dire aux réalisateurs, pour qu'ils arrêtent de me voir en Passe-Partout, pour qu'ils me laissent au moins faire autre chose, mais ça ne s'est pas vraiment produit, alors tant pis. Je ne suis pas maître de la décision des autres. À un moment donné, je me suis rendu compte que certains ne pouvaient me voir autrement ; j'ai dû l'accepter.

Donc, tu as renoncé à te battre ?
Oui, mais, en même temps, cela m'a permis de me poser beaucoup de questions sur ce que je voulais faire de ma vie et ensuite d'aller à l'université pour obtenir une maîtrise en thérapie par les arts, d'utiliser ce que je savais faire de mieux, jouer, tout en aidant les enfants et les adultes à jouer pour qu'ils se sentent mieux dans leur peau.

As-tu eu des regrets d'avoir incarné ce personnage ?
Non, ça ne m'est jamais venu à l'esprit. Jamais. Je me suis toujours considérée privilégiée de pouvoir vivre du théâtre et de la télévision, parce qu'une grande

L'émission Passe-Partout *a été en ondes de 1977 à 1997, mais la production avait cessé en 1991. Les spectacles furent présentés jusqu'en 1997.*

majorité de comédiens ne réussit pas à en vivre. Passe-Partout était un rôle aux multiples facettes, ce qui n'est pas toujours le cas d'un personnage de téléroman, et je me suis beaucoup amusée.

Quitter un personnage, c'est quitter une équipe, c'est quitter une famille. Cela a-t-il été difficile pour toi ?

Dans ce métier-là, on passe son temps à faire des deuils. On travaille avec une *gang* sur un projet à la télévision, au théâtre, et on devient très proches, très intimes, puis, quelques mois après, on ne revoit plus jamais ces gens ou bien on les rencontre deux ans plus tard. Alors, c'est un métier de deuils constants. Faut être fait fort.

Elle éclate de rire.

Passe-Partout n'existe-t-elle plus pour toi ?

Passe-Partout fait partie de ma vie de tous les jours. Ce personnage est inscrit pratiquement dans les gènes de toute une génération, sinon deux, alors tous les jours, je rencontre des gens qui m'en parlent, et ça me fait plaisir.

Marie, es-tu contente de ta nouvelle vie ?

Oui, je suis très, très contente, et je suis comblée. Ma vie est diversifiée, et j'aime ça. Je vis dans le présent. Je suis quelqu'un de joyeux et de très vivant. J'ai toujours plein de projets et j'aimerais avoir le temps de les réaliser. Je pense que j'ai encore beaucoup à donner et, comme je suis plus vieille, j'ai moins de choses à me prouver.

Le magnétophone s'est arrêté brusquement, mais, chacun dans ses pensées, nous avions cessé de parler depuis un bon moment déjà. Nous avons repris la discussion dans la cour intérieure où nous devions prendre les photos. Dehors, le temps maussade se prêtait à la mélancolie.

Jacques Michel
Vivre dans l'action

« J'allais assez souvent au cimetière avec Sophie, et je lui parlais de sa mère. Un jour, je lui ai raconté cette histoire : "Quand on meurt, on a froid. On nous construit une petite maison, et puis on nous couche à l'intérieur. Dans cette petite maison, il y a du tissu dont on nous enveloppe pour nous garder au chaud. Cette petite maison n'a qu'une porte. On la laisse ouverte un certain temps pour que tous nos amis viennent nous dire un dernier bonjour, un dernier au revoir. Et quand tous nos amis sont venus, on ferme la porte. On fait un trou dans le sol, assez profond pour ne pas que ça soit atteint par le froid et par le gel, puis on met la petite maison dans ce trou. Après, on met de la terre par-dessus. Alors, ta maman, elle est ici, dans une petite maison, dans le sol, et on vient se recueillir près d'elle." »

Jacques Michel
Vivre dans l'action

Il m'avait fixé rendez-vous chez sa fille unique, Sophie, qui demeure à quelques pas des grandes artères de Montréal. Jacques avait quitté temporairement son île d'Orléans pour venir me rencontrer.

Jacques était heureux comme un roi : il avait appris que sa fille était enceinte et qu'il venait tout juste de triompher de sa maladie. Il avait subi une importante opération chirurgicale, qui s'était déroulée le mieux du monde, et était maintenant hors de danger. Jacques avait considéré la maladie comme une expérience hors du commun : elle l'avait obligé à faire le bilan de son existence. Après cette rétrospective, il avait pris conscience que la vie lui avait souri plus souvent qu'à son tour et qu'il en avait beaucoup profité. Et il désirait continuer.

Après avoir dit adieu au métier de chanteur dans les années 1980, Jacques avait encore besoin d'adrénaline et voulait relever de nouveaux défis. Il est donc devenu un adepte de la voile. Cette discipline sportive lui procure une liberté essentielle à son équilibre. Il ressent le besoin de s'évader sur l'eau afin de contempler l'horizon et d'établir de nouveaux objectifs. Au moment où j'écris ces lignes, il navigue quelque part en mer.

Il mord dans la vie comme dans les mots auxquels il accorde une grande importance. Parfois, il les aime incisifs, provocants, afin d'inciter à la réflexion. Ses chansons Amène-toi chez nous, Un nouveau jour va se lever, *entre autres, en témoignent.*

Quand viendra le temps de me raconter la dernière séquence de la vie de sa femme, Claire, il appuiera sur chacun des mots afin qu'ils expriment le sens véritable de ce qu'il ressentait alors. Claire venait à peine de donner naissance à leur fille, Sophie, quand la mort s'est annoncée.

Quels symptômes de la maladie sont apparus en premier ?
Elle toussait un peu et se plaignait de maux de ventre. Je pense qu'on ne se rendait pas compte de la gravité de son état. Quand la santé de quelqu'un se dégrade tranquillement et que l'on vit quotidiennement avec cette personne, on s'en aperçoit moins. Elle avait tendance à minimiser les symptômes. Je lui disais : « Tu devrais aller voir un médecin. » Finalement, elle est allée passer des examens, mais on ne lui a rien trouvé d'anormal. On lui demandait où elle avait mal, et elle n'arrivait pas à situer la douleur. Un soir où elle est devenue très fiévreuse, je l'ai amenée à l'hôpital. À l'urgence, ils lui ont dit : « Vous, on ne vous laisse pas partir. » Ils l'ont gardée. J'ai voulu annuler ma tournée, mais elle m'a dit : « Non, c'est ton métier. Continue. » Finalement, je suis parti. Chaque jour, je m'entretenais au téléphone avec son médecin et, cinq jours après, alors que j'étais à Saint-Raymond-de-Portneuf et que je me préparais à monter sur scène, on m'a annoncé : « Claire est dans le coma, et ses poumons sont complètement couverts de mucus. » Depuis son hospitalisation, je disais aux médecins : « Examinez les poumons, elle tousse. À mon avis, le problème

est aux poumons. » Ils contrôlaient et ne trouvaient rien. Quand j'ai appris à mon chef d'orchestre que ma femme était dans le coma, ça lui a coupé les jambes, et il m'a dit : « On annule. » J'ai répondu : « Non. Tout le monde est dans la salle. On est à cinq minutes du début du spectacle. Ça ne changera rien qu'on ne fasse pas le spectacle. Elle est dans le coma. Je ne peux rien faire pour elle pour le moment. Elle est entourée par une équipe médicale. Que je parte maintenant ou que je parte après le spectacle, ça ne va pas changer grand-chose. »

Alors, tu as réussi à faire ton spectacle malgré tout ?

Oui, mais chaque chanson que j'interprétais prenait une signification différente. Quand je chantais « Soleil, soleil, aime-nous », je ne parlais plus de la population québécoise, je parlais de ma fille, qui avait 16 mois, de ma femme et de moi. Dans la chanson *Amène-toi chez nous,* je disais : « Si le cœur te fait mal… », mais, dans ma tête, c'est à moi qu'il faisait mal. C'était beaucoup plus personnel que collectif. L'émotion n'était plus la même. Je prenais plutôt conscience de l'autre dimension et de la nouvelle signification de ces chansons. Mes chansons contiennent beaucoup de symboles, donc, dans une situation donnée, le symbole prend un sens tout à fait différent.

Combien de temps Claire est-elle restée dans le coma ?

On l'a maintenue artificiellement en vie pendant à peu près trois semaines. Je pouvais lui parler, mais elle ne pouvait pas me répondre. Je ne savais pas si elle pouvait m'entendre. La dernière fois que je lui ai parlé, c'était au CHUL, à Québec. On l'avait transférée de Montréal à Québec, parce qu'on pouvait la brancher à une machine dans laquelle passait tout son sang, et qui faisait le travail des poumons, ce qui oxygénait le sang. L'avant-dernière fois que je lui ai parlé, je lui ai dit qu'elle était à l'hôpital, qu'elle avait failli nous filer entre les mains, qu'elle avait fait une pneumonie et qu'elle était en train de s'en sortir. J'ai ajouté : « Il faut que tu t'accroches, pense à notre fille. »

Un médecin t'avait-il prévenu d'une possibilité qu'elle meure des suites de son coma ?

Oui et non. Avant qu'on la transporte de Montréal à Québec, un pneumologue m'avait dit : « À Québec, il y a un appareil qui a déjà servi pour des nouveau-nés. » Je lui ai demandé quelles étaient les chances de réussite. Il m'a répondu : « Une sur deux. » Alors, j'ai pris le risque d'essayer ce traitement expérimental.

Y a-t-il eu un moment où l'inévitable s'est annoncé ?

Ça n'a pas été aussi clair que ça. Une journée, on me disait : « Elle est en train de s'en sortir », et le lendemain : « Elle est en train de nous filer entre les doigts. » Il y avait toujours quelque chose qui lâchait. Un jour que j'étais au motel Gouverneur à Sainte-Foy, il était 10 h 30 du matin, le médecin m'a appelé pour me dire : « Claire est en état de choc. » Je lui ai répondu : « On se prépare pour être là vers midi. » Sur le coup, je n'ai pas compris que l'expression « état de choc » voulait dire qu'elle était en train de mourir. Le vocabulaire spécialisé, on ne sait pas ce que ça signifie, ou bien mon cerveau ne voulait pas comprendre et acceptait juste ce qu'il pouvait gérer. On s'est rendus à l'hôpital, et le médecin m'a annoncé qu'elle était décédée un peu plus tôt. Il m'a demandé si je voulais la voir. Je lui ai répondu non, car je l'avais vue vivante et je ne voulais pas la voir morte. Son frère a dit : « Moi, j'ai envie d'aller la voir. » Je lui ai suggéré : « Tu devrais y réfléchir, parce que tu ne vas pas reconnaître ta sœur. » Finalement, il n'y est pas allé.

Aurais-tu préféré être là au moment de sa mort? Après coup, t'es-tu posé la question?
C'est curieux, je ne me suis jamais posé cette question. Quand j'y réfléchis aujourd'hui, je pense que j'aurais aimé être avec elle à ce moment-là. Accompagner quelqu'un qui agonise, c'est quelque chose de beau et ce doit être rassurant, réconfortant pour celui qui perd la vie. La dernière fois que j'ai vu Claire et que je lui ai parlé, elle était intubée, elle avait les yeux ouverts, et elle a juste dit : « Ah... » en tournant la tête. Je ne saurai jamais ce qu'elle tentait de me dire. Voulait-elle me dire : « Laisse-moi mourir. Ça me fait mal, le truc que j'ai dans la gorge. Est-ce que...? » C'est quelque chose qui me dérange, mais je n'y peux rien, maintenant. C'est le passé. Je pourrais donner plein de significations à ce « ah... », mais jamais je ne saurais laquelle est la bonne.

Qu'est-ce que tu as ressenti, quand tu as constaté qu'elle était morte et que tu te retrouvais seul avec une enfant de 16 mois?
De l'impuissance. Que faire? Alors, tu t'occupes. Tu trouves une gardienne pour les trois prochains jours, tu préviens la famille et les amis, tu vas acheter un cercueil, tu t'occupes des funérailles, du fossoyeur, de plein d'affaires comme ça. Il me fallait faire quelque chose, il me fallait agir, ne pas attendre et, surtout, ne pas m'écraser. Après les funérailles, je me suis dit : « Ma femme est morte. Ce n'est pas facile à accepter, mais moi, je suis encore vivant. Qu'est-ce que je fais, moi? Je me laisse mourir? Je m'écrase? Qu'est-ce qu'un plombier ferait le lendemain des funérailles de sa femme? Il irait travailler, alors je vais faire pareil. J'ai un enfant, et un métier qui me permet de faire vivre cet enfant. » Alors, j'ai sorti de mon coffre à outils crayon, papier et guitare, puis je me suis mis au travail. Aujourd'hui, c'est moins fréquent, mais à une certaine époque, quand un homme perdait sa femme, il donnait ses enfants à faire élever par d'autres membres de la famille. Moi...

Toi, tu as tenu à t'occuper de ta fille, n'est-ce pas?
Oui. Les six premiers mois, c'est moi qui étais le plus souvent à ses côtés. Une cousine et une sœur sont venues aussi de temps en temps. Ma fille est née le 30 novembre 1973, et Claire est décédée le 2 avril 1975. Sophie avait donc seize mois. Je l'avais déjà changée de couche, mais seulement quand elle avait fait pipi. Je ne lui avais jamais donné son bain non plus. J'ai découvert que j'étais capable de faire tout ça. Après ces six mois, j'ai engagé une nounou pour s'en occuper à plein temps à la maison.

Crois-tu que le fait de te lancer corps et âme dans le travail t'a aidé à surmonter le deuil de Claire ?

Josélito, quand on est en deuil, on a l'impression que tous les chemins ne mènent nulle part ; pourtant, je pense que l'écriture a été une thérapie pour moi. Écrire me faisait du bien et me libérait. J'ai fait tout un album sur ce sujet qui s'intitulait *Migration*. On y trouve entre autres une chanson ayant pour titre *Depuis ton départ*, qui décrit cette impression de tourner en rond que je ressentais. Dans certaines, je parle de ma fille. Dans *Bonne nuit*, j'essaie de rassurer Claire et, finalement, c'est moi que je rassure.

As-tu l'impression qu'avoir eu une enfant en bas âge t'a obligé à ne pas sombrer dans la déprime ? As-tu l'impression que tu devais rester debout ?

Je n'avais pas d'autre choix que de rester debout, de rester vivant. Ce qui ne veut pas dire que je n'aurais pas eu le même comportement si je n'avais pas eu d'enfant. Mais ça changeait des choses quand même. J'avais une grande responsabilité. Cette enfant venait de perdre sa mère, et elle ne devait pas perdre aussi son père. C'était impensable. Moi, j'ai été un père et une mère pour Sophie.

Pour ta fille, qui n'a pas vraiment connu Claire, as-tu essayé de reconstituer l'image de sa mère afin qu'elle sache qui elle était ? As-tu fait quelque chose en ce sens ?

Oui et non. Je ne lui ai jamais caché la mort de sa mère. Jamais. J'allais assez souvent au cimetière avec Sophie, et je lui parlais de sa mère. Un jour, je lui ai raconté cette histoire : «Quand on meurt, on a froid. On nous construit une petite maison, et puis on nous couche à l'intérieur. Dans cette petite maison, il y a du tissu dont on nous enveloppe pour nous garder au chaud. Cette petite maison n'a qu'une porte. On la laisse ouverte un certain temps pour que tous nos amis viennent nous dire un dernier bonjour, un dernier au revoir. Et quand tous nos amis sont venus, on ferme la porte. On fait un trou dans le sol, assez profond pour ne pas que ça soit atteint par le froid et par le gel, puis on met la petite maison dans ce trou. Après, on met de la terre par-dessus. Alors, ta maman, elle est ici, dans une petite maison, dans le sol, et on vient se recueillir près d'elle. On vient lui parler. Je lui avais demandé si elle voulait parler à sa mère, et elle m'avait répondu : «Penses-tu qu'elle nous entend, toi, papa ?» Je lui ai répondu : «Je ne sais pas. Certains pensent que oui et d'autres pensent que non.»

Que voulais-tu faire pour aider ta fille à vivre sans la présence de sa mère ?

Je voulais lui apprendre à exprimer ses émotions, lui fournir des outils pour ne pas qu'elle reste «pognée» avec cette affaire-là. Quand des gens lui disaient : «Ta maman est partie» ou «Ta maman dort», je devenais furieux, je faisais des scènes et je répliquais : «Non, sa maman n'est pas partie. Il ne faut pas dire à un enfant que sa maman est partie. Quand je vais quitter la maison, que va penser ma fille ? Elle va avoir peur que je ne revienne plus jamais, parce que sa mère, elle, n'est jamais revenue. Sa mère n'est pas partie, elle est morte. Il ne faut pas avoir peur des mots.» Ça me rappelle un souvenir. Un jour que je me promenais avec Sophie, nous avons vu une petite souris morte sur le chemin. Alors, Sophie s'est penchée sur elle et lui a dit: «Souris, dodo.» Je lui ai dit: «Non. Elle est morte, la souris. Si elle faisait dodo, la souris, en la touchant, puis en la bougeant, elle se réveillerait et se sauverait. Mais là, elle ne bougera plus jamais. Elle est morte.»

Appréhendais-tu ses réactions, en nommant les choses?

Non, pas du tout. Je pense qu'il faut être honnête avec les enfants. Il faut nommer les choses. Dès le décès de sa mère, j'ai donné à Sophie une photo de Claire, qu'elle a toujours trimballée avec elle et qu'elle possède encore. Il y a trois ou quatre ans, elle a photographié cette photo toute craquelée et elle me l'a offerte. Quel cadeau! C'est comme si elle m'avait dit: «Tu vois, papa, maman m'a toujours accompagnée.» D'ailleurs, j'ai essayé d'éduquer ma fille de la même façon que ma femme l'aurait fait.

Comment Claire voyait-elle l'éducation de sa fille?

D'une façon très ouverte et très conviviale. Claire disait: «C'est quand un enfant fait les plus mauvais coups qu'il a le plus besoin de ses parents. Alors, on ne lui ferme pas la porte au nez. On lui ouvre les bras.» Je n'ai jamais été directif avec Sophie, mais j'ai essayé de lui transmettre des valeurs qui me semblent importantes, comme s'affirmer. Je lui conseillais: «Sophie, ce n'est pas parce que ton père te dit quelque chose que tu dois toujours dire oui. Si tu n'es pas d'accord, tu me regardes droit dans les yeux, juste ici, à la racine du nez et tu me dis: "Non, papa", et tu m'expliques pourquoi tu n'es pas d'accord, sans jamais me manquer de respect. Ce qui ne veut pas dire que je vais être d'accord avec toi. Je vais te regarder aussi à la racine du nez, puis je vais te dire pourquoi je ne suis pas d'accord, mais je ne te manquerai pas non plus de respect.»

Penses-tu qu'elle a souffert de l'absence de sa mère?

Je pense que oui. En était-elle consciente? Je ne sais pas. J'ai l'impression qu'on doit toujours chercher sa mère. C'est une déduction que je fais. Sophie ne m'a jamais confié: «Ma mère me manque.» Mais elle conserve toujours le sac à main dans lequel se trouvent les choses que Claire avait au moment de son hospitalisation. J'avais conservé dans des malles plein de choses ayant appartenu à Claire pour les donner à Sophie quand elle serait plus grande. Douze ans plus tard, quand j'ai vendu ma propriété de North Hatley, je lui ai demandé de choisir les objets qu'elle désirait conserver. Elle a gardé la robe de mariée, le sac à main, une barrette à cheveux et moi, j'avais gardé une bague en forme de fleur de lys. Quand j'ai épousé Claire, j'ai acheté cette bague de ma belle-mère et je l'ai offerte à mon épouse. Quand Claire est décédée, j'ai commencé à la porter. Quand je mourrai, elle ira à Sophie.

Que représente la mort pour toi?

Ni un départ ni une absence mais une fin. L'être biologique meurt, il s'éteint, il n'en reste plus rien. Cela dit, la mort, c'est une déchirure pour celui qui reste.

Suite à cet événement, j'ai eu de la douleur, et il m'arrive encore de la ressentir. Quand j'entends une chanson qui tournait à l'époque, ça me met à l'envers. J'assiste à des funérailles, ça me met encore à l'envers. Ce sera comme ça toute ma vie. Pourquoi ? Parce qu'on ne s'est jamais quittés, Claire et moi. Quand elle est morte, elle m'aimait encore, et je l'aimais encore. Il n'y a pas eu de séparation entre nous. Tu sais, Josélito, la douleur, c'est aussi quelque chose de beau, quelque chose qu'on ne peut connaître que lorsqu'on est vivant. Il n'y a pas que du négatif dans la douleur. C'est un sentiment qui souvent nous rapproche les uns les autres.

As-tu peur de la mort ?

Non, ni de mourir ni d'en parler, même si ça dérange certaines personnes qui me disent : « Ne parle pas de la mort. Quand tu en parles, tu l'appelles ! » Je suis loin de l'appeler, j'aime beaucoup trop la vie pour ça. La mort, pour moi, c'est comme avant la vie. Pourquoi aurais-je peur ? Et de quoi ? Mort, je n'aurai plus conscience de quoi que ce soit, comme avant que je sois vivant. Avoir une maladie dégénérative, ça, ça me fait peur. Si j'étais atteint d'une telle maladie, j'aimerais avoir le courage de mettre fin à mes jours. J'aimerais pouvoir le faire, mais de façon à ne pas traumatiser les gens qui restent, les gens que j'aime. Cependant, je sais que ce ne serait pas facile, ni pour eux ni pour moi.

Selon toi, pourquoi le sujet de la mort est-il si tabou pour beaucoup d'entre nous ?

Je ne sais pas. Peut-être qu'en refusant d'y penser, on se donne l'illusion d'être immortel. Peut-être qu'en ne pensant pas à la mort, on n'est pas obligés de penser à notre façon de vivre. Si c'est le cas, pensons-y et faisons de notre vie sur terre un paradis. Cessons d'en faire un enfer !

Es-tu quelqu'un qui prie ?

Non, je ne suis pas le genre à faire des prières, c'est-à-dire à remettre mon sort entre les mains de quelqu'un d'autre. Il y a tellement de gens qui attendent que d'autres ou le petit Jésus règlent leurs problèmes. Non, je ne prie pas. Je préfère être responsable de ma vie plutôt que d'en laisser la responsabilité à quelqu'un d'autre. Je n'en suis que le seul et l'unique responsable ; je suis capable d'assumer ça et aussi de reconnaître mes erreurs quand j'en fais. Et j'en fais...

Tu m'as avoué un jour que tu avais eu une peine d'amour. Est-ce que ça été aussi douloureux que la mort de Claire ?

Quelqu'un qui nous quitte, c'est une rupture. L'un s'en va et l'autre reste. J'ai été celui qui est resté. Je ne crois pas que ce soit plus douloureux que la mort d'un proche, mais c'est plus difficile momentanément, parce que, quand on te quitte, c'est comme un rejet. Comment retrouver l'estime de soi après une rupture ? Dans l'action. En allant vers d'autres et surtout en n'attendant pas que les autres viennent à nous.

Être dans l'action, est-ce une forme de fuite ?

Oui. Dans son ouvrage *L'éloge de la fuite*, Henri Laborit dit que face à une épreuve, il y a trois réactions possibles : on fige, on fuit vers l'arrière ou on fuit vers l'avant. Moi je fuis vers l'avant, je fonce.

En 1986, tu as décidé de tirer ta révérence. Tu as quitté le métier d'interprète, tu as préféré l'ombre à la lumière. Pourquoi ?

J'ai préféré quitter le métier plutôt que d'être quitté. J'étais sûr que cela arriverait un jour ou l'autre. Je pense avoir trouvé une explication à cette peur d'être abandonné. Quand j'étais enfant, ma mère avait une maladie cardiaque et plusieurs fois elle nous a demandé, à mon petit frère et à moi : « Priez pour votre mère, parce que ce n'est pas sûr qu'elle va passer la nuit. » Alors, je vivais dans la crainte qu'elle ne soit plus là, qu'elle nous « quitte ». Dans mon cœur d'enfant, j'étais complètement désemparé. Je n'aime pas être quitté. Je ne connais pas beaucoup de gens qui aiment ça. Ma mère est finalement décédée il y a 2 ans, à l'âge de 83 ans.

Quand tu as quitté le métier, as-tu eu à faire un deuil ?

Pas vraiment, parce que je faisais autre chose, j'écrivais *Le village de Nathalie*. C'était très valorisant pour moi. Ça avait beaucoup de succès, donc j'étais comblé. À peu près à la même époque, j'ai commencé à faire de la voile. Alors, l'adrénaline que j'avais trouvée sur scène, je la retrouvais sur mon voilier.

En quoi les deuils que tu as connus dans ta vie t'ont-ils changé ?

Ils m'ont permis de comprendre une ou deux choses, dont la suivante. Les gens disent toujours que lorsqu'on traverse une épreuve, on en sort grandi, plus fort. Je crois plutôt qu'on en sort affaibli. Avant de vivre une épreuve, on n'est simplement pas conscient qu'on possède en soi l'énergie et la force nécessaires pour traverser cette épreuve. On puise dans nos réserves et il nous faut un certain temps pour les refaire. Souvent, Claire et moi, nous échangions des idées et nous nous disions : « Je pense que je ne supporterais pas que tu meures. » J'avais tort.

Jacques, quand j'ai été malade pendant plusieurs mois, j'ai supplié ma femme, Véronique, de me laisser partir avant elle, parce que je ne pourrais pas supporter sa mort...

Tu vois. Je disais ça aussi à Claire. Claire me disait la même chose. Et je suis passé au travers. Je suis maintenant conscient que j'avais en moi tout ce qu'il fallait pour traverser cette épreuve. Sauf de très rares exceptions, tout le monde surmonte la mort d'une personne aimée. Ça ne veut pas dire que c'est facile, qu'on y arrive en criant ciseau, ça ne veut pas dire qu'on ne pense pas à la mort soi-même. J'y ai songé quand Claire est décédée. J'ai même écrit une chanson là-dessus. « Ils devraient mourir ensemble, ceux qui s'aiment... » Mais c'était déjà trop tard... et la vie est tellement belle !

Jacques m'a souri, il m'avait tout dit et il était prêt à regarder de nouveau droit devant.

Depuis ton départ

Le temps est long
Depuis ton départ
Je tourne en rond
Sous un soleil noir
Je cherche ta bouche
Belle au bois dormant
Jamais ne la touche
Jamais ne l'entends

Derrière mon front
Depuis ton départ

Des oiseaux noirs
Défient ma raison
Ils passent et repassent
Presque sans arrêt
Me laissant muet
Tellement ils me glacent

Un enfant blond
Depuis ton départ
Brode un rayon
A mon soleil noir

Plus fin que dentelle
Plus doux que velours
Saura-t-il ma belle
Égayer mes jours
Chasser les vautours

Paroles, musique et interprétation : Jacques Michel / Les Éditions Jamik

Lettre à une émigrante

Y a-t-il au moins quelqu'un qui t'accompagne
Vers ces terres lointaines où tu vas émigrer
As-tu quelque ami ou quelque compagne
Une épaule sur laquelle reposer
Ta blonde tête quand tu es fatiguée

Quelqu'un t'a-t-il prêté un châle de laine
Pour couvrir tes épaules quand il fait froid
As-tu toujours ces terribles migraines
Qui te faisaient tellement souffrir quelquefois
As-tu les soins qu'il te faut ces jours-là

Ici l'été fut long et difficile
Mais je reprends lentement goût à la vie
Bien sûr ce n'est pas toujours facile
Mais je vais un peu mieux et je te l'écris
Celui en qui tu restes et qui revit

Paroles, musique et interprétation : Jacques Michel / Les Éditions Jamik

Migration

J'avais une amie une compagne
Nous vivions heureux à la campagne
Cachés sur le flanc d'une montagne
Près du Massawipi
Où nous avions accroché notre nid
Après douze années partagées ensemble
Le Grand Oiselier est venu reprendre
Ma fidèle amie ma douce ma tendre
Celle que j'aimais tant
Comme je ne veux pas te perdre aussi mon enfant
Sois prudent
Sois prudent

Maudit soit celui qui donne
Et qui reprend plus tard
Maudit soit celui qui donne
Et qui reprend plus tard

Reste ici
Toi l'oiseau
Mon petit
Comme ta mère l'aurait dit
Reste encore à l'abri
Reste ici
Toi l'oiseau
Mon petit ne quitte pas ton nid
Avant d'avoir grandi

Tu es encore jeune et tu es beau
Ton plumage est neuf et tu voles haut
Et de ta poitrine monte un chant d'espoir
Parce que tu sais déjà
Ce que d'autres croient savoir
Que ta chair est tendre que cela m'inquiète
Les rampants t'attendent la chasse est ouverte

Là où tu t'en vas vont-ils te descendre
Sans aucun remords
Vont-ils t'abattre à bout portant
Sois prudent Sois prudent

Il y a toujours un chasseur
Aux aguets quelque part
Il y a toujours un chasseur
Aux aguets quelque part

Reste ici
Toi l'oiseau
Mon ami
Si le cœur t'en dit
Reste encore à l'abri
Reste ici
Toi l'oiseau
Mon ami
Pendant que tu grandis
Réapprends-moi la vie
Réapprends-moi la vie

Paroles, musique et interprétation : Jacques Michel / Les Éditions Jamik

Tu n'auras pas connu ta mère

Tu n'auras pas connu ta mère
Mon enfant ne la cherche pas
Elle dort tout près de la rivière
Petite fille écoute-moi

Elle était jeune elle était belle
Et ses yeux brillaient chaque fois
Que tu tendais les bras vers elle
Petite fille ne pleure pas

Je te raconterai l'histoire
De deux oursons qui s'aimaient fort
Si fort que pour qu'on les sépare
Il aura bien fallu la mort

J'ai su combien il était triste
Celui des deux qui est resté
Quand je l'ai vu chercher la piste
De l'autre pour le retrouver

Mais dors petite le jour s'achève
Je t'en reparlerai demain
Avant que mon cœur ne se crève
Dors ne pense plus à rien

Paroles, musique et interprétation : Jacques Michel / Les Éditions Jamik

Dominique Bertrand
Vivre sans son homme

« Quand j'ai appris la mort de mon chum, je me souviens d'avoir crié, un cri guttural. Le mot qui m'est venu, c'est "non". Je ne pouvais pas le croire. Je me suis levée. Je peux dire qu'à partir de cette minute précise, je garde très, très peu de souvenirs des six mois qui ont suivi. [...] Ça m'a pris des mois avant de changer les draps de mon lit, parce que Jean avait une odeur très sucrée, et ils étaient imprégnés de cette odeur-là. »

Dominique Bertrand
Vivre sans son homme

Je n'étais pas certain d'être au bon endroit. Comme d'habitude, j'avais griffonné les indications pour me rendre chez elle et avais inévitablement égaré ce bout de papier. Je l'ai cherché en vain dans tous les recoins de ma voiture. Je ne connaissais nullement ce secteur de la ville, et il m'était de plus en plus difficile de m'y retrouver. Je devenais anxieux à l'idée d'être en retard. Soudain, je me suis souvenu que j'avais placé ce papier dans une poche de mon manteau. Alors, je me suis rendu compte que j'étais seulement à quelques mètres de la maison de Dominique Bertrand.

Sa maison est confortable et enrichie de mille et un souvenirs. Dominique a un faible pour le cocooning, et cela se voit. Elle m'a demandé de ne pas faire attention au désordre : elle n'aime pas faire le ménage. Pourtant, dans sa vie personnelle, elle n'a jamais hésité à le faire. Elle n'a pas eu peur d'en parler ouvertement et de nommer clairement les choses. Elle est tout simplement authentique.

Ce matin-là, elle m'a confié avec sa franchise habituelle certains détails de sa relation avec Jean, son ex-amoureux décédé subitement d'un arrêt cardiaque quelques années auparavant. Ce fut un moment d'une rare intensité, car je ne pouvais m'empêcher de songer à l'éventualité de perdre ma femme de la même façon.

Avec cette relation-là, j'avais l'impression d'être arrivée à bon port, parce que les autres avaient été difficiles, conflictuelles et pas satisfaisantes pour moi, à beaucoup d'égards. Ça faisait presque trois ans que nous étions ensemble. Mais nous nous connaissions depuis des années. On a eu une longue amitié professionnelle avant que ça tourne en histoire d'amour. Et c'est bien malgré lui, et bien malgré nous.

Vous ne vouliez pas vous engager ?
Dès le départ, ce qui nous a attirés l'un vers l'autre, ce n'était pas un désir, ce n'était pas du tout un sentiment amoureux, mais vraiment une amitié professionnelle avec des affinités intellectuelles. On a toujours pris du temps pour manger ensemble. À ce moment-là, je travaillais pour le magazine *Clin d'œil,* et lui était producteur de publicité à la radio. Il faisait celles de *Clin d'œil.* Il n'y a jamais eu l'ombre d'une équivoque entre nous, jusqu'à ce que cette relation évolue, quasiment à notre corps défendant.

C'était la naissance d'une vraie histoire ?
D'une histoire d'amour. Nous commencions à nous ennuyer l'un de l'autre. À ce moment-là, nous parlions de nos préoccupations profondes avec la personne qui partageait la vie de chacun. Jean et moi avons développé une intimité très intense qui a gagné du terrain dans nos vies respectives. Dans notre nouvelle histoire d'amour, il a fallu que je fasse le deuil de la relation en cours qui ne fonctionnait pas. De son

côté, il a dû aussi faire le deuil de sa famille éclatée, celle qu'il avait créée avec la mère de ses enfants. Ce n'est pas facile d'entamer une nouvelle complicité quand il y a un deuil à faire en même temps.

Vous parliez-vous ouvertement de votre deuil respectif?
Oui, absolument. Nous passions des soirées dans le bain, parce que, là, tu es prisonnier. Tu ne peux pas t'en aller. Tu ne peux pas t'éloigner de l'autre, et la chaleur de l'eau fait que tu te détends. Il y a une telle intimité. Tu es nu. C'est un peu comme passer au confessionnal.

Est-ce facile de se dire pourquoi on ne reviendra pas avec les gens avec qui on a été? Jamais vous ne vous êtes posé cette question?
Non. Nous étions vraiment arrivés au bout du chemin dans ces relations. Ce qui nous avait fait nous tourner l'un vers l'autre, c'était la disponibilité du cœur. Quand ton cœur n'est pas disponible, tu ne te tournes pas vers quelqu'un d'autre. Jean se sentait coupable d'avoir cette attirance-là pour moi.

Y a-t-il un moment où tu as senti que vos deuils étaient terminés?
Oui, mais ça a duré longtemps. Je pense que Jean est mort avant d'avoir fait la paix avec la mère de ses enfants. Je comprends que cela a dû être très difficile pour elle. Quand quelqu'un fait le deuil d'une relation, d'autres sont obligés d'en faire un aussi. Alors, ça met tout le monde dans un état de deuil. Malheureusement, Jean est mort subitement, alors il n'a pas pu vraiment régler toutes ses affaires. Les gens ont ce fantasme de mourir tout d'un coup, pourtant c'est la pire mort pour ceux qui nous aiment. On n'a pas le temps de se préparer. C'est terrible. Aujourd'hui, je me rends compte que c'est mieux de mourir d'une maladie en ayant la bonne médication qui empêche de souffrir et qui permet de rester lucide. Comme ça, on peut faire ses adieux, se réconcilier et s'en aller tranquille.

Dominique, raconte-moi les heures qui ont précédé ce fameux match de squash au cours duquel il est décédé.
Jean était un être assez angoissé. La nuit avant son décès, il avait eu des problèmes cardiaques. Il faut savoir que je sortais d'une opération. On m'avait fait une hystérectomie pour un fibrome énorme à l'utérus. J'étais encore au lit à ce moment-là. Jean était très attentionné et très présent. Depuis ma sortie de l'hôpital, trois semaines avant son décès, il venait me faire mon lunch tous les midis. Il me faisait couler un bain. Il s'occupait de moi. Ce midi-là, j'ai gardé ma fille à la maison parce qu'elle avait un rhume. J'ai dit à Jean: «Ne viens pas ce midi, je vais m'organiser.» Il m'a demandé: «Es-tu sûre?» J'ai répondu: «Oui, je suis certaine, vas-y, je vais faire des crêpes et je vais les manger avec Rosemarie.» Alors, il m'a dit qu'il allait au squash, car ça faisait un petit bout de temps qu'il n'y avait pas joué. J'ai un souvenir tellement vif des minutes précédentes. On dirait qu'on a une «préséance» des drames. J'étais au lit. Je regardais la télévision. Il était à peu près 14 h. On a sonné à la porte. J'ai tendu l'oreille pour savoir qui était là. J'ai entendu Rosemarie répondre à une voix familière. Le ton

Elle ralentit le débit. Elle se remémore ce moment avec une douceur dans le regard, qui s'illumine quand elle relate ces événements.

de Rosemarie indiquait qu'elle connaissait cette personne-là. Puis, j'ai entendu des pas se diriger vers la chambre. Là où nous habitions, il y avait un long corridor. Dans le cadre de la porte, j'ai aperçu Jacques, l'ami de mon *chum*, Jean. Je lui ai demandé: «Qu'est-ce que tu fais là?» J'étais certaine qu'il allait me dire quelque chose comme «J'étais dans le coin, j'suis venu faire un tour pour savoir comment tu allais…» Ça ne m'est pas venu du tout à l'esprit que ça pouvait être un drame. Il a enlevé son manteau. Il s'est assis dans le lit. Il m'a prise dans ses bras un peu comme on fait avec un chien qui va s'énerver. Il m'a dit: «Il est arrivé un accident, Jean est mort.» C'est tombé comme une roche dans l'eau. Je me souviens d'avoir crié, un cri guttural. Le mot qui m'est venu, c'est «non». Je ne pouvais pas le croire. Je me suis levée. Je peux dire qu'à partir de cette minute précise, je garde très, très peu de souvenirs des six mois qui ont suivi.

Dans ta mémoire, tu n'as plus aucune trace de ce qui s'est passé après l'annonce du décès. Comment expliques-tu ce phénomène pour le moins étrange?
Le psychiatre m'a expliqué que si la douleur est trop forte, le cerveau se gèle. C'est un phénomène de dissociation qui permet de survivre. Pour moi, c'était insoutenable. Une peine psychologique et physique à la fois. Je n'ai pas de mots pour expliquer le chagrin que ça m'a fait. C'était épouvantable. Comme si le plancher s'était ouvert et que j'avais plus rien en dessous des pieds. Certains soirs, si je voulais être sûre que, le lendemain, je n'allais pas devenir folle, je devais me coucher. Aujourd'hui, je peux dire que j'ai été vraiment à un quart de pouce de tomber dans le gouffre. Ça m'a pris des mois avant de changer les draps, parce que Jean avait une odeur très sucrée, et ils étaient imprégnés de cette odeur-là. La vie n'avait plus de sens. Je n'avais plus rien à quoi me raccrocher. Pourtant, j'adore ma fille. D'ailleurs, c'est le train-train quotidien avec elle qui m'a aidée à m'en sortir. J'écrivais une liste des choses que j'avais à faire le matin, des choses aussi banales et aussi automatiques que de me laver les dents. Je mettais une marque à côté quand je l'avais fait.

Est-ce vrai qu'après le décès de Jean, tu portais toujours ses vêtements?
Oui, j'ai porté ses vêtements. J'avais tellement de peine dans le cœur que ça me faisait physiquement mal à la poitrine, une douleur telle que je n'arrêtais pas de me la frotter. La veste de Jean, je l'ai encore, est usée à la hauteur des seins, tellement je l'ai portée.

Quelle a été la toute première chose lui appartenant que tu as donnée ou jetée?
Je ne peux pas te dire quel a été cet objet. De toute façon, chaque chose que je donnais ou jetais, c'était comme m'arracher un membre. En faire don ou m'en séparer, c'était reconnaître qu'il ne reviendrait pas. Si je laissais les choses en place, il allait revenir tout à coup. Ça m'a pris du temps avant de donner ses vêtements. J'ai encore des affaires à lui. Jean portait beaucoup de nœuds papillon. J'en ai encore un dans un sac Ziploc. C'est celui qu'il portait le jour de son décès. Encore récemment, il avait son odeur. Mais je l'ai trop «sniffé», ça ne sent plus. Ça m'a pris du temps pour sortir son rasoir de la douche. Parfois, je m'asseyais

sur le bord du lit, j'attendais qu'il sorte de la douche. Il ne sortait jamais parce qu'il était mort. Aujourd'hui, j'ai une compassion sans nom pour les gens qui traversent des deuils. Je ne peux pas lire les pages de nécrologie sans pleurer. Je n'y arrive pas.

Quand tu reparles de ça, aujourd'hui, qu'est-ce que ça te fait ? Comment te sens-tu ?
Aujourd'hui, cela fait partie de moi, comme vivre avec une cicatrice. La peine fait partie de mon histoire, je ne suis plus cette peine. J'ai beaucoup de compassion pour la petite Dominique que j'ai été, qui était là quand c'est arrivé et qui s'est fait envoyer un méchant coup de poing sur la margoulette. Parfois, il m'arrive de pleurer en pensant à cette période. C'est la pire de ma vie. Je n'ai rien connu de pire. Il m'arrive de m'ennuyer de Jean. Il est toujours présent. Je pense souvent à lui. Maintenant, si je perdais un être cher, ça n'aurait pas le même impact. Ce serait très grave. Perdre ma fille, ce serait insoutenable. Cependant, il y a quelque chose que je sais maintenant et que je ne soupçonnais pas avant la mort de Jean.

Que sais-tu maintenant que tu ne savais pas avant la mort de Jean ?
On ne meurt pas. On n'est jamais séparés pour l'éternité. On se revoit.

Est-ce vrai de prétendre que la foi t'a sauvée, en quelque sorte ?
Je n'étais pas croyante avant la mort de Jean. Léonard Cohen a déjà écrit que la lumière entre toujours par une brèche. C'est très vrai. J'ai compris que c'est Dieu qui choisit quand nous allons croire ou pas. Ça a été comme ça pour moi. Ils doivent arrêter leur discours qui dit que si tu veux être sauvé, il faut croire en Dieu. J'ai été élevée dans une famille de catholiques pratiquants. Mes parents vont à la messe tous les dimanches. Nous avons même des prêtres dans la famille. Pourtant, la grâce de la foi ne m'avait jamais touchée avant.

Elle m'a raconté avec sincérité l'appel de la foi.

De quelle façon as-tu été touchée par la foi ? Y a-t-il un moment particulier où tout s'est joué ?
Oui, trois mois après la mort de Jean. Je finissais de lire *La mort est un nouveau soleil*, d'Elizabeth Kubler-Ross. J'étais assise sur le divan. Je portais la veste bleue de Jean. J'ai eu une espèce de choc électrique de la tête aux pieds. Comme si on m'avait versé un plat de miel chaud sur la tête. Ce que je peux te dire, c'est que je suis passée de la non-croyance à la croyance en l'espace de deux minutes. Je ne comprenais pas du tout ce qui m'arrivait. Je n'ai pas compris avec ma tête, mais avec mon cœur. Je n'ai pas de mots pour le dire. À partir du moment où on ne meurt pas, c'est évident qu'il y a un Dieu. Je me suis mise à faire beaucoup de lectures et de recherches sur le sujet.

Que voulais-tu tant savoir ?
Je voulais savoir ce que les autres avaient vécu. À quoi ressemblaient leur foi et leur expérience personnelle. Je voulais tout savoir. C'est comme avec une fenêtre :

tu l'ouvres un petit peu, puis tu veux l'ouvrir toute grande. J'ai lu de grands passages de la Bible. J'ai lu de grands textes judaïques. Je me suis intéressée aux autres religions pour, finalement, me rendre compte qu'il y a un point où toutes se rencontrent : on ne meurt pas. On revoit ceux qu'on a aimés.

À partir du moment où cette croyance est devenue évidente, as-tu été rassurée pour la suite de ton deuil ?
Oui, absolument. Ça change tout. Ça donne une dimension d'éternité. Il y a un sens. La foi ne s'explique pas. La preuve, c'est justement d'admettre qu'il y a un mystère qu'on ne comprend pas. Il y a un sens à la vie, et on le comprendra en temps et lieu.

Après le départ de Jean, dans le rapport amoureux qui a suivi, as-tu eu le sentiment de trahir quelque chose appartenant à vous deux, de vivre une sorte d'infidélité ?
Non. Je me suis donné le temps de vivre mon deuil. Quand je suis arrivée dans une relation, pour vrai, mon deuil était assumé et assimilé.

As-tu cherché quelque chose de Jean dans une autre personne ?
Non, absolument pas. Non, je n'ai pas voulu faire ça. Je sais que chacun est unique. Ça aurait été très injuste pour la personne qui partageait ma vie à ce moment-là. Je n'ai commencé une relation que lorsque j'ai été capable de m'investir complètement. Ça ne veut pas dire que je n'étais pas encore ébranlée. Quand on est dans le processus du deuil, on est le deuil, on est la blessure. Ça prend toute la place. Quand les étapes du deuil sont achevées, le deuil fait partie de notre histoire. Je vois des gens chez qui le temps passe et qui ne profitent absolument pas de l'occasion offerte par les difficultés pour en faire quelque chose de bon. Moi, de toute façon, si j'avais voulu m'en sauver, je n'en aurais pas été capable. Ma douleur était tellement aiguë. Je me réveillais la nuit en larmes, mes oreillers tout mouillés. C'était un sentiment de vide épouvantable.

As-tu ressenti le besoin de parler de ton deuil à ton entourage ?
J'en parlais. J'avais aussi conscience qu'à partir d'un moment, les autres ne peuvent plus rien pour toi. Ils n'ont pas la compétence pour t'aider. Ils ont l'amour. Ils ont le cœur, mais, après un instant, ça devient redondant pour eux. Ils ne savent plus quoi faire et quoi dire. C'est frustrant pour eux, ils te voient dépérir. Je suis passée de 70 à 55 kilos, et je mesure 1,78 mètre. J'étais transparente, j'étais l'ombre de moi-même. Ma mère était dévastée par ma peine. Elle ne savait pas quoi faire. Ma mère n'est pas la personne la plus habile psychologiquement. Elle a probablement ses propres deuils non résolus. De me voir en plein milieu d'un deuil la plaçait face aux siens. C'était injuste de lui demander de m'aider alors qu'elle connaissait ses difficultés. Un jour, on arrive au bout du rouleau, alors il faut consulter quelqu'un qui est payé pour ça et qui possède les compétences pour accueillir cette peine. C'est ce que j'ai fait.

Mis à part la révélation de ta foi, que t'a apporté le départ de Jean dans tes nouveaux rapports?

Le deuil, ça bonifie toujours. À partir du moment où on accepte d'être en contact avec sa propre souffrance, on est ouvert à celle des autres. On en a une meilleure écoute. On tolère moins les méchancetés. Le deuil a facilité mon entrée dans la foi. Elle apporte du réconfort, mais elle a des exigences. À partir du moment où tu crois que la meilleure façon de vivre, c'est d'essayer d'aimer les autres, tu as plus souvent l'impression de ne pas être à la hauteur que le contraire. Quand tu ne le savais pas, ça ne te dérangeait pas. Mais de le savoir, ça te dérange. Tout cela a considérablement changé mes rapports avec les autres. Je n'ai jamais été ni une mauvaise ni une méchante fille. Savoir ce que je sais aujourd'hui me rend plus vigilante. J'essaie d'être plus tolérante, même si je suis soupe au lait et que j'ai un caractère de cochon. C'est effrayant! Ça n'a pas de bon sens.

N'as-tu pas l'impression que tu t'améliores en vieillissant?

Non, c'est pire. Je pense que nos qualités grandissent en vieillissant, mais les défauts aussi. Alors, je suis soupe au lait, je suis très impatiente au volant. Mais les gens sont capables de passer par-dessus ça: ils comprennent très bien que mon fond est bon.

Elle gesticule, elle accélère le débit.

Je lisais un article dans un magazine, où tu racontais qu'une de tes plus grandes craintes dans la vie était de te retrouver seule, sans enfant. Aujourd'hui, tu as un enfant, mais tu es seule. N'as-tu pas l'impression que tes paroles sont parfois prémonitoires?

Oui, c'est bizarre. Les trois choses qui me faisaient le plus peur dans la vie me sont arrivées. Quand j'étais enfant, j'avais mal au ventre de terreur à cause de l'école. J'étais très angoissée. J'avais donc peur d'avoir un enfant. Peur d'accoucher, pourtant j'ai accouché sans «épidurale». Malgré une grossesse épouvantable et pénible à la suite d'un accident d'auto, qui m'a obligée à garder le lit durant six mois. Ensuite, j'ai perdu Jean. La chose qui me faisait le plus peur était de me retrouver devant rien, et ça m'est arrivé. Quand j'étais jeune, la pauvreté me faisait peur, et j'ai eu des périodes de ma vie où ça m'est arrivé. Quand j'ai élevé ma fille toute seule. Il a fallu que je sois très imaginative et que j'aie un très bon comptable pour être à flot.

Maintenant, tu ne diras plus jamais que tu as peur, n'est-ce pas?

Le meilleur moyen d'apprivoiser sa peur, c'est de la nommer. Quand tu ne la désignes pas, elle agit. Quand tu la nommes, c'est bizarre, elle s'écrase un peu. Si tu as peur en avion, dis-le, c'est drôle, tu auras moins peur en le disant qu'en le gardant à l'intérieur. Un proverbe dit: «Quand tu essaies de camoufler ta peur, ton ressentiment ou ta haine, c'est un peu comme le jupon qui dépasse, ça finit toujours par paraître.» J'ai compris que la haine n'est pas un beau sentiment et n'est pas noble du tout. Pourtant, il m'est déjà arrivé de vraiment haïr. Je n'en suis pas fière du tout. J'ai compris qu'en reconnaissant cette haine et en ne lui laissant pas de place pour s'exprimer, elle ne serait pas agissante.

Maintenant que tu as connu les bons et les mauvais côtés de l'amour, que recherches-tu ? Que souhaites-tu ?

Je me souhaite une relation où je vais me sentir respectée. Je cherche une relation où je vais pouvoir me sentir aimée. Je veux aussi une relation où l'autre accepte d'être aimé. Une relation calme où j'ai le droit d'exister. J'ai beaucoup d'amour à donner. Beaucoup de compassion pour les gens. Rien n'est plus frustrant que de voir son amour rebondir comme une balle sur un mur. Avant, je pensais que l'amour, c'était nécessairement des montagnes russes, que l'amour était dévastateur, envahissant, épuisant.

Qu'est-ce qui te portait à croire ça, à l'époque ?

Je ne sais pas. Probablement l'exaltation de l'amour comme on le perçoit à l'adolescence. Cette perception de l'amour s'est poursuivie assez tard dans ma vie. Et puis un jour, je me suis rendu compte que l'amour, ce n'était pas ça. En amour, tu n'es pas obligé de t'abandonner toi-même. C'est la thérapie qui m'a aidée à me repositionner. Jamais plus de ma vie je ne vais sacrifier une chose vitale ou essentielle pour moi à une relation de couple.

Aujourd'hui, quand tu le dis, il y a comme une revendication de ta part. Tu es en train de dire les choses dont tu ne veux plus. Ça semble limpide et fluide comme jamais.

Oui, exactement. Je sais ce que je veux et je sais ce que je ne veux plus. Non seulement je le sais, mais je suis capable de le dire. Si on n'est pas apte à me le donner bien que ce soit nécessaire à mon équilibre, alors ça n'ira pas.

En cinq minutes, les photos ont été prises.
Elle a déjà été mannequin professionnel
à travers le monde, ça se voit.
Aujourd'hui, elle ne pose pas,
elle incarne l'émotion.

Diane et Pierre-Hugues Boisvenu
Vivre sans leurs filles

« *Quand on a appris la mort de Julie, c'était surréaliste. Quand on a vu sa photo dans le* Journal de Montréal, *pleine page, avec le genre de titre: assassinée ou retrouvée morte, je ne me souviens plus, je me suis dit: "C'est ta fille."* [...] *En décembre dernier, quand ils m'ont annoncé la mort d'Isabelle, je me suis dit: "C'est comme dans le film* Le jour de la marmotte, *comme si je revivais la même chose, le même rêve."* [...] *On a pris la mort de Julie comme un vol, et celle d'Isabelle, comme un accident.* [...] *On a trouvé un sens rapidement à la mort de Julie, et ça nous a aidé à faire un deuil, mais on n'a pas encore trouvé de sens à la mort d'Isabelle.* [...] *Quand je ferme les yeux et que je pense à mes filles, je vois juste leurs sourires.* »

Diane et Pierre-Hugues Boisvenu
Vivre sans leurs filles

En roulant sur l'autoroute 10 en direction de Sherbrooke, plusieurs pensées m'obnubilaient. Je réfléchissais à ce qui leur était arrivé. Pourquoi eux ? Est-ce normal pour des parents d'enterrer leurs enfants ? Comment fait-on pour en porter deux en terre ?

Les deux filles des Boisvenu sont mortes de façon tragique à trois ans d'intervalle, presque au même âge. Ces événements ont littéralement propulsé Diane et Pierre-Hugues Boisvenu sur le devant de la scène : ils sont devenus des héros bien malgré eux. Sans le vouloir, ils donnent toutes leurs lettres de noblesse au mot « résilience ». Les Québécois et les Québécoises se sont pris d'affection pour ce couple qui vit une situation affligeante. Leur deuil est devenu collectif.

Ma dernière entrevue pour ce projet a eu lieu à leur maison de Rock Forest. Ils étaient nouvellement installés, tout sentait encore le neuf. C'est madame Boisvenu qui m'a accueilli, son mari étant trop occupé à répondre aux nombreux appels téléphoniques.

Depuis son passage remarqué et son vibrant témoignage à l'émission dominicale Tout le monde en parle, quelques jours auparavant, les choses ont littéralement changé. Dorénavant, les parents des victimes d'agressions sexuelles ont une voix. Ils ont maintenant la certitude de pouvoir être entendus et ils savent qu'un jour on reconnaîtra leurs droits fondamentaux. Monsieur Boisvenu a réussi tant bien que mal à transcender sa peine en jouant les Don Quichotte devant les instances gouvernementales. Il est de toutes les batailles, il va réussir, c'est un gagnant.

Finalement, nous avons amorcé la discussion. Pendant cette heure et demie, ils ont essayé de dédramatiser leur situation, afin de mieux saisir les enjeux de ce nouveau deuil. Malgré des divergences d'opinions, ils se vouent un amour inconditionnel, une admiration sans borne et un immense respect.

Monsieur – Nous sommes très croyants, ne pas confondre avec être religieux. Je pense qu'on ne peut pas traverser un drame de cette ampleur, si on n'est pas croyants au départ. On ne trouve pas la foi dans un événement semblable, il faut l'avoir.

Pensiez-vous avoir cette foi ?
Monsieur – On vient tous les deux de familles croyantes et pratiquantes. On a un fond judéo-chrétien : on croit qu'on a une âme, et qu'après la mort, il y a la vie. On n'est pas une vieille chaussette qu'on jette après la mort, on est plus qu'une enveloppe. On croit dans la spiritualité, qu'il y a une vie plus grande ailleurs. Quand on a été identifié le corps d'Isabelle, Diane a dit : « C'est pas Isabelle, ce n'est que son corps ; elle était plus que ça. » On n'a pas eu la chance de voir le corps de Julie, on l'a retrouvé une semaine après sa mort. Elle a été identifiée grâce à sa fiche dentaire.

Le fait d'avoir ces croyances a-t-il aidé à surmonter vos deuils ?

Monsieur – Dans les années 90, j'ai découvert une très belle lecture, *Conversation avec Dieu*, de M. Neale Donald Walsh, qui m'a permis de raffermir ma foi. Souvent les gens, dans l'Église catholique, ont une foi collective. J'ai toujours dit que la maturité spirituelle est atteinte quand on a sa propre foi et que l'on découvre ses propres valeurs spirituelles. Ce livre m'a amené vers une grande déculpabilisation par rapport aux plaisirs de la vie, et à découvrir une nouvelle dimension de la mort, du suicide, du crime et de la victime, etc. Quand, 10 ans plus tard, Julie est décédée, cette lecture m'est revenue. J'ai essayé de trouver un sens à sa mort plutôt que d'avoir une approche d'agressivité, de culpabilité et une énergie négative qui viennent inévitablement quand on apprend l'assassinat de sa fille. Quand ça arrive, il ne faudrait pas que le parent mette la main sur le criminel, parce que je pense que...

Vous êtes passé par cette étape ?

Monsieur – Selon moi, on ne peut pas faire autrement.

Quand on vit un deuil, on ne réagit pas tous de la même façon, c'est très personnel. Au moment des recherches spirituelles de votre mari, en parliez-vous ensemble ?

Madame – Non, on n'en a jamais vraiment discuté. Je sais que ses lectures l'ont beaucoup inspiré et l'ont aidé à cheminer. Moi, je n'en ressentais pas le besoin. On s'est toujours respectés, chacun dans son développement personnel. On a des personnalités très différentes, on est très autonomes tous les deux, on se fait confiance.

Le fait que l'un de vous deux avait cette croyance spirituelle au moment du décès de Julie vous a-t-il été utile ?

Madame – Sûrement, mais je pense qu'on a les mêmes valeurs, donc on se retrouvait à la même place. C'est évident qu'on était tristes, stupéfaits, parce que c'est arrivé tellement vite. On s'est appuyés l'un sur l'autre.

Monsieur – À cette époque, on était séparés physiquement, je travaillais en Montérégie la semaine et je revenais à la maison la fin de semaine. On a vécu le deuil chacun de son côté. Je suis revenu six mois après le décès de Julie.

Comment avez-vous fait pour traverser cette épreuve ?

Monsieur – On a rapidement trouvé un sens à la mort de Julie. Quand une personne est assassinée dans une famille, on a l'impression que tout le noyau familial peut mourir avec elle. Je me souviens que Diane a dit : « Il ne doit pas y avoir d'autres victimes dans la famille. » Quand la mort de Julie est arrivée, on a essayé de comprendre. Mais à un moment donné, il n'y avait rien à comprendre. Ma façon de vivre un deuil, c'est dans l'action, alors que Diane a davantage besoin de réflexion.

Quand la mort survient dans la vie de quelqu'un, c'est très difficile à vivre. L'autre jour, monsieur Boisvenu, vous affirmiez que 80 % des gens se séparent à la suite d'une telle épreuve. Comment faites-vous pour ne pas vous perdre en tant que couple, sachant que vos façons de réagir sont totalement opposées ?

Monsieur – À mon avis, c'est beaucoup mieux d'être complémentaires.

Madame – On forme une très bonne équipe. On est ensemble depuis 35 ans. Avec le temps, on a appris à se respecter, on apprécie le fait que l'autre ne réagit pas de la même manière. On a une image beaucoup plus globale de la situation. Je suis plus intérieure, moins extravertie que Pierre. Parfois, c'est lui qui a raison, d'autres fois, c'est moi, mais la plupart du temps on est d'accord.

Monsieur – Quelques mois après le meurtre de Julie, on a découvert que les familles des victimes n'avaient aucune reconnaissance légale et qu'il n'existait rien pour leur venir en aide. C'est à ce moment-là que je me suis donné la mission de changer tout cela. Avant le décès de Julie, j'envisageais difficilement la retraite. Après sa mort, c'est comme si je l'entendais me dire : « Papa, tu avais peur de prendre ta retraite, je viens de tout régler ça pour toi. Tu vas t'occuper de la violence faite aux femmes et des familles de personnes assassinées ou disparues. » J'ai dit à Julie : « Je viens de comprendre ce que je dois faire de ma vie. »

N'y a-t-il pas un plus grand risque de sombrer quand on est en réflexion plutôt que dans l'action ?

Monsieur – Parfois, mais quand on est dans l'action, on peut sombrer plus tard. Quand on a créé l'AFPAD (Association des familles de personnes assassinées ou disparues), j'étais très bouleversé de rencontrer les premières familles qui, comme nous, avaient vécu un meurtre. De faire connaissance, de savoir qu'une organisation se mettait en branle et qu'on n'était plus seuls relativisait notre drame. Tant et aussi longtemps qu'une famille ayant connu un meurtre ou une disparition criminelle n'en rencontre pas d'autres ayant vécu la même expérience, elle a l'impression d'être seule au monde. Par exemple, un jour, madame Labelle, dont la fille a été découpée en morceaux, m'a dit : « Il m'a volé la vie de ma fille, il m'a volé sa mort, je n'ai jamais pu faire de deuil, parce que tout ce qu'on a retrouvé, ce sont un bras et une jambe. Je n'ai jamais pu la voir dans un cercueil. » À ce moment-là, je me suis dit : « Certains ont traversé des épreuves bien plus difficiles que nous. »

Pouvons-nous dire que c'est un peu le même profil qu'Isabelle Bolduc ? Mauvais endroit, mauvais moment, mauvaise heure ?

Monsieur – On ne doit jamais dire que la victime est au mauvais endroit, au mauvais moment. C'est plutôt le criminel qui est au mauvais endroit, au mauvais moment, parce qu'il n'était pas encadré, pas suivi. À l'Association, on veut donner du pouvoir à la victime plutôt qu'au criminel. Tant que la victime ne prend pas le pouvoir sur sa vie et sur sa destinée, le criminel continue à avoir du pouvoir sur elle.

À l'assassinat de quelqu'un, on raconte beaucoup d'histoires. Comment avez-vous fait pour vous défendre contre ceux qui tentaient de ternir l'image de Julie ?

Monsieur – Ça a été la partie la plus difficile du procès, parce que l'avocat de la défense, dans son plaidoyer, a fait le procès de Julie sur le plan de sa vie sexuelle, sachant très bien qu'elle ne pouvait se défendre. Je pense qu'en plus d'avoir été tuée physiquement, ma fille était en train de se faire tuer moralement et spirituellement. Pour nous, c'est comme si elle avait été agressée une deuxième fois. Il y a toujours des gens pour dire qu'il n'y a pas de fumée sans feu.

Madame – On a trouvé ça extrêmement injuste, parce qu'on savait qu'Hugo Bernier, l'agresseur de Julie, avait déjà agressé une autre jeune fille. À cause des droits de la personne, l'avocat de la couronne ne pouvait utiliser son passé criminel contre lui en cour, alors que l'avocat de la défense pouvait attaquer la réputation de Julie autant qu'il le voulait.

Pourquoi n'avez-vous jamais assisté au procès ?

Monsieur – On voulait garder le souvenir de Julie en mémoire et non celui d'Hugo Bernier. Un avocat, ami de la famille, avait proposé de nous représenter gratuitement. On le rencontrait toutes les semaines. Il nous faisait un compte rendu du déroulement du procès. On voulait savoir s'il y avait dans le système d'autres responsables de la mort de Julie.

Quel est votre rapport avec Hugo Bernier, l'assassin de votre fille Julie ?

Monsieur – Il est mort avec Julie. Je me dis que Dieu existe, je suis sur la terre et je suis l'expérience humaine de Dieu. Quand je vais mourir et que je vais retourner vers Dieu, je vais vivre l'expérience divine. Je me dis : « Bernier s'est tué en tuant Julie. Le seul maître ou le seul juge de Bernier, c'est Dieu. » Pour moi, Bernier, il a juste raté sa vie en tuant quelqu'un, il a perdu l'occasion d'évoluer spirituellement. Pour satisfaire un besoin sexuel, il a enlevé la vie à quelqu'un. Pour moi, la plus belle qualité, c'est de donner sa vie à quelqu'un, le pire châtiment, de la lui enlever.

Madame – Je pense que ça ne donne rien de mettre de l'énergie à penser à cet homme.

Pour cet ouvrage, j'ai réalisé 20 entrevues, et j'ai lu énormément avant sur le sujet. Votre force est renversante. C'est la première fois que j'entends quelqu'un me dire : « Je n'y peux rien, donc je ne mettrai pas d'énergie là. » Je connais des gens qui passeraient 25 ans à nourrir cette haine. Vous auriez le droit de lui en vouloir...

Madame – On a le droit, mais on ne le prend pas, parce que ça ne mène nulle part. On nous demande souvent : « Allez-vous pardonner à Hugo Bernier ou que pensez-vous du pardon ? » Je n'ai pas à lui pardonner, c'est à Julie qu'il doit demander pardon. Ce n'est pas moi qui ai été violée, battue et assassinée, il s'arrangera avec Julie, moi, je ne m'en mêle pas.

Comment vous êtes-vous remise, Diane ?

Madame – Julie était morte, je ne pouvais plus rien faire pour elle. Mais j'étais encore une maman. Je devais m'occuper de nos deux autres enfants, ils venaient aussi de perdre leur sœur. Il fallait que je prenne soin de moi pour pouvoir ensuite prendre soin des autres. Quand Pierre est retourné au travail, des amies venaient régulièrement me rendre visite et me sortir au restaurant. Et puis le temps a fait son œuvre.

Votre deuil aurait-il été plus facile si vous aviez pu voir Julie dans son cercueil ?

Madame – Je ne pense pas, ce sont plus les circonstances de sa mort qui font la différence.

Monsieur – On a eu une semaine pour se préparer à sa mort, on a cherché le corps une semaine. Dès sa disparition, on s'est préparés au deuil. On s'est dit : « Elle est morte. On ne la reverra pas. »

Madame – Les policiers nous ont demandé si elle avait fait une fugue. On a dit : « Écoutez, elle a 27 ans. Elle a son appartement et elle est heureuse dans la vie. » C'était complètement absurde.

Plusieurs faits étranges vous ont amenés à ne pas reconnaître son comportement habituel, et c'est la raison pour laquelle vous avez songé au pire.

Monsieur – Effectivement, elle ne s'est pas présentée au travail, on a retrouvé son véhicule accidenté au centre-ville et elle ne s'est jamais présentée à un *party* avec ses amis, sauf que, durant la semaine, des gens appelaient pour dire : « On l'a vue à tel endroit, je lui ai offert une cigarette. » Ils ravivaient un espoir.

Était-il grand cet espoir ?

Monsieur – Il était petit, mais il était là. Tant qu'on n'a pas retrouvé la personne, on espère toujours qu'elle soit vivante, je pense que c'est humain.

Quand l'avez-vous vue pour la dernière fois ?

Monsieur – On l'a croisée quand on est partis en voyage pour la Côte-Nord, elle était venue faire son lavage et nous a salués avant notre départ.
On a appris la nouvelle de sa disparition à l'île aux Grues, à 11 heures du matin. Mais le traversier ne revenait pas avant 16 heures, alors on est restés cinq heures à se morfondre avec nos amis sur l'île.

Quel a été pour vous le plus grand choc : l'annonce de sa disparition ou l'annonce de sa mort ?

Madame – Quand elle a disparu.

Monsieur – Quand le lieutenant est venu nous annoncer qu'ils avaient retrouvé le corps, ce n'était pas facile non plus.

Quelle a été votre réaction à l'annonce de son décès ?

Monsieur – Comme un gros ballon qui se dégonflait, toute notre énergie lâchait d'un seul coup, et, en même temps, ça voulait dire que c'était fini, ça venait fermer une porte. Mais qu'est-ce qui venait après ? À mon avis, le meilleur est toujours devant soi, et j'ai toujours essayé de m'élever au-dessus de l'événement pour le comprendre. Comme j'ai été gestionnaire pendant 30 ans, j'ai souvent été dans des situations où je devais motiver les gens. Mais on ne peut pas le faire quand on est dans le problème. Il faut prendre du recul pour avoir un peu d'objectivité par rapport à une situation donnée.

Madame – Finalement, ce qui me choquait, ce qui me scandalisait, ce sont les mêmes choses que Pierre, c'était de constater la gratuité de ce crime. Il ne connaissait pas Julie, Julie ne le connaissait pas non plus.

Le fait d'avoir vécu des deuils dans vos vies respectives vous a t-il aidé pour celui de Julie ?

Monsieur – Perdre un frère ou un ami proche, ce n'est pas comme perdre un enfant. Même si on a vécu 25 deuils avant, on ne peut pas, selon moi, comparer cette expérience à la perte d'un enfant.

Madame – Oui. Mon frère est mort, renversé par un camion sous mes yeux, et ça m'a terriblement traumatisée. Tellement qu'à ce jour, je n'ai aucun souvenir de lui vivant. Les seules images que j'ai en mémoire sont les photos qu'il y a sur le mur. À ce moment-là, j'aurais eu besoin du support de mes parents, mais ma mère a sombré dans une dépression, alors, quand on a retrouvé Julie, je me suis dit : « Je ne peux plus rien faire pour elle. » Par contre, Christian et Isabelle étaient là et ils avaient besoin de moi. Je me suis beaucoup préoccupée de la santé mentale et émotionnelle de mes enfants.

Comment Isabelle avait-elle vécu le départ de sa sœur ?

Madame – Difficilement. Les enfants étaient près les uns des autres. Comme on a souvent déménagé dans leur enfance, c'était devenu le clan Boisvenu. On restait un an ou deux dans une ville, et on déménageait.

Comment Christian a-t-il réagi ?

Monsieur – C'était difficile à saisir, il était fermé.

Madame – Oui, il est comme moi. Isabelle était beaucoup plus entière et extravertie que lui. On réagit selon ses expériences et sa personnalité.

Monsieur – Ce matin, j'ai discuté avec un couple. Pour la première fois en 26 ans, le mari a parlé à sa femme du meurtre de son petit gars. Dans le fond, son deuil aura duré tout ce temps-là. C'est une situation pénible pour un couple, c'est étonnant qu'il n'ait pas éclaté. Ça me surprend, parce que, habituellement, le silence provoque l'éclatement du couple. Imaginez toute l'énergie déployée à garder le silence. Je ne pourrais supporter cette situation pendant aussi longtemps.

Avez-vous conservé les choses de Julie pendant un certain temps ?

Madame – Pas vraiment... Quelques petits souvenirs... Des objets..., ce n'est pas Julie. On a gardé toutes ses photos, des cassettes vidéo, les cartes de souhaits qu'elle nous a données; elles sont dans un coffre. En ce qui a trait à ses effets personnels, Isabelle avait eu une idée formidable: on a fait une vente-débarras, et tous les profits sont allés au Centre d'aide et de lutte contre les agressions à caractère sexuel (CALACS) à Sherbrooke. Toutes les amies de Julie sont venues, elles sont reparties avec un petit souvenir tout en faisant un don, c'était très constructif. On a l'intention de faire la même chose avec les objets d'Isabelle.

Madame Boisvenu, quand on vous a annoncé la nouvelle de la mort subite d'Isabelle, vous étiez en Abitibi, alors que vous, monsieur Boisvenu, vous étiez ici, à Sherbrooke. Comment avez-vous appris l'inconcevable?

Madame – Ce sont les policiers qui me l'ont appris; j'ai eu les jambes coupées, je me suis assise. C'étaient de jeunes policiers... Tout ce que j'étais capable de dire, c'est: «Mon Dieu, mon Dieu, mon Dieu.» Ils essayaient de me donner plein de renseignements, mais je ne les entendais pas. Je leur ai demandé s'ils étaient morts tous les deux, et ils m'ont répondu: «Oui.» Alors qu'en réalité, Jean-Michel, son amoureux, a vécu cinq jours de plus. À cet instant, j'ai aussi pensé à la famille de Jean-Michel. Les policiers sont repartis en me laissant leur carte avec leurs coordonnées. C'était l'heure du souper, j'étais avec ma sœur, mon papa et mon oncle Fernand, on a discuté, mais je ne me souviens pas de tout, le choc était trop grand. Il n'était pas question que je reste là-bas. Je suis revenue en avion dès le lendemain. Ce soir là, j'ai dit à ma famille ce que j'avais appris avec la mort de Julie: «La vie continue, il faut faire les petites choses simples de la vie pour garder son équilibre, sa santé mentale.»

Y a-t-il un moment où vous vous êtes dit: «C'est assez, s'il vous plaît, c'est trop»?

Monsieur – Quand on a appris la mort de Julie, c'était surréaliste. Quand on a vu sa photo dans le *Journal de Montréal*, pleine page, avec le genre de titre: assassinée ou retrouvée morte, je ne me souviens plus, je me suis dit: «C'est ta fille.» Je n'arrivais pas à le réaliser. En décembre dernier, quand ils m'ont annoncé la mort d'Isabelle, je me suis dit: «C'est comme dans le film *Le jour de la marmotte*, comme si je revivais la même chose, le même rêve. Il y a une dimension surréaliste qui dure à peu près de cinq à dix minutes, et on se dit: «Mais pas encore nous.»

C'est la première fois, pour ce livre, que je reçois des gens en plein cœur du deuil. Où en êtes-vous?

Madame – On sait qu'il existe un cheminement dans le deuil, des étapes, et que c'est normal. Les choses vont arriver, ça ne donne rien de les repousser ou de les retenir. J'avoue ne pas savoir comment je vis la période de colère, elle s'est fait plus sentir à la mort de Julie, à cause des circonstances.

Monsieur – On se dit: «Aurait-on pu changer le cours des événements, si les gens que l'on croit en partie responsables avaient fait preuve de plus de profession-nalisme? À l'endroit où Isabelle s'est tuée, il y a eu trois accidents mortels, trois autres jeunes âgés entre 20 et 25 ans se sont tués dans la même semaine. J'ai vécu un sentiment de culpabilité, car j'avais pris la décision de ne pas aller en Abitibi à Noël, mais à la chasse, le 26 décembre, avec mon frère et mon copain. Je me suis senti coupable de ne pas être monté en Abitibi avec Isabelle. Je sais que si j'avais conduit, elle ne serait pas morte, on aurait sûrement pris mon 4X4.

Vous a-t-elle déjà parlé de sa propre mort ?

Madame – Non, mais elle en avait parlé avec ses copines. Ce sont ses amies qui nous ont dit qu'elle voulait être incinérée comme Julie l'avait été.

Est-ce qu'elle appréhendait la mort ?

Madame – Je ne le crois pas. C'était une boule d'énergie, avec plein de projets.

Monsieur – Isabelle, c'était la vie. J'ai été surpris du témoignage de ses amies. Elles ont dit à quel point elle était dévouée aux autres.

Vous ne le saviez pas ?

Monsieur – On le savait, parce que la cour de la maison était toujours pleine d'amis. Donc, s'il y avait plein d'amis, c'est qu'elle attirait du monde. On a appris des petites choses qui m'ont fait réaliser qu'elle vivait beaucoup plus pour les autres que pour elle-même. Elle aimait avoir du plaisir et elle le partageait avec les autres.

Monsieur Boisvenu, vous avez déjà affirmé que les deux départs de vos filles sont peut-être reliés à des injustices ?

Monsieur – Non, à un manque de professionnalisme, c'est ça qui me met le plus en colère. On entend toutes sortes de choses qui nous poussent à nous interroger. Si les gens avaient fait leur travail correctement, est-ce que tout cela aurait pu être évité ?

Cela rend-il le deuil plus difficile ?

Madame – Ça l'étire…

Monsieur – Actuellement, je me pose la question : Dois-je mettre en marche des recherches comme pour Julie ? Quand Julie a été assassinée, si on n'avait posé aucune question, rien n'aurait jamais changé. Le plus frustrant, c'est qu'on nous refuse des réponses, sous prétexte de protéger le criminel.

Madame – Au départ, avec Julie, nous nous battions contre la violence faite aux femmes, et l'association est arrivée après avoir constaté que les familles de victimes n'ont aucun droit.

Voulez-vous embarquer dans ce même genre de bataille pour Isabelle ?

Monsieur – J'ai des interrogations, mais dois-je pousser mon questionnement jusqu'au bout, sachant toute l'énergie que ça va me demander pour le faire ?

Le départ d'Isabelle a-t-il réanimé la mort de Julie ?

Monsieur – Non, je vais te dire franchement, pour moi, les deux départs sont comme dans deux tiroirs séparés. On a pris la mort de Julie comme un vol, et celle d'Isabelle, comme un accident et une injustice. Quand Julie est décédée, ça a changé mes valeurs, et quand Isabelle est morte, ça a changé ma vie.

Madame – On sait que Julie a souffert, tandis qu'Isabelle est morte sur le coup.

Monsieur – On a trouvé un sens rapidement à la mort de Julie, et ça nous a aidés à faire un deuil. Une famille qui perd quelqu'un et qui ne trouve pas un sens à la mort, surtout celle d'un enfant, va vivre un deuil très pénible. Je n'ai pas encore trouvé un sens à la mort d'Isabelle.

Madame – On ne le sait pas encore, on attend, la réponse va venir tôt ou tard.

Monsieur – Isabelle était impliquée dans l'association, déjà, je sens qu'elle nous pousse et nous donne de l'énergie pour continuer notre travail sans elle.

Comment faites-vous pour surmonter cette absence de cellule familiale?
Monsieur – Il faut désormais apprivoiser cette famille-là, avec un fils unique. On a peur pour l'équilibre, et peur aussi de la solitude.

Madame – Heureusement qu'on a des amis.

Vous arrive t-il d'avoir peur qu'il arrive quelque chose à Christian?
Madame – On ne peut pas vivre ainsi, parce qu'on n'aurait plus de vie. On serait toujours dans la peur et dans l'appréhension, et on serait malheureux.

Monsieur – On n'a jamais vécu dans le passé, on ne vivra pas dans le futur même si moi, j'ai tendance à donner une vision à ce que je fais. On ne pense pas à ce qui va nous arriver demain, mais plutôt à ce qu'on va réaliser demain. Dans ce sens-là, on vit au quotidien. Avec la mort, on ne peut pas adopter une attitude pessimiste, parce qu'on devient une victime, on fait partie de l'événement et on ne réussit pas à s'élever au-dessus. Il faut prendre de la hauteur dans notre vie et non de la distance.

Cela vous empêche-t-il de ressentir de la douleur intérieure?
Monsieur – Moi, je n'ai pas de douleur, j'ai de la peine quand je sors de l'action. Quand je suis seul avec mon fils, Christian, les deux filles nous manquent. À la mort de Julie, Isabelle a beaucoup suppléé à son absence. Christian demeurait en Mauricie et on le voyait moins. Elle a mis beaucoup de joie dans nos vies. Elle a réussi son cours pour devenir comptable agréée, et elle s'est s'impliquée au niveau du CALACS. Elle devenait une femme. Elle amenait toujours plein de monde à la maison. Elle avait toujours une occasion de fêter. Il arrivait quelque chose de bon ou de mauvais, on se faisait un petit *party*, et on se remontait le moral. Isabelle, c'était tout ça.

Vous vivez votre deuil sur la place publique contrairement à la plupart des gens. Est-ce plus difficile?
Madame – Oui, pour l'instant. Avant ça allait, le deuil de Julie était terminé, mais depuis la mort d'Isabelle, les gens nous offrent leurs condoléances et ça

nous replonge dans la peine. Mais on comprend que les gens aient le goût de nous appuyer...

Monsieur – Quand on sort en ville, c'est sûr qu'on est souvent interpellés. On ne vit pas notre deuil dans l'intimité. Notre deuil a été pris en charge par les Québécois. Quand on reçoit 300 courriels avec des messages d'amour, on se dit : «Je ne le vis plus tout seul». Ça a été de l'énergie pour moi. Plus on est nombreux pour faire quelque chose, plus on a du pouvoir sur les événements. Un jour, on a reçu un message de quelqu'un qui nous disait : «Je crois dans les choix du corps par l'âme ; je crois que les enfants viennent au monde et choisissent leurs parents. Vous savez, si vos filles sont parties si rapidement, c'est qu'elles savaient quand elles vous ont choisis qu'elles réaliseraient beaucoup en peu de temps.» Comme je crois à l'éternité de l'âme, je crois que nos filles avaient choisi de vivre leur vie ainsi.

Avez-vous l'impression qu'effectivement, elles ont réalisé beaucoup de choses en peu de temps ?

Monsieur – Oui, Julie a réalisé tous ses rêves dans les trois dernières années. D'abord vendeuse, elle était devenue gérante du magasin. Elle adorait son travail et le contact avec le public. Elle avait son appartement, son véhicule 4X4. Elle avait trouvé sa place et conquis son indépendance. Quant à Isabelle, elle était devenue comptable agréée. Le rêve de sa vie. Elle aussi avait trouvé sa place et conquis son indépendance. Et puis, elle était en amour.

Madame – Elle avait enfin trouvé son *chum*, elle voulait finir sa vie avec lui. Elle me l'avait dit, mais elle ne se doutait pas que ce serait si tôt.

Monsieur – Incidemment, notre fils, Christian, est déjà sorti avec la sœur de Jean-Michel.

Madame – Tu sais, avec toutes les personnes qui vivent à Sherbrooke, que nos deux familles soient ainsi liées, c'était prédestiné.

Vous vous êtes parlé de vos deuils respectifs ?

Monsieur – Je pense qu'il s'est développé une franche complicité entre les deux familles. On s'est promis de faire bien des choses ensemble. Les cinq premiers jours qui ont suivi la mort d'Isabelle, je ne la sentais pas du tout, elle n'était pas là, et ça rendait mon deuil difficile à vivre. Un jour, j'ai trouvé un sens à son absence. Elle s'occupait de Jean-Michel, ça a pris cinq jours avant qu'il meure. À l'instant où il est mort, j'ai senti l'énergie de ma fille revenir. Le service de Jean-Michel a été célébré avant celui d'Isabelle et nous y avons assisté. Les deux familles se promettent de belles soirées ensemble dans le souvenir de Jim et Isa...

Madame – Je n'étais pas là quand Pierre a pris la décision. Il m'a dit : «On n'enterre pas un enfant entre Noël et le jour de l'An.» Moi, j'avais hâte que ce soit fini pour pouvoir vivre tranquillement ma peine.

Regrettez-vous d'avoir pris cette décision ?

Monsieur – Non, je pense l'avoir fait pour Isabelle. Ça nous a donné le temps de préparer et personnaliser ses funérailles. Et puis ça a permis à la famille Beauchesne de vivre cette expérience sans le tourment médiatique. Les parents de Jean-Michel sont des gens formidables. D'ailleurs, ils sont venus chez nous au réveillon de Noël.

Pour vous, ces rituels-là étaient-ils indispensables dans les deux cas ?

Monsieur – Oui, absolument, nous n'étions pas seuls à vivre une peine, nous la vivions collectivement.

Madame – C'est toute la collectivité, parce que, pour Julie, cela a exorcisé beaucoup de choses, comme la violence faite aux femmes. À ce moment-là, il n'existait pas d'association de familles de victimes. On avait demandé aux gens de ne pas envoyer de fleurs, mais plutôt de faire un don au Centre d'aide et de lutte contre les agressions à caractère sexuel (CALACS). On avait réussi à amasser 15 000 $. Ce qui avait permis de faire une campagne contre les drogues du viol ; c'est à ce moment-là qu'Isabelle s'est impliquée à fond. À la mort d'Isabelle, on ne s'est pas occupés de la réception, on a laissé cette responsabilité à ses amies. Elles ont tout organisé et elles ont aussi donné un beau témoignage lors de la cérémonie. Je pense qu'il faut se souvenir d'un mort, mais de manière positive. Il faut aussi se donner le droit de vivre.

Le départ de vos filles a-t-il changé votre vision de la mort ?

Monsieur – Oui, effectivement. Avant, je me disais : « Je vais vivre vieux, parce que, dans notre famille, c'est comme ça. » Vers 80 ans, je vais partir. Avant la mort de Julie, j'imaginais avec peine d'abandonner les miens, alors que, maintenant, c'est comme si j'allais retrouver quelqu'un. Quand Isabelle est morte, j'ai eu un sentiment de jalousie pendant quelques secondes dans le fait qu'elles se retrouvent maintenant les deux ensemble.

Madame – Ces dernières années, j'ai eu beaucoup de deuils à vivre : Julie est morte, l'année suivante, ça a été au tour de ma mère, ensuite un ami, puis le frère de Pierre et, enfin, Isabelle. Pendant des années, on a eu une vie extraordinaire et, tout à coup, les deuils se bousculent. Heureusement qu'on a eu le temps de se bâtir du solide avant ces événements.

Monsieur – Je me souviens, quand j'avais 14 ou 15 ans, comme tous les petits gars de mon âge, je rêvais d'être missionnaire. Quand nous étions dans la quarantaine, Diane et moi, on s'était dit qu'à la retraite, on irait passer cinq ans en Afrique ou en Amérique du Sud pour redonner ce qu'on avait reçu. On avait été choyés par la vie, nos trois enfants étaient en bonne santé et avaient bien réussi. Ils étaient autonomes et matures sur le plan de la pensée. Ils vivaient leur vie.

Madame – Ils étaient heureux.

Monsieur – C'étaient des adultes à part entière. Je pense qu'on les a amenés là où il fallait. On avait trois enfants, on était heureux et on s'en allait vers la retraite.

Quand la mort de nos filles est arrivée, ça a été comme un astéroïde qui nous frappait et qui changeait carrément la direction de la vie. À ce moment-là, il fallait replacer nos balises, le chemin que l'on s'était tracé ou qu'on avait imaginé était différent. Dans le fond, je me suis dit : « Julie a remplacé nos projets en Afrique ou en Amérique du Sud. » Sa mort a donné une nouvelle signification à nos vies et, quelque part, j'avais l'impression d'avoir une mission à accomplir. »

Sentez-vous parfois que vos filles ne sont pas très loin ?
Monsieur – Je trouve qu'elles m'habitent vraiment. Je les vois souriantes, satisfaites de ce qu'on fait et fières qu'on ne soit pas tombés au combat.

Est-ce que ça apaise votre tristesse ?
Madame – Un petit peu.

Monsieur – Moi, je pense que le deuil, c'est d'apprivoiser l'absence, pas d'apprivoiser la peine, car, selon moi, elles vont toujours nous habiter. Quand la tristesse monte, je me laisse aller, je ne résiste pas, je sais que ça va être passager. Ce n'est pas d'apprivoiser la douleur, parce qu'il faut l'évacuer. On ne peut pas vivre avec une douleur en permanence. Si on se concentre trop sur notre douleur, on oublie la peine des autres.

Madame – La peine, elle arrive d'un coup, comme une boule dans la gorge, puis elle passe. Quand elle monte, je prends deux ou trois respirations, et je continue de vivre, tout simplement.

Diane, réalisez-vous que vous êtes très forte ?
Madame – Je n'ai pas de mérite, c'est ma personnalité. On va profiter de ce qui nous reste, c'est pas mal plus agréable comme perspective.

Il y a aussi un deuil à faire dans l'Association, puisque Isabelle était très impliquée. Comment allez-vous faire pour combler son vide dans l'organisation ?
Monsieur – Je suis certain que des gens vont arriver pour la remplacer. On ne peut pas se donner autant à une cause sans recevoir en retour. Je souhaite que l'AFPAD ne dure pas plus que dix ans, parce que, sinon, cela voudra dire qu'on n'aura pas rempli notre mandat. Je pense qu'il faut être biodégradable. Le gouvernement doit prendre conscience des lacunes, les organisations qui gravitent autour de nous doivent donner des services et nous remplacer. Il faut redonner aux familles les mêmes droits que les criminels.

Pensez-vous que votre fils Christian va se remettre du départ de ses deux sœurs ?
Monsieur – Je pense que oui.

Madame – Il a mûri, il a maintenant 29 ans. Il est passé à travers la mort de Julie et le procès tout seul puisqu'il travaillait à l'extérieur. J'étais inquiète mais il s'en est sorti. Depuis quelques mois il est revenu à Sherbrooke, il a retrouvé ses amis et il est en amour. Tout ça va sûrement l'aider dans ce nouveau deuil.

Monsieur – On lui a dit : « Fais-nous deux petites filles rapidement. »

Quel conseil pourriez-vous prodiguer à quelqu'un qui vit un deuil ?
Monsieur – Il faut avoir des pensées positives pour la personne qui est morte. Il faut s'entourer d'amour et être bien supporté. Quand je ferme les yeux et que je pense à mes filles, je vois juste leurs sourires.
Madame – Mes filles, je ne les vois pas, je les entends. Je les entends rire, je les entends parler et je m'entends leur dire : « Tu es encore "partie sur la trotte", où vas-tu ? »

Est-ce réconfortant pour vous de les entendre et de voir leurs sourires ?
Madame – Oui, parce qu'elles sont en vie quelque part.

Nous sommes allés à la cathédrale St-Michel de Sherbrooke, où nous avons fait quelques clichés. C'est là qu'ont eu lieu les funérailles chrétiennes de Julie et d'Isabelle, leurs deux filles. Sur le chemin du retour, je me suis posé la même question qu'à l'aller : « Comment fait-on pour enterrer un enfant ? » Je n'ai pas trouvé la réponse. Je me suis empressé de rejoindre mes enfants, de les embrasser et de leur dire à quel point je les aime.

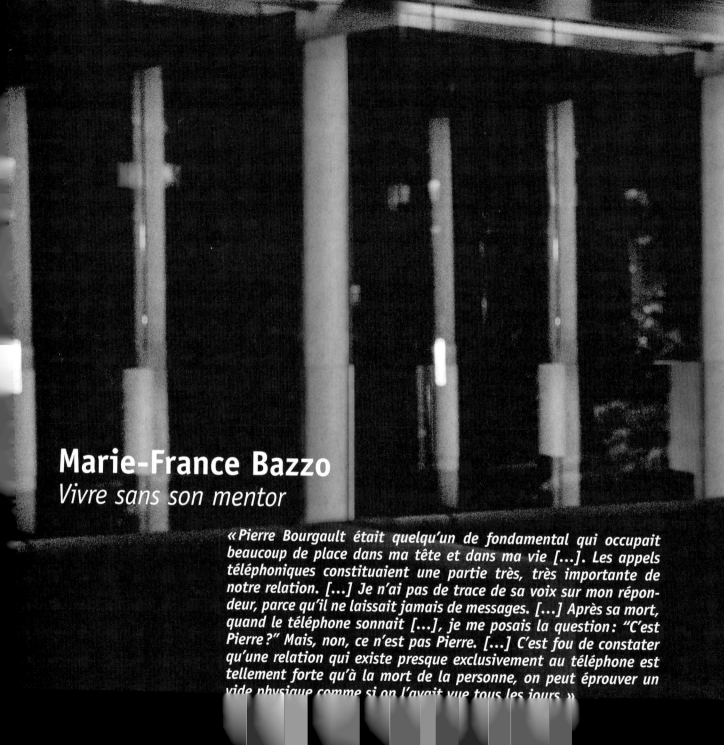

Marie-France Bazzo
Vivre sans son mentor

«*Pierre Bourgault était quelqu'un de fondamental qui occupait beaucoup de place dans ma tête et dans ma vie [...]. Les appels téléphoniques constituaient une partie très, très importante de notre relation. [...] Je n'ai pas de trace de sa voix sur mon répondeur, parce qu'il ne laissait jamais de messages. [...] Après sa mort, quand le téléphone sonnait [...], je me posais la question : "C'est Pierre ?" Mais, non, ce n'est pas Pierre. [...] C'est fou de constater qu'une relation qui existe presque exclusivement au téléphone est tellement forte qu'à la mort de la personne, on peut éprouver un vide physique comme si on l'avait vue tous les jours.*»

Marie-France Bazzo
Vivre sans son mentor

Depuis quelques années, je me fais un point d'honneur d'être toujours à l'heure, mais cette journée-là, j'arrivai à la toute dernière minute ; la circulation dense m'empêcha de respecter ma résolution. Ce premier rendez-vous avec la reine de la radio, Marie-France Bazzo, avait lieu au chic et branché Hôtel W, en plein cœur de Montréal.

Elle m'attendait dans l'imposant hall d'entrée. Nos regards se sont croisés, et nous nous sommes reconnus. Quand on rencontre une personnalité publique, on a la conviction de la connaître, c'est étrange comme impression. Après les salutations d'usage, nous nous sommes dirigés vers le salon bleu décoré avec beaucoup de classe. Là, des fauteuils modernes, une table ronde et un téléphone antique ornaient la minuscule pièce aux murs de verre. Face à nous se trouvait le bar très prisé de la jet-set montréalaise.

Marie-France Bazzo m'impressionnait par son charisme et son assurance. Pourtant, derrière la carapace se dissimulait une grande sensibilité.

J'étais assez intimidé d'interviewer cette fameuse intervieweuse. D'ailleurs, d'entrée de jeu, elle me posa des questions. Déformation professionnelle ? Elle voulait comprendre ma démarche, car elle était intriguée que je veuille écrire un livre sur les deuils. Elle voulait aussi s'assurer de la pertinence de son témoignage. Je lui ai assuré qu'elle le constaterait d'elle-même en répondant à mes questions.

Tout au long de cet échange, elle a fixé un point sans presque jamais détourner son regard. Elle revoyait les événements avec une grande clarté. Au bout d'un moment, elle a constaté toute l'importance qu'il avait eue dans sa vie et le vide causé par son absence. Elle m'a regardé droit dans les yeux, elle venait de comprendre quelque chose qui lui appartenait, elle semblait bouleversée.

Elle a parlé de la relation téléphonique inhabituelle qu'elle entretenait avec Pierre Bourgault et des derniers mois qui ont précédé sa mort.

Il faisait des chroniques à mon émission radiophonique *Indicatif présent*. Les auditeurs l'aimaient beaucoup et étaient très attachés à lui. Il avait une ligne téléphonique chez lui réservée à ses chroniques, et on effectuait un petit test de son avant son entrée en ondes. Pierre toussait de plus en plus. On l'entendait cracher ses poumons en ondes. C'était vraiment pénible à entendre. Autant les auditeurs l'aimaient, autant ils haïssaient l'entendre tousser ainsi. Ça leur faisait mal et ça les déchirait. C'était effrayant. Pour moi, ce son reste l'empreinte de sa mort, de sa dégradation physique.

Avait-il proposé de cesser sa collaboration à ton émission ?
Non, pas du tout. C'est nous, à l'émission, qui lui avons dit: « Pierre, est-ce que tu préférerais arrêter, te reposer ? Nous sommes au mois d'avril, la saison achève bientôt. » Trois semaines avant sa mort, en avril 2003, il a arrêté ses chroniques, mais il voulait

se rendre le plus loin possible. On aurait dit qu'il s'accrochait à chaque présence en ondes. Il a fallu lui donner la permission d'arrêter pour qu'il le fasse.

Pensiez-vous que son état de santé était grave à ce point ?

Personne ne pouvait imaginer que c'était la fin. Lui, il le savait, mais pas nous. Pendant l'hiver, il avait été malade. Il avait eu une mauvaise grippe, mais il n'avait jamais parlé de son emphysème et de la présence du cancer. On soupçonnait que son état avait empiré. Un jour, il a annoncé qu'il était atteint du cancer. Ensuite, nous nous sommes rendu compte qu'il était mourant.

Avait-il cessé de fumer ?

On ne pouvait lui dire ça. Je ne l'ai jamais vu, à ma connaissance, arrêter de fumer. C'est sûr que ça l'a tué. Il aurait pu recevoir des traitements beaucoup plus poussés pour arrêter son cancer, mais, de toute façon, son emphysème lui aurait rendu la vie tellement impossible et malheureuse. Ce n'était pas une vie. Alors, il a décidé d'arrêter les traitements de chimiothérapie.

Est-ce que tu lui en as voulu de ne pas t'avoir parlé de la gravité de sa maladie ?

Je ne pouvais pas lui en vouloir, car il ne parlait jamais de ses maladies. *A posteriori*, je trouve que Pierre avait quelque chose d'extrêmement pudique.

Comment qualifierais-tu votre relation ?

J'ai eu une relation avec lui en pointillé, parfois très intense, parfois moins. Je pense qu'il avait des relations différentes avec chaque personne qui était près de lui. Vers la fin, j'ai été un peu surprise de constater qu'il voyait certaines personnes ensemble, parce que, pendant une longue période, il les voyait une à la fois. Habituellement, il avait des relations séparées.

Pour toi, entretenir ce rapport avec lui a-t-il été un privilège ?

Avec lui, j'ai appris très rapidement une chose. Quand tu as une petite place dans l'univers d'un tel être, tu ne calcules pas quelle est ta part et ce qu'il te donne. Tu te dis : « C'est un privilège. » Ça, je l'ai toujours senti. Il se passait quelque chose de particulier entre lui et moi. Il m'a tellement donné. Les appels téléphoniques constituaient une partie très, très importante de notre relation. Mais, dans les faits, physiquement, on ne se voyait pas tant que ça. Je pense qu'une des dernières fois où je l'ai vu, j'ai eu un choc, tellement il avait vieilli, à six mois d'intervalle. De le voir ainsi me faisait physiquement mal. C'est fou de constater qu'une relation qui se passe presque exclusivement au téléphone est tellement présente qu'à la mort de la personne, tu peux éprouver un vide physique comme si tu l'avais vue tous les jours. Ça m'a fait me rendre compte que cette relation était beaucoup plus présente que je le croyais.

Aviez-vous des moments précis pour vous parler ?

Chaque fois que le téléphone sonnait entre 16 h 30 et 17 h, à la maison, c'était lui. C'était son heure ! Il mangeait tôt. Il commençait à prendre son apéro, qui était largement entamé à ce moment-là. Si je n'avais pas une heure à lui consacrer, si ça ne me tentait pas de lui parler, parce que je savais qu'il me dirait tel truc à propos d'une entrevue que j'avais faite dans la journée, ou si j'avais juste pas envie d'entendre un monologue, je ne répondais pas. Il le savait parfaitement. Je n'ai pas de traces de sa voix sur mon répondeur, parce qu'il ne laissait jamais de messages. Je savais que c'était lui parce qu'autrement, les gens laissent des messages. Le lendemain, le surlendemain, je répondais. Lors de ses funérailles, à l'église Notre-Dame, tout le monde racontait des anecdotes, et Guy A. Lepage parlait des appels téléphoniques de Pierre. Tout à coup, j'ai compris qu'il l'appelait à la même heure et que, finalement, il devait appeler son monde. Si la personne n'était pas là, ce n'était pas plus grave que ça, il parlait à quelqu'un d'autre. Il parlait tous les jours à quelqu'un à cette heure-là.

As-tu encore le réflexe d'attendre son appel en fin d'après-midi?
Après sa mort, quand le téléphone sonnait à cette heure-là, je me posais la question : « C'est Pierre? » Mais non, ce n'est pas Pierre. J'ai eu le réflexe pavlovien, pendant quelques mois, certainement, tout l'été, jusqu'en septembre. Pour moi, c'était physiquement un geste manqué. Ensuite, je me suis posé la question: « Qu'est-ce que Pierre penserait de telle affaire sur des sujets d'actualité, des sujets graves? », mais ça, c'est presque anecdotique. Après, c'était plus conscient. Le téléphone ne sonnait pas, et je me disais : « C'est l'heure de Pierre. Il aurait appelé. » Ce sont des détails qui nous manquent quand quelqu'un meurt.

Comment a pris forme le rapport maître/élève?
Notre relation s'est construite progressivement. Au début, c'est lui qui m'a dit: « Si tu veux me demander des conseils, tu le fais. » Je ne lui demandais jamais : « Est-ce que c'était correct? Ou devrais-je le faire de cette manière-là? Ou qu'est-ce que tu en as pensé? » Pierre était quelqu'un de très surprenant. Il avait une pensée tellement originale. Des angles d'attaque différents. Mais il était malgré tout très cohérent. Il pensait d'une certaine manière, et ce qu'il me disait ne me faisait pas nécessairement tout le temps plaisir. Des fois, je n'étais pas d'accord avec lui. Vers la fin, j'étais persuadée d'avoir raison sur certains points de métier, sur ma manière de mener des entrevues, sur la décision d'inviter telle ou telle personne et sur la pertinence d'aborder tel genre de sujet. Cependant, je pense que son regard était important pour moi.

Avais-tu peur de l'affronter? Craignais-tu ses réactions?
Peut-être. Après coup, je me suis rendu compte que je ne me serais pas permis de lui répondre, que je ne me sentais pas armée pour lui répondre ou que je n'avais tout simplement pas envie de l'affronter. Je n'étais pas prête à ça. Des fois, je préférais ne pas répondre et être aux abonnés absents plutôt que d'avoir à me défendre et à entendre quelque chose que je ne voulais pas ou que je n'étais pas prête à entendre. Autant je peux imposer mes vues, discuter avec toutes sortes

de gens et faire passer mes idées, autant avec lui, c'était une tout autre relation. Je le respectais vraiment. En même temps, je savais qu'il se trompait dans certains cas. Parfois, je le trouvais complètement dépassé. Je me comportais avec lui certainement comme avec un parent.

Y avait-il une constance dans votre relation ?

Non. Il y a eu des périodes où il ne m'appelait plus. Du jour au lendemain, il me rappelait. Le téléphone sonnait à cette heure-là. Il ne me disait pas : «Marie-France, c'est Pierre. Comment ça va ?» Pas du tout ! C'était plutôt : «Bon, tu as encore dit ça aujourd'hui.» Je me disais : «Ça y est, ça repart !» Vraiment, il ne se nommait jamais. Il ne demandait jamais s'il me dérangeait. Ni ce que je faisais. Il entrait directement dans le sujet comme si nous nous étions laissés la veille.

As-tu eu l'occasion de le voir et de lui parler avant sa mort ?

Oui, c'était un vendredi, le dernier jour de la saison d'*Indicatif présent*, et j'étais en négociation de contrat. Je devais aller le voir. Là, je «brettais». Ça ne me tentait pas. Il apparaissait de plus en plus clair qu'il n'allait pas bien.

Tu repoussais toujours le moment où tu devais y aller. Pourquoi ?

Je me disais : «Ah, l'hôpital, le voir malade, le voir diminué !» Puis, j'ai eu une intuition et je suis partie à l'hôpital. Je suis entrée dans sa chambre, située complètement au bout de l'aile des soins palliatifs. Il était là, totalement affaibli et amaigri. Ça m'a fait un choc. L'infirmier qui était dans la chambre est parti. Je suis restée seule avec lui. Là, j'ai compris que si je ne sautais pas à l'eau et que je ne lui disais pas ce que j'avais à lui dire, je n'aurais pas d'autre occasion de le faire. Je ne savais pas combien de temps j'avais à être seule avec lui. Il me racontait la morphine. Il m'a raconté un peu dans quel état il était. Si le cancer ne l'emportait pas, ce serait l'emphysème. J'ai compris qu'il le savait. Je me suis dit : «Alors, *go*. Jette-toi à l'eau. Si tu ne lui parles pas maintenant, si tu ne lui dis pas merci, ni ce qu'il a représenté pour toi, tu n'auras plus jamais l'occasion de le faire, parce que quelqu'un va arriver dans la chambre. Tu t'en voudras alors toute ta vie.» C'était exactement comme quand tu es petit, que tu te dis que tu vas monter sur le tremplin de dix mètres et qu'une fois rendu en haut, là, tu te lances. J'ai fini par lui dire : «Écoute, Pierre, je veux te remercier...» Tout est sorti. Ce qu'il avait représenté dans ma vie, ce qu'il m'avait apporté, le privilège que j'avais eu de le connaître. Et il m'a remerciée aussi. C'était la première fois que nous nous disions cela. Une fois que tout a été dit, il y a eu comme 30 secondes de silence, puis nous sommes revenus à des niaiseries les plus totales : les géraniums, les écureuils... Ce jour-là, je suis restée une heure et demie dans sa chambre.

Comment se sont déroulées les dernières minutes en sa compagnie ?

Quand nous nous sommes quittés, j'étais tellement contente de lui avoir parlé. Peu de temps après que nous nous étions mis à badiner, les infirmiers sont arrivés.

Je pense que les médecins, les infirmiers et les infirmières étaient très présents, non pas parce qu'il demandait des soins, mais parce qu'ils l'aimaient beaucoup. Par la suite, il y a d'autres amis, des gens que je ne connaissais pas, des gens importants ou moins importants, qui sont arrivés. Puis, je l'ai vu partir. Un infirmier est venu le chercher pour un soin. Je sais que quelqu'un de mon équipe est venu le voir quelques heures après moi et il n'était plus aussi conscient. Pierre l'a à peine reconnu, il n'était plus là. On lui avait donné des médicaments. D'après ce qu'on m'a dit, déjà le samedi soir, il n'était plus vraiment là.

As-tu senti qu'il était touché par ce que tu lui avais révélé?
Oui, c'est sûr. En même temps, c'est fou, j'ai l'impression qu'il savait... Moi, je crois qu'il est mort quand il a eu vu tout son monde. Ça, j'en suis persuadée.

Qu'est-ce qui te fait croire cela?
Parce qu'il a choisi l'instant où il partirait. À un certain moment, il acceptait ou non de recevoir une espèce de mélange de morphine et de soins. Sur cette fine ligne, il était conscient. Il savait qu'avec plus de soins, de médicaments et de morphine, il deviendrait de moins en moins conscient. Donc, il dosait tout. Il savait qu'il pouvait tirer sur l'élastique et avoir une très «hypothétique ligne de sécurité et de confort», mais aussi qu'il ne pouvait se rendre très loin. C'était une question de jours ou d'heures.

Crois-tu qu'il a vu ceux et celles qu'il devait voir avant le grand départ?
Oui. Il a vu les gens qui ont été importants pour lui, ou pour qui lui avait été important et qui venaient rendre des comptes, fermer le livre et dire: «Merci, Pierre». Je pense que tous les gens qui avaient à le faire l'ont fait dans ce court laps de temps.

Te rends-tu compte du privilège que tu as eu?
Je m'en rends compte. En revenant de l'hôpital, je conduisais comme dans un état second. Je mesurais que c'était probablement la dernière fois que je l'avais vu. Pour moi, je venais de faire quelque chose de très courageux. C'est rare d'avoir l'occasion de remercier quelqu'un d'important dans sa vie. C'est rare d'avoir l'occasion de dire merci aux gens. Nous ne savons jamais quand nous allons les voir pour la dernière fois. Lui et moi, nous savions que le *timing* était là. Je suis sûre qu'il me guettait et devait se dire: «Est-ce qu'elle va se jeter à l'eau?» Je suis tellement contente d'y être arrivée. Je pense que j'aurais porté toute ma vie sur mes épaules le poids de ne pas l'avoir remercié.

Comment as-tu vécu son départ?
Je me suis dit: «OK, maintenant, c'est sans filet.» J'ai eu l'impression qu'on avait retiré le filet. Pour moi, c'était une sécurité. J'avais la sensation d'être professionnellement toute seule dans cette jungle. Il avait été quasiment comme un père. Comme s'il allait me protéger, comme si personne ne pouvait me faire de mal. S'il m'arrivait quelque chose, il serait là pour me dire: «Regarde, ce n'est

pas grave. Ce n'est pas important. Arrête de t'en faire.» Il n'y avait plus personne comme lui pour me dire ça. Je me suis sentie seule. Je sais que c'est absurde et énorme, ce que je te dis. Je ne suis pas toute seule. Mon *chum* exerce le même métier que moi, je suis très bien entourée, je travaille avec des équipes, avec les mêmes personnes depuis longtemps. Avec mon réalisateur, on travaille ensemble depuis 14 ans. Avec mon *chum*, nous parlons quotidiennement de métier. Son opinion est très importante pour moi. En fait, je lui parle certainement plus du métier que je pouvais en parler à Pierre.

Crois-tu que l'élève était prête à voler de ses propres ailes?
Ça, je ne le sais pas.

Après son départ, as-tu pris davantage conscience de l'importance qu'il occupait dans ta vie?
Oui, assez rapidement. J'aurais aimé lui poser une dernière question à l'hôpital: «Savais-tu que tu allais mourir bientôt?» Selon moi, il devait savoir qu'il avait un cancer avancé, mais je ne pourrai jamais le prouver. Je pense qu'il reculait le moment d'aller voir le médecin et de faire vraiment les tests qui confirmeraient probablement ses doutes. C'est lui qui m'a proposé sa chronique à mon émission de radio. Il savait ce qu'il faisait. Nous l'avons réalisée pendant un an. Je pense sincèrement maintenant qu'il savait ce qu'il me donnait en participant à mon émission et ce qu'il donnait aussi aux gens qui aimaient l'écouter. Je pense qu'il se doutait de quelque chose, ou alors, c'était une intuition prodigieuse.

As-tu un meilleur rapport avec la mort?
Je ne le sais pas. Je n'ai jamais vraiment beaucoup pensé à la mort. Je ne peux pas te dire que j'y pense beaucoup non plus. Il est clair que je vivais là une première mort, et que c'était une mort importante. Dans ma vie, je n'ai jamais connu un deuil semblable. Le deuil physique de quelqu'un. Pour moi, il était la première personne importante qui partait. Pierre Bourgault était quelqu'un de fondamental qui occupait beaucoup de place dans ma tête et dans ma vie, et dans le regard que les autres posaient sur nous aussi. C'était mon mentor. On n'en a pas deux dans la vie et on n'en a pas nécessairement un. Cette relation avait quelque chose de symbolique. Et elle a été vécue sur la place publique, reconnue par les autres. Les gens m'ont dit que c'était mon mentor avant même que je m'en rende compte.

Qui était Pierre Bourgault?
Pierre était très complexe. Il était un paradoxe! Une légende vivante. Nous rigolions beaucoup avec ça: la légende vivante. Cet homme appartient à l'histoire du Québec. Pour moi, ça aura été un ami! Quelqu'un d'important dans ma vie. Un maître qui m'a tout appris. Je ne le savais pas pendant que ça se passait. C'était aussi quelqu'un de profondément niaiseux qui disait des niaiseries, et qui me faisait rire, et que je faisais rire. Quelqu'un d'extrêmement intransigeant et d'extrêmement généreux. De qui j'étais certainement près, mais loin à la

fois. Dans notre relation, quelque chose se vivait quotidiennement sur la place publique et nourrissait cette amitié-là, et il y avait notre relation intime au téléphone. Il m'a choisie, alors que je n'avais rien demandé. Finalement, c'est un des plus beaux cadeaux qu'on m'aura faits dans ma vie. Je pense que Pierre m'a aussi révélé ma propre force.

Selon toi, avons-nous reconnu Pierre Bourgault à sa juste valeur?
Je pense que oui. Il aura été très grand dans l'histoire du Québec. Il aura été très grand dans la vie des gens de qui il a été près. Je pense que tout le monde voyait aussi son côté râleur, un peu aigri par moments. Je pense que les gens voyaient justement ce qu'il était. Ce n'était pas un saint.

Le temps filait. Nous avons brusquement interrompu notre discussion pour prendre des clichés. Coïncidence, le téléphone antique sur la table ronde est devenu l'accessoire principal de la séance de photos. Malgré un souper entre amis inscrit à son programme de la soirée, elle ne voyait plus qu'il était temps de partir. Quelque chose nous obligeait à clore le sujet, et c'est exactement ce que nous avons fait. Nous nous sommes quittés en nous promettant d'aller prendre un café un de ces jours.

Daniel Boucher
Vivre sans son père

«J'ai perdu mon père à 16 ans et j'ai comme "catché" ben vite qu'il fallait que j'accepte, parce que ce serait ça, c'était non négociable. Il y avait rien à négocier là. Quand j'ai compris ça, j'étais au salon où il était exposé. [...] Je voulais être porteur du cercueil de mon père, mais il a fallu que je me batte avec les membres de ma famille parce qu'ils avaient peur que je tombe de chagrin et que mes genoux flanchent. Je l'ai porté, et je n'ai pas plié.»

Daniel Boucher
Vivre sans son père

Décembre 2005. L'hiver est bien enraciné. À Montréal, les rues du Plateau-Mont-Royal sont désertes, le froid sibérien fait fuir. Je me rends donc vaillamment chez Daniel Boucher avec quelques victuailles trouvées chez un traiteur, et j'ai la conviction que la soirée sera longue. Nous ne nous sommes pas vus depuis longtemps, je suis impatient à l'idée de le revoir.

La Gaspésie nous unit, j'y ai passé mon enfance, et lui, il y a construit une maison de ses mains afin de s'y installer un jour. Il affectionne tout particulièrement ce coin de pays du bout du monde, parce que la nature parle et que ses ancêtres y ont vu le jour.

Il a accepté d'emblée l'invitation à partager son expérience du deuil de la mort de son père, survenue 18 ans plus tôt. J'ai été ravi de son accord.

Arrivé à destination, j'ai trouvé l'endroit paisible et agréable à vivre. Daniel s'est empressé de me faire sentir chez moi. Nous avons parlé de tout et de rien, évitant l'objet de l'entrevue jusqu'au dernier moment, de peur que s'égrènent trop rapidement les souvenirs.

Daniel est plutôt pudique. Comme une huître, le trésor est à l'intérieur, il s'ouvre quand bon lui semble. Avec lui, pas de faux-fuyants, les choses sont claires.

Il me montre l'arbre généalogique des Boucher, cadeau reçu de son cousin: il y tient comme à la prunelle de ses yeux. D'entrée de jeu, il y fait référence. Pendant une grande partie de l'entrevue, il ne me regarde plus, il est plongé dans le passé à essayer de reconstituer certains faits. Dans ces lieux empreints d'une certaine nostalgie, une soirée exceptionnelle m'attend.

Émile, Daniel, Gaétan, Maurice, Antoine. Attends, ça, c'est Samuel, Antoine, Eustache...

Est-ce important pour toi, les racines?
Ah oui! C'est capital. Je ne sais pas si ça a toujours été comme ça, mais, aujourd'hui, je sais que c'est comme ça. Il y a toute la question de la lignée. Je ne sais pas pourquoi c'est si important que ça pour moi.

Depuis la naissance de ton fils, Émile, accordes-tu autant d'importance à ceux qui l'ont précédé?
Ah, non! Ça fait plusieurs années que je suis comme ça.

Es-tu quelqu'un de nostalgique? Aimes-tu revenir dans le passé?
Peut-être! C'est drôle, quand je regarde ces photos, j'ai une vision bien romantique de ces époques.

Qu'aimes-tu de ces époques?

Il y a beaucoup de monde. La table est pleine. La famille est là. Papa et maman sont ensemble, ce n'est pas nécessairement toujours «correct», mais ils sont ensemble. J'ai une maison à Mont-Louis, et ce n'est pas pour rien que je suis là, parce que c'est là que mon père est né et que mes grands-parents se sont rencontrés. Quand je descends là-bas, je me sens chez nous, et mes racines sont là. J'ai de la «misère» à accepter qu'il faudrait engager un «contracteur» pour finir certains travaux, parce que je veux les faire moi-même. Il y a une recherche que je n'ai pas encore identifiée. Je ne sais pas pourquoi, mais ce que je sais, c'est que ça me rend heureux de travailler là-dedans.

Te sens-tu plus chez toi en Gaspésie qu'à Montréal?

Non, pas plus qu'ici. Mais il y a quelque chose là-bas qui m'appelle, un quelque chose que je comprends en dedans et qui reste encore abstrait dans ma tête mais qui me touche. Moi, j'aurais aimé ça, être un ouvrier qui revient le soir dans une maison qui sent la soupe et avec plein d'enfants qui courent partout.

Tu parles au passé. Tu fais comme si ça n'existera jamais...

Ça va peut-être exister, mais ce n'est pas arrivé avec la mère de mon enfant. Tu ne fais pas un enfant pour te séparer après. J'ai toujours eu cette espèce d'idéal familial. J'ai le goût de fonder quelque chose avec une femme. Quand j'avais 16 ans, je pensais de même. On dirait que j'ai toujours voulu être plus un grand-père qu'un père. C'est fou de même. La dernière fois que je suis allé amener mon garçon chez sa mère, ça m'a pris une semaine pour m'en remettre.

Il me regarde droit dans les yeux.
Il prend son temps pour me répondre.
Dans cette zone, sa pudeur sert de garde-fou.

Chaque fois, c'est une rupture pour toi, n'est-ce pas?

Oui.

Cela devient-il aussi un deuil à faire de la cellule familiale parfaite?

Oui, oui.

Y crois-tu encore, à cette cellule?

Ah, oui! Je l'espère encore, certain. Je veux être le grand-père de cette famille, comme mon grand-père l'était.

La mort de ton père a-t-elle été la première que tu as dû affronter?

Oui. Il y en a eu d'autres, mais celle de mon père ne pouvait être plus proche que ça.

Te souviens-tu du contexte de l'annonce de sa mort?

J'étais en secondaire IV. Je venais de changer d'école, ça faisait trois jours, car j'étais parti vivre avec ma mère à Saint-Gabriel-de-Brandon. J'avais laissé mon père à Montréal, parce que je m'étais fait une blonde là-bas et je m'ennuyais trop d'elle. Un jour, je me suis dit: «De la *marde*, je laisse tout à Montréal, je m'en vais vivre là-bas et je vais me rapprocher d'elle.» Je suis parti le jeudi, et mon père a eu son accident d'avion le lundi. C'est «fucké», complètement «fucké».

Qui t'a appris la nouvelle?

Ma mère. Elle est venue me chercher à l'école pour me le dire. Pendant un cours, on m'a appelé au secrétariat. J'étais de bonne humeur, j'étais proche de ma blonde et j'étais content, ma mère était là. En la voyant, je lui ai dit: «Qu'est-ce que tu fais là? Comment ça va?» Puis, j'ai vu qu'elle avait pleuré. Ma première réaction a été de chercher ma petite sœur, j'ai eu peur qu'il lui soit arrivé quelque chose. Mais ma mère m'a dit: «Ils ont eu un accident d'avion.» Mon père était un syndicaliste. Ils étaient plusieurs dans l'avion et ils se sont écrasés sur la glace. Ça m'a pris du temps à réaliser ce qui venait de se passer. Je me souviens d'être retourné dans ma classe pour chercher mes livres, d'être allé voir le prof et de lui avoir dit: «Il faut que je parte.» Je suis sorti, la cloche a sonné, c'était la fin du cours. Ma blonde était dans l'autre classe, je suis allé la voir et je lui ai dit. On avait un local avec nos cases; c'est là que ça a sorti. J'avais déjà des *chums* parce que je jouais au hockey, ils étaient là, ça a duré «l'entre-cours», ils sont retournés à leurs cours et moi, je suis monté à la maison.

Ta mère ne t'a jamais dit: «Ton père est mort», n'est-ce pas?

Non, il me semble que non.

Quand survient ce genre d'événement, le choix des mots est capital. Crois-tu qu'elle n'a pas prononcé le mot «mort» parce qu'elle était incapable de le dire à cet instant?

Je ne le sais pas. Peut-être.

Comment les événements se sont-ils enchaînés?

Après, je suis allé chercher ma sœur à l'école, elle était contente de me voir et je lui ai dit: «Habille-toi, il faut qu'on s'en aille.» Elle m'a demandé: «Qu'est-ce qu'il y a?» Je lui ai répondu: «Papa a eu un accident.» Dans toute sa candeur de petite fille de 10 ans, elle a dit: «Quoi, il est-tu mort?», Là, je lui ai dit: «Un accident d'avion.» Ça voulait dire oui. Elle a fait: «Ah, non!» Elle a commencé à pleurer. On s'est en allés à la maison tranquillement dans la neige, c'était le mois de février, et on est rentrés. Le téléphone sonnait; c'est comme ça, quand quelqu'un meurt.

Tout cela te semblait-il invraisemblable?

Il joue avec les papiers posés sur la table.

Oui, c'est toujours ça, quand quelqu'un meurt. La première fois que la mort frappe, c'est violent, parce que c'est plus fort que tout, tu ne peux rien faire. J'ai perdu mon père à 16 ans et j'ai comme «catché» ben vite qu'il fallait que j'accepte, parce que ce serait ça, c'était non négociable. Il y avait rien à négocier là. Quand j'ai compris ça, j'étais au salon où il était exposé. Je me souviens d'avoir vu mon père dans le cercueil, et j'ai trouvé que c'était violent. Un mort dans un cercueil, c'est crispé. Ses yeux fermés, mais un peu plissés, pareil comme s'il ventait encore et comme si l'avion n'avait pas fini de taper sur la glace, comme s'il avait encore mal. C'était épouvantable. Je me suis souvent demandé s'il avait eu mal et comment ça s'était passé dans l'avion au moment de l'impact. Je voulais tout savoir. J'ai fouillé. J'avais l'impression qu'on essayait de nous protéger un petit peu. Mais j'étais jeune, j'étais tellement naïf. Je n'étais pas capable de poser les questions que je pourrais poser aujourd'hui.

As-tu envie de les poser aujourd'hui ?

C'est un peu moins important de savoir s'il a eu mal. Il a probablement eu mal. À moins qu'il n'ait pas su que l'avion allait s'écraser.

À l'église Saint-Jean-Baptiste, 3 500 personnes assistaient aux funérailles de ton père. Plusieurs personnalités du monde politique étaient présentes. Que ressentais-tu du fait que ton père ait ce genre de funérailles ?

C'est drôle, on était fiers.

Trouvais-tu que ces funérailles étaient impersonnelles en raison de leur caractère officiel ?

Elles l'étaient. Mais il y avait une espèce de fierté de petit peuple de nous dire que notre père est « passé » dans le journal. C'est fou, hein ?

Comment les funérailles ont-elles été organisées ?

Dans la famille, personne ne voulait le porter. On avait des *meetings* de famille. Mon oncle et ma tante faisaient un peu le lien avec la FTQ, parce que mon père travaillait avec la FTQ, et ce sont eux qui organisaient ses funérailles et celles des autres gars qui avaient perdu la vie dans cet accident. Mon oncle nous a dit : « La FTQ veut savoir s'il y a du monde qui veut être porteur. » Moi, je voulais être porteur du cercueil de mon père, mais il a fallu que je me batte avec les membres de ma famille parce qu'ils avaient peur que je tombe de chagrin et que mes genoux flanchent. Je l'ai porté, et je n'ai pas plié. Quand on a sorti le cercueil du corbillard pour le monter dans l'église, il n'y avait plus de place, alors je me suis mis en arrière et je l'ai porté. À la sortie de l'église, mon oncle et mon cousin le portaient aussi.

Il me montre la coupure de presse où on le voit, frêle Daniel, porter le cercueil de son père. Je peux constater l'ampleur des funérailles en regardant cette photo.

Tous ces rituels qui entourent la mort t'ont-ils aidé dans le processus de deuil ?

Dans ce temps-là, oui, mais, aujourd'hui, ça ne serait plus la même chose. Je me souviens que le vendeur de cercueils m'avait bien écœuré parce qu'il nous vendait ça comme si c'était un char. J'étais allé là avec mon oncle, et on avait choisi le cercueil, et lui, il nous vantait ça : « Monsieur, c'est garanti 50 ans contre la perforation. » J'avais 16 ans. Hostie ! Je voulais le frapper, le bonhomme !

Il devient cinglant.

Certains trouvent difficile de mettre la peine de côté afin de gérer les affaires courantes. Qu'en penses-tu ?

Oui, mais ça fait partie de l'affaire. Il y a une certaine fierté et une certaine dignité à le faire. Il faut que ça se fasse, et que ça se fasse comme il faut. Ils ont choisi l'habit que, moi, je voulais garder, mais il n'en avait pas d'autre. J'ai dit : « OK, c'est celui-là qu'il va porter. »

Aujourd'hui, gardes-tu des choses qui lui appartenaient ?

Oui. Qu'est-ce que j'ai ? À part le front de bœuf...

Es-tu content d'avoir hérité ça de lui ?

Oh, oui ! Mon père n'avait peur de personne. Il se respectait lui-même, et peu importe à qui il parlait, il parlait à un être humain. Il ne se laissait pas impressionner par le titre. C'est un cadeau inestimable. Ça n'a pas de prix. Je veux donner ça à mon fils. Tu n'as aucune raison de te laisser impressionner par le titre de la personne à qui tu parles. Tu lui parles, point. Si tu la respectes, si tu es cohérent dans ce que tu dis, si tu prends le temps d'écouter, de répondre, tu as ta place en face de cette personne-là.

Que t'a-t-il appris d'autre ?

Déjà ça, c'est beaucoup et c'est énorme. Il m'a donné ça jeune, mais ça prend du temps à le digérer.

Comment as-tu vécu ton deuil ? As-tu ressenti de la colère ?

Oui. Beaucoup. J'ai été enragé longtemps, longtemps, longtemps. Je ne comprenais pas pourquoi. Ce n'était pas juste. Ça commençait à être le *fun* entre nous deux. Il a fallu que je comprenne que je n'avais pas le choix, je devais accepter ce qui était arrivé. Ça faisait partie de mon chemin. Tu ne peux pas continuer à vivre et refuser, ça ne marchera pas.

Dans les premiers temps, parlais-tu beaucoup de sa mort ?

Oui, les premières années, j'en parlais tout le temps. Là, j'en parle un petit peu moins depuis une couple d'années. Au début, tu cherches des ressemblances, tu regardes des photos, tu te dis : « On était pareils. » Tu parles comme lui, tu réponds au téléphone comme lui, tu cries comme lui. Tu essayes de le ranimer quelque part parce que tu aimerais qu'il soit là. La première année a été assez *tough*. La première semaine a été pas mal *tough*. Tout le monde dans la famille a trouvé ça bien difficile. Mon grand-père aussi. Après, il n'a plus été pareil, il a changé. La mort de mon père, ça l'a brisé. Tu sais, c'était son garçon. Je pense à ça, je deviens fou. Maintenant que j'en ai un, je comprends que ça doit être épouvantable.

Y a-t-il eu un moment où tu as trouvé la situation plus difficile à vivre ?

Oui, et ça arrive encore. La première année, on pleurait souvent, on s'ennuyait. Ça a pris un an avant que ça arrête d'être cucul, parce que, dans les premiers temps, on trouvait n'importe quelle raison pour souligner le fait qu'il n'était plus là. Ça m'est arrivé souvent de me dire : « Mon père, il y a juste avec lui que j'aurais pu parler de ça, mais il n'est pas là. »

Cela t'arrive-t-il encore aujourd'hui ?

Non, moins... Pourtant, ce n'est pas parce que je n'ai pas besoin de lui parler. C'est vraiment bizarre, on dirait que je me renferme. J'ai toujours été solitaire. Depuis que mon fils, Émile, est arrivé, je ne me suis jamais dit : « Ça serait le *fun*

Il a l'air d'un gamin et, pourtant, il discourt comme un homme.

Une pause est nécessaire. Il est encore troublé par le départ de son père.

d'appeler papa et de lui en parler. » Parfois, j'essaie de penser à ce que serait la vie s'il était encore là. Aujourd'hui, je ne suis toujours pas capable de «figurer» ça. Ça fait 18 ans qu'il est mort, ça commence à faire longtemps. Il y a encore des émotions palpables, mais je me souviens de moins en moins de sa voix. J'ai peur un petit peu d'oublier mon père. J'ai l'impression que je suis en train de l'oublier, je n'ai pas le goût de l'oublier et je ne sais pas si c'est correct que je l'oublie.

Quand tu regardes la photo de ton père posée sur la table, que vois-tu?

J'ai 34 ans et j'arrive à l'âge où il est parti, je n'ai pas peur, mais ça change toute ma perception de ce que lui était. Il faut que j'arrête d'idéaliser mon père. Je vis ma vie du mieux que je peux, des fois, c'est le *fun*, des fois, c'est moins le *fun*. Je ne réussis pas tout ce que je veux. J'ai mes problèmes comme tout le monde. C'est sûr que mon père en avait aussi, mais je ne les voyais pas. Est-ce que c'est parce qu'il ne voulait pas que je les voie ou parce que j'étais aveuglé par ma façon de l'idéaliser, ce qui est possible aussi? Mon père a vécu une séparation quand il avait à peu près mon âge. Le parallèle est intéressant parce qu'il y a des ressemblances dans nos vies.

Es-tu en train de prendre ta vie en main pour être le moins possible le portrait de ton père?

Oui, c'est souhaitable, parce que le but n'est pas d'essayer de ressembler à quelqu'un toute sa vie, mais de faire son chemin en se servant de ce que tu as de bon que les autres t'ont donné.

Quel genre de père était-il?

Conservateur, mais de plus en plus ouvert à mesure qu'il prenait de l'âge. Les dernières années de sa vie, il était pas mal plus calme. Quand il s'est séparé de ma mère, il est devenu plus patient. Il était tellement présent dans une pièce, impossible de faire semblant qu'il n'était pas là. Il était aussi capable d'être très baveux. Quand il est mort, j'ai commencé à ressentir une espèce de pression et, moi aussi, j'étais baveux en hostie à 16 ou 17 ans. Des fois, je me souviens de choses que j'ai dites, et je n'aime pas penser à ça. J'étais bien trop baveux. J'étais complètement déplacé et je n'avais pas de classe. J'apprenais, ça fait partie de l'évolution. C'est comme apprendre à nager: tu avales de l'eau. C'est la même chose quand tu apprends à dire ce que tu penses: il faut que tu apprennes aussi à doser.

Pour toi, quelles ont été les séquelles du départ de ton père?

J'ai l'impression que je suis encore un petit garçon. J'ai l'impression que j'ai encore 14 ou 15 ans dans plusieurs aspects de ma vie. Je ne sais pas comment il se sentait, lui, à 34 ou 35 ans, parce qu'on n'en a jamais parlé. Mais, c'est peut-être aussi une question de métier. Moi, j'exerce un métier qui garde jeune. Je m'habille encore comme je m'habillais quand j'avais 14 ou 15 ans.

Quelles ont été les séquelles pour la famille proche?

Ça a un petit peu clairsemé, je dirais. Ça rit moins. Mon père, c'était celui qui parlait fort, qui faisait rire le monde, qui contait des *jokes*, pas toujours drôles,

Il s'arrête pour penser à ce qu'il vient de dire, comme pour bien en saisir l'importance. Il constate la présence d'un élément capital.

Il nomme les choses avec une franchise parfois désarmante. Ce qui rend notre entretien immensément riche.

Il rigole.

mais on riait avec lui. C'était un rassembleur. Je ne peux pas faire rire mes tantes comme lui le faisait, parce que c'était leur cellule à eux. La famille a changé, c'est encore le *fun*, mais la dynamique n'est plus la même. Depuis que mon père est parti, j'ai appris à connaître mes oncles et mes tantes d'une autre façon, parce que je les entends plus parler. Mon père prenait beaucoup de place. C'est correct, c'était lui.. Il était ce qu'il était.

Aujourd'hui, quel est ton rapport avec la mort ?

Il me montre une photo de lui avec son fils, prise en Gaspésie. Il y a des airs de famille dans l'air !

Il est de plus en plus assumé, je pense. À la limite, je suis détaché. Oui, détaché. La seule personne à qui ça pourrait arriver et que ça me briserait, c'est mon fiston. Je ne sais pas si je serais capable de continuer à vivre. Je ne ressentirai cela pour aucune autre personne. Je ne suis pas blindé, mais pas loin. Attends un petit peu ! Tiens ! Émile en vélo. Tiens ! C'est le même sourire. C'est son grand-père. Là-dessus, il a un petit peu plus qu'un an.

Il a un regard décidé...
C'est un regard qui est difficile à *sizer*, parce qu'il y a de la tendresse, mais en même temps, il y a beaucoup de non négociable là-dedans.

Comme tu étais l'aîné de la famille, devais-tu jouer un nouveau rôle ? T'es-tu senti responsable ?
Oui. Dans ma tête, c'est comme si mon père avait toujours été ce qu'il était à 36 ans. Jamais moins. Donc, il fallait que moi, à 16 ans, je sois comme lui il était à 36. Il fallait que je sois capable de faire tout ce qu'il faisait, ou à peu près. Avec mes sœurs, j'ai été pas mal protecteur, surtout avec la plus vieille. Mais ce n'était pas de la protection, c'était de l'autorité mal placée. Je voulais plus contrôler ce qui se passait dans la maison. C'était quoi, être l'homme de la maison ? Ça voulait-tu dire qu'il faut que tu sois autoritaire ? Je l'ai pensé longtemps. J'ai été autoritaire avec mon petit frère, je le regrette aujourd'hui, j'aurais pu juste être son grand frère et l'aider autant, sinon plus. J'essaie de ne pas être un papa autoritaire. Je trouve que ça ne donne rien. J'essaie d'être un petit peu plus doux.

As-tu l'impression que ta personnalité s'est davantage définie au départ de ton père, un peu par obligation ?
Non, au contraire. Ça serait arrivé un jour ou l'autre. Je viens juste de commencer à comprendre qu'il faut prendre le temps de vivre sa jeunesse. Il faut que tu te laisses le temps. Ça se fait tout seul, ça. À un moment donné, pouf ! tu comprends quelque chose. Les gens changent par rapport à toi. Ils ne te regardent ni ne te parlent plus de la même façon. Tu ne peux pas agir à 16 ans comme à 30 ans. Impossible. C'est la même chose avec mon grand-père, j'ai l'impression qu'il a tout le temps été aussi fort qu'il l'était quand je l'ai connu, puis, quand je regarde des photos, je vois qu'il a été un petit gars, lui aussi, comme moi.

Penses-tu parfois à ce que ton père t'aurait dit à propos de ton succès ?
Oui, j'y pense souvent. Je pense qu'il aurait aimé le propos de mes « tounes », mais il n'aurait probablement pas aimé ma façon de m'habiller avec mes petits

kits des galas de l'ADISQ. Il aurait aimé que je dise ce que je pense, ça, c'est clair. Il n'aurait pas aimé me voir jouer la *game*.

As-tu déjà joué la *game*?
On la joue «toute» à différents degrés, et c'est correct, mais jouer la *game*, ça devient négatif quand tu ne fais pas ce que tu aimes.

Crois-tu que tu es monté trop vite au sommet?
La fin de la côte, oui. J'ai commencé à pied, j'ai fini en jet.

Avais-tu la maturité qu'il fallait pour le supporter?
Je ne pense pas que ça prenne beaucoup de maturité pour être un jeune chanteur qui monte, ça prend de la jeunesse. Il faut que tu vives ton succès et que tu l'assumes. Si tu as trop de discernement, tu vas passer à côté de ton succès de jeunesse. J'ai eu un *fun* fou à devenir une *pop star*. Le rapport avec les foules, c'est indescriptible. Mon père aussi aurait pu «driver» des foules énormes d'une autre façon. Par exemple, aujourd'hui, je pense qu'il ferait peut-être de la politique.

Son absence s'est-elle fait davantage sentir dans tes moments de grand succès?
Oui, ça m'a manqué, parce que, quand il est parti, ça commençait à bien aller entre nous. Avant l'âge de 15 ou 16 ans, je parlais juste à ma mère. Avec mon père, on avait commencé à parler de cul, de *dope*, des choses qui passent dans la tête d'un gars de 16 ans. Mon père, c'était un paradoxe, parce qu'il a essayé plein d'affaires dans sa vie, mais, avec moi, il était pas mal conservateur. C'était un père. Il avait une moustache. Il mettait des chemises et des cravates. Il n'avait pas l'air d'un gars de 35 ans.

As-tu déjà écrit une chanson pour ton père?
Je parle de lui dans *Boule à mites*, et il y en a une sur mon deuxième disque qui s'appelle *Comment ça*.

Dans *Boules à mites*, tu fais référence à ton rêve de jeunesse, celui de jouer au hockey...
C'était mon rêve.

As-tu eu à faire un deuil de ce rêve?
Oui.

À quel âge t'es-tu dit: «Je ne pourrai jamais être un Maurice Richard?»
Ah! j'étais jeune. Je n'y ai jamais vraiment cru.

Ton père croyait-il à ton rêve?
Non, pas du tout. Personne n'y croyait, parce que c'était trop loin, c'était trop inaccessible. C'est peut-être à cause de ça que ce n'est pas arrivé! Je ne suis pas nécessairement fait pour le hockey, mais il y en a eu, des petits joueurs. Des fois, il y a un déclic mental qui se fait. Wayne Gretzky, ce n'était pas un gros joueur, mais dans sa tête, il était capable de réagir à chaque situation de jeu. Tout était

Court silence, puis rires.

Il me jette un regard pour me faire comprendre qu'il n'est pas le seul à l'avoir fait.

Il me montre son père sur la photo qu'il a déposée sur la table et qui y restera tout au long de notre conversation.

clair, il savait toujours quoi faire. Dans ce sport, il y a beaucoup de créativité aussi. C'est un artiste, Wayne Gretzky. Guy Lafleur aussi, c'est une *pop star*.

Avant que tu deviennes une *pop star*, croyais-tu ce rêve possible?
Je ne le savais pas quand j'étais petit garçon, mais à 17, 18 ans, oui.

Pourtant, tu t'es inscrit en génie civil, au cégep.
Oui. Parce que c'était un métier *safe* et proche de la construction. Ça me rapprochait de mon père qui était parti depuis deux ans. Ça me rapprochait de son univers à lui. J'aime beaucoup cet univers-là, mais quand je suis monté sur un *stage*, ça a été comme un ouragan. Tout mon système de valeurs a changé. Ça a été vraiment violent comme choc, j'ai eu tellement de *fun*.

La vie est-elle banale à côté de cette sensation?
La vie est banale quand tu ne sais pas quoi faire avec. Mais planter un clou, monter un mur... Eille! Quel plaisir!

Si ton père était encore de ce monde, aurais-tu la même personnalité?
Je pense que oui. On ne change pas tant que ça. Je pense à moi quand j'avais 14, 15 ans, je me sens encore beaucoup comme quand j'avais cet âge. Beaucoup de mes comportements sont exactement les mêmes. Ça ne fait pas longtemps que je me rends compte de mes tics, des façons de parler au monde. Ma relation avec la famille n'a pas énormément changé. Pour eux, depuis presque 20 ans, je suis encore « le neveu », c'est comme ça. Je pense que ça va être comme ça tant que je vais être une *pop star*. Être une *pop star*, ça te garde jeune dans ton corps et dans les yeux des autres. Dans le bon comme dans le mauvais sens du terme.

Tu parles comme si tu étais vieux et pourtant tu es dans la jeune trentaine?
Oui, c'est donc bien drôle, hein! C'est vrai. Tu me fais peur.

Je veux dire que tu parles souvent au passé...
Je ne me rends pas compte de ça nécessairement.

Te sens-tu vieux?
Jeune mais vieux. Je ne me sens pas vraiment vieux, mais depuis un an et demi, deux ans, je me suis rendu compte que j'avais beaucoup plus de *chums* de 40, 50, 60 ans, des gens avec qui je suis capable de parler de la même façon qu'avec ceux de 25, de 20 ans ou de 15 ans. Ça ne fait pas longtemps que c'est comme ça.

Tu as déjà rencontré Bourgault et discuté avec lui. Parle-moi de cette rencontre.
Ça a été court, et je n'ai pas eu le temps de parler beaucoup. Il parlait tout le temps, mais il m'a dit une chose pas nécessairement pour moi tout seul: « Vous êtes la génération la plus gâtée, la plus armée, la plus préparée de toute l'histoire de l'humanité. Prenez-là, votre place. Personne ne vous la donnera. » Ça voulait dire à peu près ça. J'étais d'accord avec lui, et ça m'a marqué. Mon père a étudié avec Bourgault et il était fier d'avoir étudié avec lui.

Combien de temps avant sa mort l'as-tu rencontré ?
Pas longtemps. Une couple de semaines avant.

As-tu été marqué par le départ de Bourgault ?
Un petit peu. Ça m'a surpris. J'ai trouvé que c'était arrivé vite. La mort, à toutes les fois qu'elle frappe, tu restes surpris.

Quand tu vois disparaître des personnages de cette ampleur, cela réveille-t-il en toi le sens du devoir et de la continuité ?
Oui. Je me rends compte à quel point on est jeunes encore. Bourgault, à 33 ans, là bon, il avait un peu d'impact, mais pas énormément. Vigneault, c'est la même chose. Félix, ça commençait pour lui. Charlebois, oui. Parce que c'était une *pop star*. Mais Charlebois a eu ses grosses années à cet âge-là. J'espère, moi, qu'il me reste des grosses années encore.

Quelles sont tes croyances en ce qui concerne l'après ?
Ah, ça a changé plusieurs fois. J'ai rien contre la réincarnation, et même que je trouve ça logique en quelque part. Tu te décomposes et tu repousses. Les oiseaux viennent manger les vers de terre qui sont là parce que tu te décomposes. C'est de la réincarnation. C'est du recyclage. C'est tellement physique que je trouve que c'est impossible qu'il n'y ait rien d'autre. Mais il faut qu'il y ait quelque chose d'autre. On a tous cette petite étincelle d'amour, nous, les humains, mais on s'en sert pas comme il faut.

Es-tu angoissé par la vie ?
Je le suis, mais beaucoup moins qu'avant. Des fois, j'ai l'impression que mon détachement signifie qu'à un moment donné, je peux contrôler ce que je fais. On a tellement d'ouvrage à essayer de faire des choix. On n'a pas de temps à perdre à s'inquiéter de ce qui se passe avec les autres, malheureusement. Ce n'est pas de l'égoïsme, c'est juste que le cycle est comme ça. On va tous mourir. Tout ce que tu fais dans la vie, tout ce que tu es, c'est de ça que les gens vont se rappeler.

Un jour, quelqu'un m'a dit : « Sur la terre, on nous prête les choses, elles ne nous appartiennent pas. » Qu'en penses-tu ?
C'est une belle façon de voir la vie. Ça te donne pas le choix de respecter les choses. C'est vrai ! Mais ça, ça aussi, ça prend du temps à comprendre.

As-tu toujours été aussi conscient et lucide que maintenant ?
Non.

Es-tu content d'avoir acquis cette lucidité ?
Oui, parce que là, il y a peut-être une recette de bonheur.

Te sens-tu plus doué pour le bonheur ?
De plus en plus.

Aurais-tu pensé devoir dire : «Je suis de plus en plus doué pour le bonheur?»
Je l'aurais peut-être pas dit de même.

Comment l'aurais-tu dit?
Je le sais pas... Je m'approche de ma seconde, j'embellis ma bulle [*sic*].

Grands éclats de rire.

Te souviens-tu de ta dernière discussion avec ton père?
Oui.

De quoi avez-vous parlé?
On a négocié. Mon père me donnait de l'argent toutes les semaines. Cette fois-là, je voulais qu'il augmente ma paie. Il ne voulait pas.

Qui a remporté?
Je m'en souviens plus, mais je me souviens qu'à un moment donné, on était assis à la table, j'étais en train d'expliquer pourquoi je voulais telle, telle, telle affaire, puis là, je me suis rendu compte qu'il ne parlait plus, et j'ai arrêté de parler, et puis je l'ai regardé, et il m'a regardé, et il ne disait rien. Il tripait comme un fou. Il était fier, il regardait son garçon aller...

Mais tu es un peu comme ça, toi aussi, n'est-ce pas? Il y a beaucoup de silence chez toi.
Oui. Il y en a pas mal. C'est vrai.

Je te connais assez pour affirmer que si quelqu'un n'est pas à l'aise ou pas franc dans sa proposition, tes silences en disent long...
Ah, c'est sûr. Moi, je suis *fairplay*. Je suis même zélé dans mon *fairplay*. Mon père était de même beaucoup. Quand on parle de *fairplay* là, ça, c'est lui. C'est comme mon modèle de *fairplay* ultime. Je n'ai pas rencontré beaucoup de personnes aussi droites que lui. «OK. J'ai perdu. Tu as gagné.» C'est l'honnêteté dans l'action.

Aujourd'hui, quand tu penses à ton père, quel souvenir te revient en mémoire?
Notre voyage en Gaspésie qu'on a fait quelque temps avant sa mort. J'avais 15 ans. On est partis trois semaines tous les deux en Gaspésie, on est allés voir la famille. Tu sais, j'ai un regret : je n'ai jamais pris de bière tout seul avec lui. Émile ne connaîtra jamais son grand-père. Mon père n'aura jamais été grand-père de sa vie. J'aurais aimé, moi, qu'il voie Émile. Mon grand-père Boucher est parti, il y a quatre ans, et c'est moi le premier de ma lignée. Il n'y en a plus en arrière, il y a moi et Émile, on est deux. On recommence. On va construire de quoi, une belle lignée.

L'entrevue se termine.
Il est minuit trente.
Il m'a tout donné, mais il me demande
quand même si on a tout ce qu'il faut...

Comment ça

Je suis le fils d'un locataire
D'un gars d'union, d'un missionnaire
Qui marchait drette
Qui parlait roffe
Je suis le fils d'un fils de toffe

J'ai grandi en me faisant dire
Prends donc ta place, est là pour toé
Avoir peur c't'un peu mourir
Mais c'pas une raison pour tuer

Comme si toutte se pouvait
Comme si on s'était t'nus
Comme si les temps changeaient
On dirait qu'on s'tient pus

J'ai vu du monde marcher dans rue
Les coudes serrés, les yeux sérieux
J'ai vu du monde avoir des buts
Manger des claques pour manger mieux

Mais là, j'vois rien que des moumoutes grises
Parler sans sortir de chez eux
Parler comme on s'déguise
Parler en marchant sur des œufs

Comme si tant qu't'avais faim
Tu t'battais pour ton dû
Comme si le ventre plein
T'étais moins convaincu

Comment ça
Qu'on sort pus d'la ouate
À moins qu'ça paye
Comment ça
Qu'on trouve toutte ça plate
Si on l'fait pareil

Comment ça
Comment ça

Paroles, musique et interprétation : Daniel Boucher / Les Éditions Boucane Bleue

Boules à mites

Ben assis
Nu-pieds su'l'bois franc
Le p'tit rouge, la flamme en transe
La boucane qui danse, les p'tits yeux luisants
Et que se répande l'odeur d'la shit
Et que se répande le son d'la guit'
La chandelle éclaire le coin du lit
À soir, on fouille les boules à mites

Sur ma table
Des morceaux de vie éparpillés
Des morceaux de vie, des belles années
Pis dans ma têté, là... Ablazdablouéyara-
    nachouizéyagaouère... OOOHHH madame
Et pis tourne
Mon esprit tourne
Se cogne à plein de bruits
À plein d'idées jolies
Ça fait tout plein de jus d'idées jolies
Ça fait du jus de joie... Youppijiii!

Ben assis
Nu-pieds su'l'bois franc
Le p'tit rouge, la flamme en transe
La boucane qui danse, les p'tits yeux luisants
Et que se répande l'odeur d'la shit
Et que se répande le son d'la guit'
La chandelle éclaire le coin du lit
À soir, on fouille les boules à mites

Ça brûle autour de moé
Le feu d'la chandelle
La flamme de ma vie
Feu mon parternel
Qui me r'garde aller
Pis ma p'tite coupe Stanley à côté
Qui brille
«Et là... Lafleur
Derrière son filet
Prend bien son temps
Cède le disque à Boucher
Quel patineur!
Le voilà qui décampe
Boucher... déjà en zone neutre
Déjoue Salming... OH!
Se présente seul devant Palmateer
Et le but!
Daniel Boucher!
Et le but!
Daniel Boucher!
Et le but!
Daniel Boucher!
Et le but!»
Une grosse auto
Une grosse époque
Deux madames
La plus jeune a l'a une grosse bédaine
Quarante semaines
C'est aujourd'hui que commence ma vie
C'est aujourd'hui qu'elle suspend la sienne
Bang!
Grand-moman a l'avait fermé la porte du taxi
su'a tête à ma mère!
Et ce fut le début
D'une pas pire épopée
Je vous en ai roté
Des 'tits bouttes incongrus

Paroles, musique et interprétation : Daniel Boucher / Les Éditions Boucane Bleue

Janette Bertrand
Vivre avec sagesse

« [...] Je parle de ma mort avec mes enfants et mon conjoint.
Au début, ils n'aimaient pas tellement ça. [...] Je leur ai dit :
"Écoutez, ma mort fait partie de ma vie, alors ayez la bonté de
me laisser parler de la chose la plus importante qui va m'arriver."
[...] J'ai le droit d'en parler et je leur demande d'être ouverts sur
ce sujet. J'ai fait un testament de vie. Toutes mes volontés sont
clairement décrites et notariées. Par exemple, que mes souffrances
ne soient pas inutilement prolongées. »

Janette Bertrand
Vivre avec sagesse

Janette vit depuis plus de 20 ans dans une tour en plein cœur de la métropole. De son appartement, elle a une vue saisissante sur l'effervescence de la ville, elle est vraiment à deux pas de tout. Fait cocasse, la dernière fois que nous nous étions vus, c'était dans son chalet en bois rond, sans électricité, sans la moindre modernité, en pleine forêt, au bord d'un des plus beaux lacs du monde. Nous avions passé quelques jours ensemble, en famille.

Ce week-end-là, elle m'avait cuisiné quelques-uns de ses classiques : le délicieux poulet à la bière et toasts aux champignons sauvages — tout simplement exquis ! —, puis le fameux gâteau renversé aux bleuets. J'ai alors redécouvert le plaisir de cuisiner en compagnie des gens que j'aime.

À deux heures du départ, par un matin brumeux où tout le monde dormait sauf nous, nous avons balancé nos chaises berçantes à la même cadence, l'un en face de l'autre. Elle était sans fard, moi, en pyjama. Elle me rappelait tellement la grand-mère que j'avais perdue. Je me suis pincé : Janette était à moi tout seul. Je pouvais tout lui dire, et elle pouvait tout entendre sans porter le moindre jugement. J'étais à Janette veut savoir, moi qui en avais tant rêvé quand j'étais jeune. C'était trop beau pour être vrai.

Sans le savoir, une partie de cette entrevue allait prendre racine là, dans ce lieu coupé du monde. Nous avons amorcé une grande discussion sur le sens de la vie et de la mort. Ce fut un instant de grâce. Nous avons achevé cet entretien plusieurs mois après dans son appartement du centre-ville.

Janette est une femme d'exception incomparable. Précurseure de bien des courants de pensée, elle a marqué le Québec et laisse un héritage colossal. Comme Claude Léveillée, elle est humble devant les honneurs. Je suis convaincu que, pour Janette, j'en ai déjà trop écrit.

L'autre jour, tu m'as confié que tu commençais à penser à ta mort. Pour toi, que signifie la mort ?

La mort, ce n'est pas la faucheuse qu'on imagine, pour moi, c'est le moment qui bouclera ma vie. C'est la raison pour laquelle je pense à cette réalité, tout doucement, et cela, depuis longtemps. Au fur et à mesure qu'on avance dans la vie, on commence à faire de petits et de grands deuils. On sait tous qu'on va mourir, mais, au fond, on pense que ce n'est pas pour soi, on croit sincèrement qu'on va y échapper. Puis, à un moment, on trouve que plus le temps passe, plus il rétrécit, et on dit : « Oh ! ma fin approche. » Je n'aime pas regarder en arrière, mais je suis contente de ma vie. J'aurai fait une bonne vie, et je m'apprête tout simplement à accepter qu'elle cesse.

Y a-t-il une façon particulière de se préparer à cette réalité ?

En acceptant tous les jours que je vais mourir et que c'est normal de mourir. Plus tu t'en rapproches, plus tu sais que ça va arriver. J'ai 80 ans ; dans 10 ans, j'en aurai 90 et dans 20 ans, j'aurai 100 ans. Est-ce que je veux me rendre à 100 ans ? Je n'en suis pas sûre. Je ne veux pas me rendre à cet âge si c'est pour être diminuée et être un fardeau pour ceux que j'aime.

Comment veux-tu que l'on se souvienne de toi ?

Ce sont les hommes qui sont très forts sur la renommée *post mortem*. Ce n'est pas important pour moi que l'on dise : « Ceci était l'œuvre de Janette Bertrand. » Nous, les femmes, ça ne nous intéresse pas tant que ça de laisser un nom, une réputation.

C'est la première fois que j'entends quelqu'un parler de la mort avec une telle aisance et une grande sérénité...

C'est parce que j'ai 80 ans. Pour moi, la mort est un sujet complètement dédramatisé. Chaque année, je vais voir mon médecin. Elle me dit toujours : « Vous êtes parfaite, ça va très, très bien. Vous n'avez rien, à part de petits bobos mineurs. » Je lui demande alors : « Moi, de quoi vais-je mourir ? » Elle me répond : « Je ne le sais pas. » Et moi, je lui dis en riant : « Mais il va bien falloir que je meure de quelque chose, il va bien falloir que ça m'arrive un jour. Mourir, c'est la vie ! »

Comment souhaites-tu mourir ?

Papa a eu une mort comme je la souhaite. Il avait 87 ans. Il a attrapé la grippe, il a fait une pneumonie. Les médecins nous ont dit : « Nous ne pensons pas qu'il va survivre. » Alors, il est revenu chez lui. Un jour, Magella, ma belle-mère, nous a appelés et elle nous a dit : « Le docteur est venu ce matin, et il pense qu'il ne passera pas la journée. Alors, si vous voulez le voir, c'est maintenant qu'il faut le faire. » Donc, on est tous arrivés dans la chambre, mon frère Paul, mon neveu Pierre, mes filles, mon mari. Papa était couché sur le côté, il avait un bon sourire et il ne souffrait pas du tout. Nous sommes tous entrés dans le lit – mon père avait un lit *king size* – puis, nous nous sommes collés à lui chacun notre tour en cuillère. À un moment, mon frère Paul lui a dit : « C'est correct, papa, tu peux partir. » Mon père a eu comme un petit soupir, et il est mort. On est restés dans le lit longtemps à parler de lui, à l'aimer encore. C'est comme ça que je veux mourir : entourée d'amour et de caresses.

Que retiens-tu de ton père ?

Je suis très marquée par sa philosophie de vie. C'était un homme simple, peu instruit mais qui aimait la vie. Il disait : « Quand je vais mourir, je veux un *party* de trois jours et je veux que mes amis soient tous là. » Il a eu son *party*. Au salon funéraire, il y avait ses clients, ses amis qui nous disaient à quel point papa était un homme extraordinaire, serviable et un bon vivant ! J'aimerais que mes enfants entendent parler de moi en bien, quelques heures, pour leur donner le temps de faire leur deuil. Je crois que ce temps-là au salon funéraire est très important dans le processus du deuil. Partout dans le monde, il y a un délai pour garder le mort, ce n'est pas pour rien. Je ne veux pas qu'on célèbre ma mort, mais je voudrais que les gens se rassemblent pour dire à quel point j'étais fine et à quel point ils m'aimaient. C'est ridicule, mais j'y tiens.

Toi, tu es une privilégiée de la vie, on te le dit de ton vivant. Janette, comment fais-tu pour traverser un deuil?

Il n'y a qu'une recette: vivre le deuil le temps que ça prend. Un deuil, ça dure un an ou deux. Les gens voudraient que le lendemain de la perte d'une personne aimée, l'endeuillé soit de bonne humeur, qu'il ne pleure pas et surtout qu'il tourne la page.

Les deuils de tes parents ont-ils été différents?

Quand ma mère est morte, j'avais 20 ans et j'étais au sanatorium. Elle était atteinte de tuberculose, comme moi. Elle a été exposée dans le salon chez nous. À l'époque, c'était l'usage. Comme j'étais malade, moi aussi, je toussais énormément. Les gens avaient terriblement peur de ce milieu de «consomption», comme on disait à l'époque. Ma mère ne m'a pas manqué tant que ça, parce qu'elle n'a jamais été présente pour moi, ne m'a jamais aimée. Après sa mort, mon père a tenu une plus grande place dans ma vie: comme il avait cessé de s'occuper d'elle, il s'est occupé de moi.

Crois-tu que l'on peut survivre au départ d'un conjoint ou d'une conjointe?

Je crois que l'instinct de vie est beaucoup plus fort qu'on le pense. Les catholiques appellent ça «avoir l'état de grâce», moi j'appelle ça de la survie. Je pense qu'on a des forces insoupçonnées en soi. La force de la vie, c'est tellement grand et fort. Je me souviens qu'à la mort de la mère de Jean, j'étais très jeune et j'étais enceinte de mes jumelles. Jean est revenu à la maison, et on a fait l'amour. J'avais un peu honte. Mais après, j'ai compris qu'on se prouvait qu'on était vivants, tout simplement. Beaucoup de gens qui veillent un mort feront un *party* après. C'est dans les salons funéraires qu'il se raconte le plus de *jokes*. C'est un moment où on a besoin de se prouver qu'on l'a échappé belle, qu'on est en vie et heureux de l'être.

Le conjoint de Dominique Bertrand est décédé subitement d'un arrêt cardiaque; elle m'a confié qu'elle était «à jour» dans son rapport avec lui. As-tu aussi l'impression d'être à jour avec les gens que tu aimes?

Oui, tout à fait. Je n'attendrai pas d'être sur mon lit de mort pour dire tout ce que je ressens, parce qu'il pourrait ne pas y en avoir, de lit. Je pourrais disparaître subitement dans un accident d'avion, donc, c'est certain, je me mets constamment à jour.

Quelles sont tes croyances concernant l'éventualité d'une vie après celle-ci?

Je ne suis pas croyante du tout et il y a très longtemps que je n'ai plus la foi. Je ne crois pas du tout à l'après. Je crois qu'il n'y a rien après. Après la mort, on vit tout simplement dans le souvenir des autres. Mon père est dans mon souvenir, donc il existe pour moi.

Selon toi, pourquoi la mort est-elle un sujet aussi tabou?

Personne ne veut en parler, de peur que ça leur arrive. La mort de nos amis nous renvoie notre propre mort en pleine face. Alors, on fuit la mort, on ne va pas au salon funéraire parce qu'on croit qu'on va mourir après. On fait semblant que la mort n'existe pas. On ne veut pas y penser, alors que c'est inévitable. La mort, c'est le seul moment de la vie où les êtres humains sont égaux. On va tous mourir, mais on ne sait pas de quoi et on ne sait pas quand. C'est ça qui est difficile à accepter. Quand on naît, on est obligés de mourir. Tout le monde fait comme si cette réalité n'existait pas et qu'on était immortels.

Beaucoup de gens pensent que parler de la mort, c'est comme lui lancer un appel. Abordes-tu ce sujet ouvertement avec ton entourage?
Oui, en plus de parler de la mort en général, je parle de ma mort avec mes enfants et mon conjoint. Au début, ils n'aimaient pas tellement ça. Je leur ai dit: «Écoutez, ma mort fait partie de ma vie, alors, ayez la bonté de me laisser parler de la chose la plus importante qui va m'arriver.» Je n'en discute pas tous les jours, mais j'ai le droit d'en parler et je leur demande d'être ouverts sur ce sujet. J'ai fait un testament de vie. Toutes mes volontés sont clairement décrites et notariées. Par exemple, que mes souffrances ne soient pas inutilement prolongées... Tout est écrit.

Ce qui est particulier dans le deuil, c'est de passer de la souffrance due à l'absence de la personne disparue au réconfort de ressentir une certaine forme de présence de cette même personne. Qu'en penses-tu?
Une transformation s'opère. D'abord, on souffre de l'absence de l'autre et on s'ennuie énormément. On se rend compte de l'importance de l'autre. Par exemple, j'appelais régulièrement mon père et je lui demandais toujours comment il trouvait mes émissions. Il n'était pas «complimenteux» et il me répondait: «C'était correct, c'était bien correct.» Ça signifiait pour moi que c'était bon. Je décodais. Après sa mort, il m'était impossible de l'appeler. Mon père m'a bercée presque jusqu'à la fin de sa vie. Il me disait: «Ah, t'es trop pesante, ti-fille!» C'est ce lien qui me manque. C'est ça, le deuil, apprendre à vivre avec l'absence. Mon père est tellement présent dans nos vies que j'en parle tout le temps, et il y a 25 ans qu'il est mort. Mon conjoint, qui ne l'a pas rencontré, a l'impression de le connaître, tellement on en parle entre nous. On utilise même certaines de ses expressions comme «torrieu!» Tout ce que je souhaite, c'est de demeurer aussi présente dans la vie de mes proches.

On parle de mort, mais tu es encore bien vivante. Tu travailles beaucoup, tu as une vie familiale remplie et tu enseignes l'écriture dramatique à l'INIS. Pourquoi demeures-tu aussi active?
Pour déjouer la mort! Je me dis que je suis tellement occupée que je n'ai pas le temps de mourir. Je veux continuer à vivre, à avoir du *fun,* à manger, à téléphoner, à rencontrer du monde, à faire de la télévision et à continuer à écrire mon roman. J'ai besoin de projets et d'action pour me sentir vivante, je suis ainsi faite. Depuis que j'enseigne, que je fais deux émissions par semaine et que je lance des livres, je ne me suis jamais sentie aussi bien. Ma mémoire commençait à paresser, mais à force de vouloir me souvenir des choses, de vouloir étudier et de vouloir apprendre, j'ai réussi à la réactiver. Projets! Projets! Projets! Projets! Je pense qu'on vieillit quand on n'a plus de projets. Je n'ai pas de temps à perdre. Il me reste peu de temps. Si, une fois tous les six mois, il m'arrive de tomber endormie, je suis choquée. Je demande: «Ça fait combien de temps que je dors?» Et là, je pense à tout ce que j'aurais pu faire pendant ce temps-là. J'ai juste une vie! Je veux la vivre pleinement.

À partir de quel âge as-tu pensé: «Je ne suis plus jeune»?

Le jour de mon 75e anniversaire, pas avant. Je me suis dit: «Dans 5 ans, je vais avoir 80 ans, et 80 ans, c'est vieux.» Je ne suis une vieille personne que sur le calendrier. Dans mon cœur, dans ma tête, j'ai 50 ans. Je suis chanceuse, je n'ai pas de maladie grave, je n'ai que des problèmes de mécanique. Que je le veuille ou non, mon corps a 80 ans. Il est usé par endroits. Je fais du Pilates, de l'aqua-forme et de l'exercice deux fois par semaine pour l'entretenir.

Janette, si tu me le permets, parlons ensemble de quelques-uns de tes deuils. Tu as perdu tes jumelles alors que tu étais enceinte de sept mois. Quel genre d'événement cela a-t-il été pour toi?

Ça a été épouvantable. J'ai probablement fait une dépression, mais le mot n'était pas inventé à l'époque, on disait: «Elle ne s'en remet pas.» Ça a été très difficile parce que j'avais porté deux enfants pendant sept mois. J'avais 22 ans, je venais de me marier. Je me suis retrouvée à l'hôpital pour éclampsie, j'ai dû accoucher prématurément et, là, on m'a dit: «Ce sont deux filles. Une des deux est morte.» Peu de temps après, on m'a annoncé que la deuxième était morte aussi. Je suis revenue à la maison les bras vides et avec des montées de lait inouïes, mais je n'avais pas de bébés à nourrir. Ça a été très, très difficile. Je restais enfermée dans ma chambre avec les empreintes des quatre petits pieds. Ça a été un très grand deuil à faire.

Penses-tu encore à elles?

Oui, je me dis: «Elles auraient tel âge.» Dernièrement, j'étais dans un magasin avec ma fille Dominique, j'ai aperçu des jumeaux dans une poussette, alors je me suis mise à pleurer. Ma blessure n'est pas guérie.

Dans ta vie, as-tu eu à faire un deuil de la femme parfaite?

Non, parce que je sais depuis toujours que je ne suis qu'imperfections. J'ai essayé d'être parfaite, une *wonder woman*, je n'y suis pas arrivée, et c'est très bien ainsi.

As-tu eu à faire le deuil de la minceur?

J'ai lutté toute ma vie pour rester mince. J'étais toujours au régime. Je me sentais coupable trois fois par jour. Ça n'avait aucun sens. Un jour, j'ai dit à mon *chum*, Donald: «Je ne fais plus de régimes, ça marche-tu?», et il m'a répondu: «Moi, j'aime ça, tes rondeurs.» Alors, je me suis demandé: «Pour qui être mince, si mon *chum* m'aime comme ça?» Et je me suis assumée. Ça ne veut pas dire que je n'ai pas de petites rechutes en passant devant un miroir. Parfois, quand je me vois à la télé, je me dis: «Mon Dieu, c'est qui, cette grosse-là?»

Quand tu as quitté Jean Lajeunesse, as-tu eu à faire un deuil de ta vie avec lui?

Non, parce que je ne l'ai pas quitté sur un coup de tête; ça faisait 10 ans que ça ne marchait plus entre nous, mais il ne voulait pas que je le quitte. On était devenus petit à petit un couple toxique, on ne se parlait plus. Ce n'était pas drôle chez nous. Les enfants ne voulaient plus venir à la maison. Alors, quand je l'ai quitté, c'était comme l'aboutissement d'un deuil de 10 ans. Je ne suis pas quelqu'un qui regarde en arrière, je n'ai pas de regrets. Mon père disait: «C'est fait. C'est fait. Ça ne sert à rien de retourner en arrière, et regretter, c'est une perte de temps. » J'ai eu 25 ans de bonheur avec mon mari. Quand on y pense, c'est un maudit bon bail, il y a bien peu de gens qui auront fait ça dans la vie.

As-tu fait le deuil de ne pas être un homme ?
Oui, bien sûr, car j'avais des frères qui avaient tout ce qu'ils voulaient parce qu'ils étaient des garçons. Mon merveilleux père était un homme de son temps et, pour lui, il fallait que ses garçons s'instruisent, aient de l'argent de poche, sortent les filles, s'amusent. Alors, c'est sûr que j'aurais aimé ça, être un homme. Il fallait que j'accepte que j'étais une fille et qu'il n'y avait pas moyen de changer.

La vie aurait-elle été beaucoup plus facile si tu avais été un homme ?
Je n'ai aucun doute là-dessus. C'est encore le bon sexe.

Il y a quelques mois, ton éditrice et amie Carole Levert est décédée à la suite d'un cancer. Comment as-tu vécu cet événement ?
J'ai passé deux ans à travailler avec elle. J'ai peine à me remettre de sa mort. On était toujours ensemble. Elle a été une âme sœur, une amie. J'ai eu le temps de me préparer à sa mort, elle avait un cancer. Oui. J'ai encore sa photo dans ma bibliothèque, et on dirait qu'elle me regarde tout le temps. Je pense souvent à elle. Je m'ennuie d'elle, j'aimerais ça qu'elle soit là avec moi.

Qu'est-ce qui s'avère le plus difficile pour toi ?
Je ne pourrai plus lui téléphoner, c'est très égoïste comme réaction. Je l'appelais quasiment tous les jours pour lui dire : «Je t'envoie deux pages de texte» et j'attendais ses remarques. C'est ça qui me fait le plus peur dans la mort, c'est de ne plus être là pour ceux que j'aime. De ne plus être capable d'aller m'acheter un livre, d'aller chez des amis, de parler à mes petits-enfants, de garder mes arrière-petites-filles, de me coller sur Donald.

Pour écrire ta biographie, tu as dû revenir dans le passé, toi qui n'aimes pas ça, et fouiller dans les moindres recoins de ta vie afin de les présenter au public. Comment s'est déroulé cet exercice ?
Facilement. Il fallait que je le fasse ; je l'ai fait et depuis, je suis très sereine. Maintenant, c'est fait, mais je ne le referai plus. Je recommande à tout le monde d'écrire son histoire, publiée ou pas, parce qu'on prend son fardeau, on le met sur la table, et on le partage avec les gens. Comme ça, on ne le porte plus seul. Je suis légère, libérée, heureuse.

Quel constat fais-tu de ta vie ?
Je suis très douée pour le bonheur et je l'ai toujours été, mais ça ne m'empêche pas d'être triste parfois. Cependant, il faut savoir prendre le malheur et le tourner à son avantage.

Par exemple, je perds la femme que j'aime ; comment puis-je tourner cette situation à mon avantage ?
De la façon la plus égoïste du monde. Toi, tu es vivant, tu as les enfants et tu vas t'en occuper, tu vas continuer de vivre. Alors, même si tu criais : «C'est

injuste, c'est injuste!», ça ne donnerait rien. Il y en a un des deux qui reste, et c'est toi. C'est ça, être doué pour le bonheur. On pense que le bonheur vient d'ailleurs. Retraite, voyage, loterie, voiture, grosse maison, bateau. Le bonheur est un choix, une option de vie. Je suis convaincue qu'à un moment donné, on a un choix à faire. On est dans une mauvaise situation, rien ne marche, alors on peut choisir d'être victime ou d'être heureux. Les Anglais disent: «Count your blessings.» Ce qui signifie: «Compte tout ce que tu as de beau dans la vie plutôt que de toujours voir ce que tu as de mauvais», et j'ajoute: «Cesse de critiquer tout et tous, pour ne voir que le beau et le bon des êtres et des choses.»

Selon toi, quels sont les grands principes à respecter, afin d'être heureux?
Faire plaisir aux autres et se faire plaisir. Je me demande souvent: «Qu'est-ce que je veux et qu'est-ce qui me ferait plaisir?» ∽ Il ne faut pas ralentir si on a le goût d'aller vite. Il faut apprécier la beauté des gens et des choses autour de soi, qu'il s'agisse d'une fleur, d'un tableau, d'une maison, d'un gâteau. Quand on est plus vieux, on a plus de liberté, mais il faut en faire quelque chose, de cette liberté. Mon père a tenu son magasin jusqu'à 70 ans, et nous lui disions: «Papa, reposez-vous.» Un jour, il m'a dit: «Torrieu! je vais avoir toute l'éternité pour me reposer. Fiche-moi la paix avec ça», et il a continué encore cinq ans. ∽ L'argent ne fait pas le bonheur. Bien souvent, trop d'argent apporte des problèmes. ∽ Il faut se tenir avec des jeunes. J'enseigne parce que j'ai le goût de transmettre mon savoir. J'ai mis 50 ans à apprendre à écrire, mais quelle chance j'ai de me trouver avec des jeunes qui sont constamment en train de me remettre en question. Ça me pousse à aller plus loin. ∽ Il faut cultiver l'amitié et l'amour. ∽ Il faut prendre soin de soi et assumer les signes de la vieillesse, quand on ne peut plus les réparer. ∽ Accepter la pensée de la mort. Ne pas avoir de rancœur ni de rancune, parce que ça fait des rides. Éliminer le plus d'irritations possible; ça fait 10 ans que je fais ça: un endroit m'irrite, je n'y vais plus; quelqu'un m'irrite, je ne lui parle plus. ∽ Accepter que l'amour se transforme. Il y a un deuil à faire de la passion, mais la passion, ce n'est pas de l'amour. La passion dure entre un et deux ans, comme le deuil. On rencontre quelqu'un, on monte sur l'Everest, mais on ne peut pas vivre au sommet de l'Everest, il faut un jour en redescendre, et c'est là que l'amour arrive et que ça devient un choix entre deux personnes. ∽ S'occuper des petits-enfants. Les appeler, leur dire qu'ils sont beaux et qu'ils sont fins. Organiser des journées avec eux. ∽ L'ennui, c'est l'ennemi numéro un du bonheur. ∽ Apprendre quelque chose de nouveau chaque jour. Apprendre à partager nos plaisirs. Ce que tu dois faire, fais-le là, tout de suite, parce que, peut-être, la mort t'attend. Je crois que le bonheur est dans l'action. Faisons quelque chose de notre vie. Tant que tu seras en vie, profites-en. Après, il sera trop tard. ∽ Aime. ∽ Donne si tu veux recevoir.

L'entrevue était terminée depuis une bonne heure quand j'essayais de mettre en application les grands principes du bonheur. Je crois que c'est le travail de toute une vie.

Épilogue

Cela fait des jours et des jours que je reporte la rédaction de cette conclusion : je l'appréhende tellement ! Je vois venir la fin d'une démarche singulière qui aura occupé ma vie d'une manière prenante pendant sept mois. L'idée de devoir quitter ce projet m'émeut. Je sens un départ pointer à l'horizon, et cela ranime en moi certaines blessures.

Aujourd'hui, j'ai décidé de mener ce livre à son terme pour enfin m'affranchir des peurs qui me hantent depuis trop longtemps. Et si le mot « départ » prenait désormais son autre sens : « commencement » ? J'aurais un tout autre regard sur la situation, et la transition se ferait avec beaucoup plus de fluidité. Dorénavant, je clamerai haut et fort que c'est le début d'un temps nouveau.

Pour me rendre jusqu'à vous, il m'aura fallu lâcher prise et faire confiance à la vie.

Mes invités ont puisé dans leur plus profonde intimité pour livrer des témoignages émouvants. Ils ont relaté les faits avec une grande transparence. Le deuil est un sujet tabou. Les gens ressentent moins de pudeur à parler de la sexualité que de la mort. Ceux qui ont choisi de le faire ont toute mon admiration. Pour moi, ce fut un honneur et un véritable privilège de les écouter se révéler. Pour ce faire, je les ai accueillis avec empathie et amour. Un jour, quelqu'un m'a dit : « Le mot "accueillir" signifie "prendre avec soi" ». C'est précisément ce que j'ai voulu faire, et je souhaite ardemment avoir réussi.

Les histoires de ces deuils m'ont habité nuit et jour. Parfois, je me suis demandé si j'aurais la force de résister et de poursuivre mon projet. Je n'ai jamais voulu abandonner, car, bien humblement, je me suis senti investi d'une certaine mission. Quelque chose de beaucoup plus grand que moi me poussait à l'accomplir. Quand j'ai entrepris ce livre, j'étais loin de me douter que j'allais connaître l'expérience la plus signifiante et la plus enrichissante vécue jusqu'à ce jour.

Enfin, j'ai pris conscience que nous sommes quotidiennement confrontés à divers types de deuils et que nous devons composer avec cette réalité, puis espérer le meilleur. C'est réconfortant et rassurant de constater qu'avec le temps on peut donner une réponse au deuil. J'en veux pour preuve que tous mes invités en sont sortis vainqueurs.

Dire qu'il m'a fallu faire un livre sur les deuils pour apprécier la vie comme jamais... C'était peut-être un Passage obligé.

Rosaire Archambault
André Bastien
Ginette Beaulieu
Denis Bélanger
Nicole Bouchard
Johanne Brunet
Diane Cinq-Mars
Denis Dulac
Éric Dulac
Jean Dulac
Monique Dulac
Nathalie Dulac
Yves Dulac
Georges-Hébert Germain
Cécile Landry
Jean-Pierre Lecouteur
Lynda Roy
Dominique Savoie
Sophie Thibault
Yvon Vadnais
Sophie Zannattacci

J'espère sincèrement que ce livre vous aura apporté un peu de réconfort, vous aura donné la force de surmonter votre deuil et de poursuivre votre vie.

Je vous aime.

Josélito

Les profits générés par la vente des photographies de ce livre lors d'un encan seront remis à l'Association des familles de personnes assassinées ou disparues.

Association des familles de personnes assassinées ou disparues (AFPAD)
C.P. 333
Sherbrooke (Québec) J1H 5J1
Sans frais : 1 877 484-0404
Appels locaux : (819) 823-7233

Site Web : www.afpad.ca
Courriel : sos@afpad.ca

Une partie des profits de ce livre sera versée à la Fondation Jean-Lapointe.

La Fondation Jean-Lapointe
114, rue Saint-Pierre
Montréal (Québec) H2Y 2L7
Tél. : (514) 288-2630
Téléc. : (514) 288-3146
info@fondjeanlapointe.com

Si vous désirez nous faire part de vos impressions :
passagesobligés@videotron.ca

Remerciements

André Bastien, merci d'avoir été l'étincelle de ce projet. Merci de m'avoir donné le privilège de te côtoyer. Merci d'avoir partagé avec moi quelques bribes de ta vie et de m'avoir offert ton expérience. Merci de m'avoir aidé à faire mes premiers pas dans ton domaine avec autant de gentillesse et de prévenance, tu es un guide hors du commun. Dans ce projet, j'ai la certitude que, là-haut, une personne que tu connais bien veillait sur nous. Que Dieu la bénisse et la protège ! Ce recueil d'entrevues est pour toi, je te l'offre comme un bouquet de fleurs.

Nathalie Larivière, merci de m'avoir fait totalement confiance dans ce projet. Je te serai éternellement reconnaissant de m'avoir présenté des gens si exceptionnels : André Bastien, Johanne Guay et Jean Baril. Merci pour tes précieux conseils.

Michel Cloutier, merci de m'avoir donné le meilleur de toi-même. Merci d'avoir cru à ce projet dès les premiers instants. Merci d'avoir su mettre en photos de telles émotions, tu étais le seul à pouvoir y parvenir en un temps record. Ce livre est aussi le tien, et je le partage volontiers avec toi, l'ami.

Johanne Guay, merci de m'avoir donné les outils pour mener à bien ce projet et d'y avoir autant adhéré. Je conserve de précieux souvenirs de nos échanges et j'en espère d'autres.

Jean Baril, merci pour les mots d'encouragement, pour ton écoute particulière et pour ta compréhension de ce projet. Savoir que tu n'étais pas très loin de moi était bien rassurant. J'ai grandement apprécié ton aide et j'aimerais bien qu'un jour nous revivions une telle expérience.

Véronique Béliveau, comme toujours, tu as su parler avec ton cœur pour convaincre ces personnalités de participer à ce projet. Personne d'autre n'aurait pu si bien le faire. Dans cette aventure, tu as été une alliée de tous les instants et une lectrice assidue. Tes commentaires pertinents ont bonifié ce livre. Mets ce livre sur ton cœur, prends une grande respiration et entends-moi te susurrer à l'oreille : « Merci. Merci d'être ce que tu es et de partager ma vie. »

Sébastien Toupin, merci pour ta sensibilité, ton amitié et pour nos merveilleuses discussions. Grâce à ton graphisme, les photos de Michel et mes entrevues sont maintenant dans un très bel écrin. Tu es un vrai magicien.

Nicole Bouchard, merci d'avoir écouté et réécouté mes entrevues, et merci pour ton amitié sincère.

Brigitte Couture, mon amie, merci d'avoir eu l'inspiration de la photo de la page couverture.